U0053719

WEALTH

天窗出版

50

優質潛力股

2020-2021年度增訂版

龔成 著

目錄

第 3 章　點選 40 隻優質股

第4章　精選 10 隻潛力股

自序　由蝕清光到賺8位數

自1999年第一次買股票以來，我已經歷了數次股市的大上大落，而每一次經歷都使我更進步，更令我由輸多贏少，變成贏多輸少。我由初期經歷了數次輸清光，發展到後來合理地獲利8位數，而近10年有50%所投資的股票都能成為倍升股，部分甚至有數倍升幅，算是有不錯的成績。這結果除因知識的提升及經驗的增加外，更重要是我改變了方向，令自己走在正確的道路上。

1999年我還是中學生，當時一心想追求財富，亦知道打工無法令我達成致富的願望，於是開始接觸股票這工具。第一次投資，是穩健的公用股中華煤氣（0003），初次投資成績不俗，不久我便獲利$1000，算是踏出成功的第一步。

其後市場進入科網股的狂熱時代，除了受市場氣氛影響，我亦因之前的賺錢經歷，以為股市是一個很易賺錢的地方。雖然當時仍是中學生，卻冒險將全副全家$18,000，全數投資在一隻股票身上，而這就是當時熱炒的神話股電訊盈科（0008）。

電訊盈科的教訓

受著科網熱帶動，加上合併因素刺激，電盈的股價升至$28的天價，其後股價快速回落，我當時以為是入市時機，就在股價由$28跌至$9時，以為「便宜」，於是買入了2,000股，並天真地以為他日會回升至$28。可惜科網泡沫極速爆破，電盈股價在數月間急跌至$2，最後在幾經掙扎下，我在$2止蝕，本金$18,000只餘$4,000，近乎將身家輸光。

止蝕是重要的一課，因為電盈股價在我止蝕後的半年，又再下跌一半至$1，由於電盈後來進行5合1，所以今天見到電盈的股價是$5，其實只是當年的$1。換句話說，若我當時不肯止蝕，股價不止下跌一半，財富更是多年來無法增值，更令投資組合中存有弱資產。由於我肯止蝕，不止保留實力，更能將資金投資於會增值的資產中，不至於多年來都原地踏步。

自投資電盈失敗後，我明白自己的無知，亦明白知識的重要，所以我透過閱讀書籍、聽講座、上課程，不斷吸收知識，無論是理財、投資、股票、市場、金錢、風險管理等知識，我都不斷吸收，因為我深明知識與財富必然成正比關係，所以我盡一切方法將這些知識據為己有。

隨著知識的增加，以及在股市上又開始有盈利，我漸漸變得過分自信。我跟從坊間的投資方法去炒炒賣賣，聽取電視報紙上「專家」的意見，有賺有蝕。我會跟風、會預測市況、會不斷炒賣，我當時以為這就是買賣股票賺錢的方法。久而久之，我變得更冒險，只想回報而不想風險，投資更高風險的工具，其中一種就是認股權證（窩輪）。

炒窩輪沽日元　慘輸身家

窩輪是衍生工具，由於入場費低、波幅大，因此很受散戶歡迎，只要遇到機會，不難在短時間內獲取50%、甚至倍計的回報，但不幸遇著逆轉市況，窩輪亦能在極短時間內變成廢紙。

當時由於市況配合，我炒賣窩輪亦獲得不錯利潤，資本漸漸滾大，而我則被勝利沖昏了頭腦，不止以為自己是專家去教朋友炒輪，更將全副身家全投資在一隻窩輪之上，集中風險以獲取高回報，而這時是2001年9月。

相信大家都估得到之後發生了甚麼事，就是911事件，我為我的高風險付出代價，其實亦是我投資知識不足的結果。當時我手上那隻窩輪，就在一夜間變成廢紙，價值為零，而我就這樣輸了身家。

雖然再次失敗，但我當時不認為自己的投資方法有問題，只是市況不配合，所以我的投資模式沒有多大變化。其後我為了吸收更多投資知識，更到了一間證券行工作。這間證券行有不同的業務範疇，如證券、外匯、黃金等，而我當時加入了這證券行成為見習經紀，很快考上了外匯孖展經紀的牌照。

由於我是當時新人中最快考得牌照的人，加上模疑買賣的成績相當理想，故很快就找到客戶，種種原因又令我變得過分自信。我除了幫客戶作孖展投資外，亦開了孖展戶口供自己炒（當時用了家人名，因經紀開不到孖展戶口）。

當時我幫客戶及自己的戶口沽空了日元，因為那時期，當日元觸及某價位時，日本央行都必然會出手干預，令匯價下跌。這動作已重複了多次，令之前沽空日元的投資都有不錯獲利，由於我預期日本央行又會作同樣干預，於是沽空日元。

可惜這次日本央行沒有行動，市場大為震驚，日元立刻大幅升值，以裂口跳價式升超過幾百點子，即是連止蝕都來不及，沽空者損失慘重。最終結果，就是我及客戶都被斬倉，差不多輸清光。

數年間，我不斷學習投資知識，不斷研究投資市場、分析股市，自問比絕大部分散戶都勤力，但結果卻是不斷輸清光，當時我深入思考，究竟問題出在哪裡。我思考坊間所教的是否真實、「專家」所講的是否正確、證券行教我的是否有用，最後得出了一個重大的結論，亦完全改變了我往後的投資，帶領我進入真正獲利的道路。

當時我思考一個問題：坊間的炒炒賣賣方法，是否真正能賺錢？

最後，我發現坊間的方法，根本無法幫助到投資者賺錢，而教人用這些炒股方法的「專家」，他們的財富亦根本不是憑投資建立，而是靠其他收入去建立。即是說，這些方法雖然很多人用，雖然一般人都認同，但原來從來都無法賺錢！

投資大師的秘密

過往數年，我一直跟這些方法去炒股票，但由於這些方法根本完全無用，所以我再努力也是白廢！情況如同在一條錯誤的道路上，任你再努力狂奔，也是永遠不會去到終點。

明白真相後，知道我過往為何再努力都輸清光，我又再思考另一個重要問題：究竟那些憑投資賺大錢致富的人，是用一套怎樣的投資方法？

於是我研究憑投資賺最多錢的人及基金經理，包括巴菲特（Warren Buffett）、彼得林區（Peter Lynch）、鄧普頓（John Templeton）、葛拉漢（Benjamin Graham）、費雪（Philip A. Fisher）等，我發現他們有不少共通點，投資模式方向一致，而這亦是投資致富的秘密。

他們不會短線炒賣股票、不會追逐消息、不會投機、不會投資自己不熟悉的範疇、不會預測市場走向、不會分析股價走勢、不會在意短期股價上的跳動、不會被股市氣氛影響。他們只專注在企業的價值上，視買股票如買企業，只投資有優勢的企業，評估企業的價值，小心投資；而投資前會經過仔細的分析，投資後往往長期持有，享受企業的成長，獲取倍計的高回報。

當我愈研究他們的投資之道，就愈明白他們為何賺大錢，為何他們的方法能經歷多個股市週期亦奏效，同時亦理解他們為何被稱為投資大師。因為他們對投資、對財富、對股票的理解是最正確的理解，而他們的方法亦不是空談，而是經過長年驗證而證實有效，令他們憑投資成為世上最富有的人。

價值投資　一生受用

我發現我過往投資的方法一直錯誤，我只用多人用的方法，而不是用正確的方法。自從研究何謂真正的投資，何謂股票，研究投資大師的方

法，清晰了所有概念後，我肯定了一點，就是要立刻放棄所有過往所學的方法，停止投機、停止炒賣、停止再向錯誤的方向走。我還原基本步，明白股票就是企業，分析股票就是分析企業，而要憑投資真正賺錢，就要投資有優勢的企業，買入後長線持有，享受企業的持續增值，帶動我們財富持續成長。而這就是投資致富的秘密。

自我放棄過往的方法、採取投資股票如投資企業的理念後，我就進入了贏多輸少的狀態，大致有80%投資都能賺錢，多年來更能有50%所投資的股票能成為倍升股，部分更能賺取多倍計的回報。而我更相信，這方法將會在我一生中一直運用。

買股票其實穩賺

我認為，「買股票其實穩賺」。或許有人會質疑這個說法，因為根據統計，香港炒賣股票的人，有約九成在長期總計上是虧損的。因此對散戶來說，長期計平手離場已算不錯，而上面所說「買股票其實穩賺」看似是騙人的事。

「買股票其實穩賺」絕對是事實，但當中的「買」及「股票」，與一般散戶所理解的有所不同。

一般散戶以為炒炒賣賣，以一買一賣去賺差價就是買股票，但買股票其實是將資金轉化成有價值企業的過程，長期地享受企業的成長，而只有這樣，才能做到穩賺的局面。另外，一般散戶理解「股票」只是一張紙、一個數字的跳動，但股票的真實面其實是企業，若連企業的本質都不理

會，那當然是虧損收場。反之，明白買股票就是買企業的人，一定會尋找優質企業，並以合理或便宜的價位投資，達到長期穩賺。

大家可以觀察一下全球的股票指數，中短期會有波動，但長期計，絕大部分指數都是上升的（升幅仍未計股息回報），而這些指數裡的成份股，大多是有質素的企業，所以帶動指數長期向上。其實，只要你明白財富概念與貨幣系統時，就會理解到這情況根本很正常，而長期持有優質股票根本是穩賺！

現金貶值　資產才是財富

我們的現金、各國的貨幣，都不是財富，只是一張政府欠你錢的借據，而更重要的是，各國在多年來不斷發行貨幣，而且往後仍會持續，結果不單是引致貨幣不斷貶值，更產生了一個財富法則：「愈早買入資產愈好」。

另外，這些紙幣亦完全沒有累積的價值，只能作為交易工具及作備用，而與貨幣對立的資產，則不斷升值，故資產才是真正的財富，有累積的價值。若你明白這個背景，就會用儲資產的概念，代替賺現金差價、儲現金的概念，而優質企業的股票，正正是其中一種資產項，憑這背景長期不斷升值。因此，愈早將貶值的現金轉換成資產（真正的財富），就對你愈有利。

而在經濟層面上，同時會自然令企業長期成長，雖然中短期一定有上落，但長期總會增長，而不少企業都能從中分一杯羹。若果該企業為優質企業，因經濟而帶動的成長將更為明顯，加上優質企業都擁有一些優勢，市場佔有率及賺錢能力都不斷提升，所以隨著時間不斷向前，企業的價值將不斷增加。

優質股股價　長遠必升

我們每個人都身處這個貨幣與經濟系統中，現金貶值資產升值，但是否所有股票都能定義為資產？絕對不是。只有能持續升值，又或能持續產生現金流的才能稱為資產，而在股票這個範疇裡，就只有優質企業才有這個資格。

優質企業有相當的經營優勢，並有一定的賺錢能力，令這些企業保持年年賺錢，實質價值不斷上升，這就會帶動股票升值，雖然股價短期一定有上落，但長期計呈上升現象。

簡單來說，「買股票其實穩賺」絕對是事實，但所買的一定要是優質股，並要長線投資。若果能以便宜價買入，那當然能創造出更高回報，但就算以合理的價格買入，單憑優質股及長線這兩個因素，已能令我們達至穩賺的結果，原因是我們的貨幣系統及經濟運作模式，令這些有優勢的企業進入穩賺的狀態，並帶動股價不斷升值，而這亦是買優質股能穩賺的關鍵。

前言 投資其實很簡單

有人認為投資是一件高深複雜的事情,以致對投資卻步,或只懂聽所謂「專家」的意見,又或認為高深的方法才是賺錢的方法。其實大家要清楚一件事,高深與賺錢完全無關!高深的方法不代表是賺錢的方法,而投資者只要學懂能賺錢的方法就行了。真正能賺錢的投資方法其實不複雜,所以,投資者只需掌握一套簡單又賺錢的方法,自然能得到理想的回報。

當大家明白序言所表達的概念,就會發現只要長線投資優質股,就如同進入了穩賺的狀態,這種方法複雜嗎?不複雜,大家都可以做到。

持5年以上才是長線投資

「以合理的價格買入優質股票,然後長線投資。」

這是因著我們的貨幣與經濟系統而設定的方法,憑此已能令財富穩步增值,令股票成為投資者穩賺的工具。而這方法更是很多賺錢的基金經理也運用的,就連憑投資賺最多錢的人巴菲特,也是憑這套方法登上全球富豪榜第二位。

長線投資困難嗎?當然不困難,買入後不用每天看股價,只需久不久看企業的消息與業績,不會因升少少就沽出,並持有5年以上,這就是長線投資了。

至於合理價格，只要大家以企業的角度去評估股票，就能分辨出甚麼才是合理價，何謂平何謂貴。另外，就算單憑市況，其實也能得知股價是否處便宜水平，方法簡單。有關評估企業及市況、找出便宜價的方法，都會在稍後章節講述。記住，股價數字的高低，絕不代表該股的平貴。

優質企業　有跡可尋

另外就是優質企業，優質企業不是胡亂尋找，而是有一些特質，有跡可尋的。優質企業擁有一些優勢，令企業保持不斷獲利，而這優勢往往能持續，長期股價當然能保持向上。雖然不是所有優質企業都能保持長期的優勢，但大部分都能維持，所以以這方去尋找股票，要做到10隻有8隻獲利，其實不難。

大家試想想，上述方法真的不困難，只需花一點時間學習，就能掌握到其中的方法。可能有人問，這個簡單方法真的賺錢嗎？答案是「超賺錢」，因為憑投資賺最多錢的人，就是用這方法。一個又簡單又賺錢的方法，相信沒有理由不去運用。

此書分為兩大部分

接著我要介紹一下，這書是怎樣看的。

這書主要分兩部分，第一部分講述憑投資獲得高回報的方法，第一章及第二章都屬於此部分。而第二部分則是講述40隻優質股及10隻潛力股，即第三章及第四章的內容。

第一章主要講述以便宜價買入股票的技巧，當中會解釋價格與價值的分別，以及如何判斷現時股價處便宜或昂貴的水平。同時會講述利用大市分析平貴的方法：當大市處於便宜水平時，原來有很多指標可以評估到，由於這些指標不難觀察，所以投資者在學習後，都能為自己創造出高回報。

第二章會講述尋找優質股的具體方法，除會講述如何分辨企業的質素外，更會講述優質股的特質。雖然優質股只佔市場上少數，但讀者都能憑書中講述優質股的特質，簡易掌握自行尋找優質股的方法。同時，這一章亦會講述潛力股的特質與投資策略，因並非所有潛力股都有投資價值，而投資時亦要配合一套適當策略，才能使投資者在低風險的前題下，投資有相當值博率的潛力股。

第三章會介紹40隻優質股，除了對企業有基本介紹外，亦會講述當中的獨特優勢，如何成就這企業成為優質股，而這些特質為企業帶來怎樣的回報，以及往後前景。另外，當中亦會講述該股票的投資策略、如何判斷這股票的平貴、適合哪類投資者，以及運用怎樣的入市策略。

第四章會介紹10隻潛力股，除了企業的基本面外，亦會講述企業的特質以及潛力所在。若然企業成功，這些潛力將帶動企業發展到怎樣的程度、股價的潛在回報是否可觀。另一方面，講述其中的風險同樣重要，如這些企業存有哪些風險、如何對企業產生潛在的不利影響。投資者掌握這些因素後，更易分析到該股是否適合自己。

雖然這書的重點是該50隻優質及潛力股，但第一、二章所講述的技巧同樣重要。因為這些股票都是以整體及長線為分析的角度，所以投資這類股票亦要配合相應的策略，才能發揮作用，而第一、二章正是講述運用的技巧。

第 1 章　平買優質股
的秘訣

1.1 掌握買入價 創造超高回報

要利用股票去達至財富增值,甚至是致富,除要買入優質股外,另一關鍵就是買入價,這將決定投資者獲得的回報率。因為就算是優質股,也有股價過高的時候,在高價買入後也要守一段時間才獲得正回報,同時回報也會變得很低。

要財富增值,就一定要用上長線投資的方法,當中所獲得的回報,就是持續的股息及長期的股價增長,而買入價影響不少。假設以 $100 買入股票 A,5 年後升至 $200,每股股息為 $5(雖然現實裡優質股的股息會持續上升,但這裡為簡化計算,假設股息不變)。以這筆投資來說,股價升值方面的回報率,複息計每年平均 14.9%,另外再加每年股息回報 5.0%,回報已很理想。

若果這筆投資的買入價不同,而其他因素相同,回報率則會大幅改變。假設以 $150 買入股票 A,5 年後的股價是 $200,股息同樣是 $5。股價方面的複息回報率,每年平均只有 5.9%,而股息回報則跌至 3.3%。

相反,若果能在股價低迷時買入,情況又會變得不一樣。假設在 $50 買入股票 A,5 年後同樣升至 $200,股價方面的回報,以每年複息計為 32.0%,股息回報則為 10%,絕對是一個很高的回報。雖然不易捉到這些買入位,但並非沒有方法。而這裡可見,買入價就是創出超高回報的關鍵。

買入價與回報率的關係

買入價	每股股息	5年後股價	股息回報	總股價回報	每年複息股價回報
$50	$5	$200	10.0%	300%	32.0%
$100	$5	$200	5.0%	100%	14.9%
$150	$5	$200	3.3%	33.3%	5.9%

從上表可見，買入價對回報率的影響很大，就算優質股亦是。雖然優質股長期總能上升，但若在高價時買入，也可能要守一段時間，亦只能獲得很普通的回報。

簡單來說，股價可分為「便宜」、「合理」、「昂貴」。雖然股價大多處於合理水平，但仍會出現便宜或昂貴的情況，這是由於短期股價只反映市場情緒，而長期則反映企業價值，所以短期股價有可能會出現大幅偏離價值的情況。以上面的例子來說，假設該企業的合理價值為 $100，當股價處於 $100 左右的水平，就是處於合理區，當股價處約 $50 水平，就是進入了便宜區，若股價升至約 $150，那就進入了昂貴的區域。

買入價合理　已有不錯回報

投資者要避免在股價處昂貴區時買入，因這會大幅拉低回報率。其實投資者只需在合理價買入，已有不錯的回報，因為投資的是優質股，企業長期價值會有理想的增長，所以就算在合理價買入，已會有不差的回報。

若果投資者能在便宜價位買入，那當然是更佳，將會得到很高甚至是超高回報。但便宜價不常出現，投資者要有足夠的知識技巧才可把握到機會，下一節會開始講述。

總結來說，投資者以優質股為前題，只要不在昂貴的價位買入，在合理或便宜時投資，已會有理想回報。

1.2 別人恐懼時
就是入市良機

要創出高回報就要以便宜價買入，但甚麼才是便宜價呢？$50是便宜，還是$5是便宜，又或$0.5才是？大家要知道，股價的高低絕不等如股票的平貴，而測量股價平貴，主要有兩個方法。首先是比較價值與價格，用以衡量股價會否低於價值，還是高於價值，並以此推算現時股價是平是貴，這會在下一節再講述。至於這節，先講述另一評估股票是否便宜的方法，就是測量市況。

簡單來說，當市場愈狂熱、投資者愈貪婪，我們就應愈恐懼，這時是沽出股票的最佳時機，而這時的股價大多會高於其價值，因此股價大多處於昂貴、甚至是極貴的水平。

相反，當市況處於低迷、恐慌時期，我們就應採取貪婪的策略，這當然是買入的絕佳時機，股價大多低於其價值，即是處於便宜、甚至是超值的水平。即是說，就算投資者沒有價值與價格的概念，不懂分辨可謂便宜價位，但只需要掌握市況，在市場恐慌時買入，很多時已能自然地捕捉到便宜價。

市況愈差、人們愈恐慌，就是股價愈平的時候，但怎樣去評估人們有多恐慌呢？以下就是其中一些特徵：

- 成交量非常少
- 價格大幅下跌
- 人人都沒有興趣談股票
- 股票經紀叫苦連天
- 傳媒減少播出股票節目
- 市場極度悲觀甚至絕望
- 人心惶惶
- 傳媒、分析員、專家都一致看淡
- 破產個案不斷出現
- 有不少人因股票失利而輕生
- 不斷有壞消息出現
- 有絕望的感覺

當這些特徵愈多和愈強烈時，就是市況愈差、愈恐慌的時候，即是股價愈便宜，而特徵是否夠多以及是否明顯，將決定入貨的多少，即是最恐慌時就是盡入的時候。

成功以低位買入比亞迪、金沙

當處恐慌期，氣氛會很差，壞消息會很多，但一般投資者不明白這時反而是股價最平、最適合入市的時期。我用自己作例子說明一下，由於

我平均一年只買一兩隻股票，故較有耐性去捕捉這類市況。以近年來說，我曾在2015年大時代泡沫爆破後出現大跌市恐慌時，買入比亞迪（1211），又曾在賭業股最差時買入金沙（1928），兩次都有將買入記錄放上網，但網上有不少留言都是負面的。他們講出了千百個看淡的理由，如大市有多壞、比亞迪有多差、賭業有多差，的而且確，他們講出了短期的因素，但卻缺乏長期的眼光。

大家試想想，沙士、金融海嘯，都是極多壞消息的時期，但當時的樓價、當時的股價，卻是處於十分便宜的時候。其實，只要投資者用上長期的眼光，就會分析到這些壞因素總會過去，而價格卻處於很低的水平，這當然是極好的買入時機，而上述兩次投資的買入價都是近年低位。

當市場愈恐慌，就是愈要買入的時候，但大家要注意一點，大市見底與否和恐慌程度沒有絕對關係，即是上一次市況達至略恐慌時已經可以見底，而今次則到達極度恐慌時才會真正見底，因此恐慌只能作為指示買入的策略，而未必能作為預測後市走向的指標。

另外，雖然大市一般以牛一、牛二、牛三、熊一、熊二、熊三這樣去進行，但並非每一次都是，即是說，大市不一定順序完成6個階段才是完成週期，有可能出現外在因素而改變市況。因此，我們只能以當出現甚麼市況用甚麼策略的模式去進行，而難以憑當刻市況去預測後市走向。熊三是最佳的入市時機，雖然買入後有機會短期再跌，但在長線投資的角度，根本不用擔心，因優質股股價長遠總會回升，而且由於在便宜價買入，因此能創造出高回報的效果。

1.3 如何利用市盈率衡量平貴？

上節所講利用市況，作出逆向投資的方法，已能令投資者有理想回報。若果能掌握衡量股價平貴的方法，兩者去配合使用，投資者將創出更高的回報。

要衡量股價平貴，先要有價值的概念。大家要知道，價值與價格是完全不同的兩回事，無論是大市或個別股票，當中的指數或價格都會不斷變動，但當中的價值卻不會有太大改變。

價格是每天跳動的股價，而價值是該企業以永續經營的角度計、長期不斷產生的現金流回報，從這角度計，這才反映企業的真正價值是多少。評估方法最正統是用現金流折現法，但由於較為複雜，故不在這裡講述，而市盈率則可作為替代的方法，雖然不完全準確，但對一般投資者來說較容易理解及運用，而這些方法都是用作評估出企業的合理價值。

當股價處於合理價值的範圍，就可用「合理」去形容；若股價高於合理範圍時，就可說是「昂貴」；若股價低於合理價範圍時，就可稱為「便宜」。

股價＞價值　　昂貴

股價＝價值　　合理

股價＜價值　　便宜

想得知現時的股價平或貴，就要先懂得評估企業的合理價值。以下會以市盈率作為評估價值的方法。

市盈率＝（股價 ÷ 每股盈利）

假設某股現價為 $100，每股盈利為 $4，市盈率就是（$100÷$4）＝ 25 倍。用另一角度解釋，就是假設這股往後的盈利不變，每年都只維持在 $4，那投資者用 $100 的股價買入，就要 25 年時間回本。

從理論層面，市盈率數字愈高，所需的回本期亦愈長，亦可說是愈貴。投資者透過比較同業及該股過往的平均市盈率，從而作出評估。一般來說，市盈率在 10 倍至 15 倍，市場一般會認為是合理水平（其實沒有一定標準），因此上述股票處 25 倍市盈率時，或者已處於昂貴的水平，但是否真的昂貴，則要再進一步分析。

要留意盈利是否有代表性

大家要知道，市盈率的計法是現價除盈利，而這個盈利是剛過去一年的，因此，若這年的盈利沒有代表性，那計出的市盈率就自然沒有代表性。因此，市盈率只是分析企業的起始點。

然而，在正常的情況下，投資者遇到過高或過低的市盈率都要小心。高市盈率意味過高的買入價，除非將來盈利有較大升幅，否則股價難以支持；反之，若市盈率過低，亦有可能代表該企業存在問題，將來的盈利會下跌，投資價值未必如想像般高。面對過低的市盈率，一定要深入分析當中原因，才知道所買的是否真的是平貨。

利用市盈率去評估，是其中一個推算出價值的方法，即是憑這企業的特性、優勢、業績、前景等，再比較行業的平均市盈率，然後再將企業與行業間作比較，這企業本質是優於行業的，合理市盈率就會比行業高；反之若遜於行業的，合理市盈率就會比行業低。憑種種分析綜合後，可得出該企業的合理市盈率，再加上過往盈利及預估盈利，就能推算到價值的區域。

除此之外，投資者最好配合平均市盈率去分析，例如將近5年的每股盈利取平均數，以此為基礎去計算出平均市盈率。即是說，市盈率、預期市盈率、平均市盈率要配合使用，投資者才能更立體去推斷出股價的平貴，以及合理價值的區域。

優勢企業　市盈率一般較高

行業及企業的本質亦會影響市盈率「合理」的位置。當企業有較多優勢，市場就能接受到這股有較高市盈率，例如一隻沒有特別優勢的企業，10至15倍市盈率已是合理水平，但若果是有優勢的企業，可能15至25才是合理水平。當這兩隻股同處15倍市盈率時，一隻是略為昂貴，另一隻卻是略為便宜。

一間企業的優勢愈多，代表賺錢能力愈強，不止盈利能夠維持，往後盈利上升的條件亦較大。至於甚麼是優勢？例如壟斷業務、身處處於增長及有前景的行業等，而有關優質企業的概念及特徵，將會在書的第二章講述。

簡單來說，市盈率處哪個位才是合理，會因行業及企業等因素而有所不同，而只要評估出該股的合理市盈率範圍，就可說是掌握了其合理價值，然後再比較現時的股價後，就知現價處平或貴的水平。

1.4 市盈率回報率
相輔相成

上節講述了價值及市盈率的概念，但初階者在運用上可能仍未能掌握，其實市盈率尚有再簡單的用法，雖然效果不及上面所講述，但仍有一定的參考作用。

首先是對大市評估平貴，以香港的恒生指數來說，根據過往統計，恒指跌到10倍市盈率就會吸引一批長線投資者買入，雖然短期可能會再跌，但以長期角度計，已屬於開始便宜的水平。因此，當恒指跌到去10倍市盈率以下的水平，就算當刻的市況很差，但只要用長線投資的眼光，以吸納盈富基金（2800）或優質股為目標，長期來說已是入到平貨，不止風險有限，而且回報往往吸引。

至於選個股方面，單憑市盈率已能對投資有初步的參考作用。之前有一些研究，以市盈率將股票分成5類，即低、略低、中、略高、高，並統計這5類股票的長期回報，比較哪一組回報較佳。低市盈率看似便宜，但卻增長緩慢；高增長看似吸引，但卻要付出較高的市盈率，未必便宜。

研究分析了多年的數據,結論是以長期來說,回報率最差的一組,就是最高市盈率的一組,而回報率最好的一組,就是最低市盈率那一組。簡單來說,就是從組別去分類,市盈率愈低,長遠回報愈佳。

因為低市盈率的股票成本低,複息滾存力量強,而且這些股票的增長,並非如市場預期那麼低,因而長期回報佳。至於高市盈率的一組,由於買入價不平,回報已被拉低,加上這組別不少都是市場焦點股,預期高增長股及概念股,但研究發現這些股票在長遠計,增長並不如市場預期般高,所以回報令人失望。

優質股估值高　也要忍手

不過,上述統計包含了各種股票,若果只考慮優質股,將其以市盈率區分,或者各組別間的回報沒有太明顯分別。因為擁有愈多優勢的企業,市盈率往往會較高,因此有機會出現高得合理的情況,但要判斷怎樣才算高得合理,是一個非初階者能答到的問題。因此,初階者選股的步驟,首先是尋找優質股,然後在當中找市盈率較低的股票,又或耐心等股價下跌,待市盈率降至中低水平才投資。即是說,就算是優質股,當處高市盈率時,亦最好先忍一忍手。

這節講述了平貴的概念,但由於此書重點部分是講述 50 隻優質潛力股,因此在理論及投資技巧方面著墨不會多,只會略為帶出。而較完整講述分析市況、價值與價格、計算價值、市盈率,實例及運用技巧等,本人的下一本著作《股票勝經》將有更多延伸的論述,而本人的股票班課程,亦會有完整的解釋。

小結：

「以合理價格買入優質股，然後長線投資。」

- 這句說話就是憑股票創富的關鍵，而本章所講述的就是平貴的問題，因為就算是優質股，也會分「便宜」、「合理」、「昂貴」的區域，而在不同的價位買入，將會對回報產生很大的影響。

- 投資者要避免在股價處昂貴時投資，最起碼也要在合理價才投資，若果能在便宜價投資，當然最為理想。

- 評估股價的平貴，主要有兩個方法，第一是利用市況，第二是比較價值與價格，從而判斷當前股價的平貴，當然兩個方法可配合使用。

- 利用市況的方法，主要是評估市場當刻的情緒，判斷處於一般市況，還是恐慌或貪婪的狀態。若市況處於恐慌期，就是長線投資者絕佳的買入時機，而愈恐慌就愈要盡力入貨，因為這如同股票大特價一樣。

- 另一在便宜價買入的方法，就是當價格低於價值的時候，若兩者差別愈大，就代表愈便宜，而投資者可用市盈率去判斷合理價值，從而評估當刻股價的平貴。

- 投資者透過比較同業及該股過往的平均市盈率，從而作出評估。一般來說，市盈率在10倍至15倍算是合理水平。

- 由於市盈率只是一個初步的指標，故投資者要配合預測市盈率、平均市盈率去一同分析，而且要分析企業的本質，憑此去判斷合理的市盈率，從而對該股價的平貴有更全面的概念。

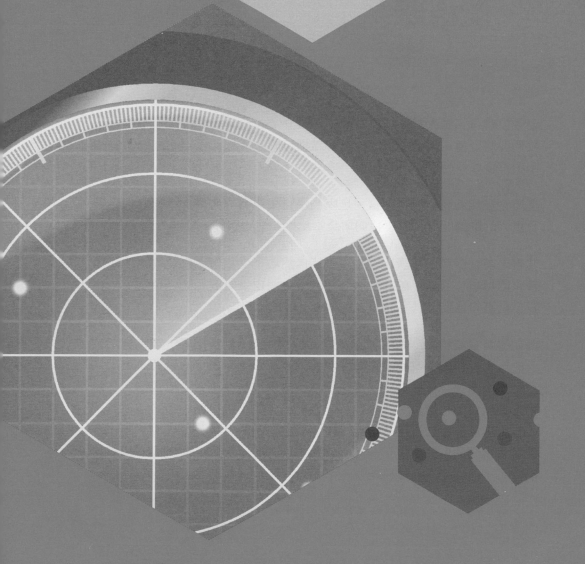

第 **2** 章　優質股票
何處尋？

2.1 為何優質股能穩賺？

要憑投資真正賺大錢，就要有資產的概念，並放棄坊間的賺差價模式。我們要將貶值的現金，轉換成會持續增值的資產，而優質企業正是其中一項符合條件的資產項目。

優質企業能助我們投資創富，是因為優質企業有一些優勢，比其他企業有更大的賺錢能力，股票長期增長當然比其他股票好。

其實之前在序章已有講述，優質股能自然地享受貨幣系統及經濟成長所帶來的增值，若你了解其中的原理，就會明白優質股巨大價值之處，絕對是創富的重要工具，從此以後你會很鍾情於優質股。

例如壟斷企業和處市場限制的企業，很多時已控制了市場，或掌握了較大的市場份額，又或受法規制度等保護。消費者在市場的選擇不多，甚至要無奈地每月付錢給這些企業，這種市場結構令企業生意很穩定，若果行業能自然地增長，企業往往能取得相應的市場份額，生意能自然地成長。由於企業已控制了市場，因此產品售價的掌控程度很高，不止令企業有很高的毛利率，另一方面當成本上升時，企業又能將成本轉嫁給消費者，無損企業的獲利能力。

另外，優質企業在成本方面往往有優勢。舉一個簡單例子，大型超市與小士多，前者無論在租舖、取貨成本、人手控制等各方面都有較大優勢，令成本比率比小士多低得多，成本較低意味著較高的毛利率，賺錢能力較強。久而久之，這些企業不止會佔有更大的市場佔有率，而且獲利能力較高，讓企業不斷賺大錢，令企業持續成長，這將帶動股價長期向上，更比其他股票有較多的升幅。

企業若掌優勢　強者愈強

品牌企業亦是其中一種優質企業，就算兩件貨品完全一樣，但只要加上品牌，該產品不止能售出更多，甚至提高售價也無問題。即是在相同成本下，品牌企業也能吸引更多客及賺更多錢，獲利能力比一般企業高。

優質企業往往比其他企業有較高的投資回報率，同樣投資1億，一般企業可能只會獲利1000萬，但優質企業可以獲利1500萬。由於企業會不斷將資金再投入，即是將賺來的錢再用於發展，受惠複息原理的威力，只要優質企業的優勢持續，成長就會比其他企業更明顯，兩者差距將愈來愈遠。即是在長遠股價增值上，優質股比其他股票的升幅可以是倍計。

不同的優質企業有不同的優勢，這都令優質企業比一般企業、比行業有更高的賺錢能力，令企業不斷壯大，控制市場的能力將更強，簡單來說就是強者愈強。就是這個原理，就算投資者只在合理價買入優質股，已比買一般股有更理想回報，因為優質股長期的複息回報很可觀。所以投資優質股，可說是穩賺，只是賺多賺少的問題。

現在我們知道優質股的價值，但股票不會寫明「這是優質股」、「這是劣質股」，要靠投資者自行分析。稍後的幾節，將講述優質股、劣質股的特點、如何分辨，以及相關的投資策略。

2.2　當心劣質股騙局

若將股票以質素區分，大致可分為 3 類，即優質股，一般股和劣質股。優質股有持續增值的能力，不少更有不錯的派息；一般股雖然都會增長，但回報只屬一般；至於劣質股，長期股價會持續向下，是沒有價值的股票。

雖然投資優質股贏多輸少，但股價大多較為「沉悶」，中短期升幅不會太明顯，所以不是散戶所愛。反之，最吸引散戶投資的，反而是波幅很大、股價較細的股票，但可惜這類股不少都是欠缺價值的劣質股，而散戶輸多贏少的原因，正是因為他們投資劣質股。這些劣質股不止質素差，有部分更利用各種股市技巧，暗中騙走散戶的錢。

但為何散戶喜歡投資劣質股，甘心被人欺騙？因為這些股票利用散戶無知與貪心的特點，以有計劃的模式去進行，絕對是一個騙局，而缺乏投資知識的散戶，就很易會上當。

有些劣質股根本沒有正式的業務，公佈的業務也只是一些門面功夫，真正操作是在股市中進行炒賣，將自己的股價舞高弄低，將散戶的錢轉移到自己身上。

莊家操控股價　散戶做羊牯

這些莊家只要股票的貨源充足，就能做到操控股價的效果：先在低位發放不利消息，令莊家可以在低位吸納散戶的貨，夠貨後再發放利好消息，將股價推高，到股價愈升愈有後，再配合「專家」向散戶推介這股，再加上一些概念，令這股出現難以衡量的高價值；當散戶瘋狂追入時，就是莊家大量沽貨的時候，利潤相當豐厚。

其實這些騙局實在太多，很多當炒股、細價股、財技股、消息股、波動很大的股票，都有具備吸引散戶買賣的條件，只要配合消息，以及某些「專家」推介，自然有大量散戶參與，要創造一個騙局並不難。

操控股價上落亦是簡單的方法。先將股價維持在一個範圍，如$15至$20，每次跌到去$15，莊家刻意買入，製造股價反彈。當重複三次，而再次跌至$15的時候，就會有大量散戶以為這是便宜價，一定會反彈。但如果是無價值的股票，當操控者不再刻意在$15買入，而是在這裡開始派貨，到沽完貨後，該股就會回歸其合理的股價，若果真正價值只有$0.1，那就算由$15跌至$0.1，也是很自然的事。散戶付出了$15的買入價，得到的卻是$0.1價值，這就是缺乏投資知識的結果。

財技騙局　誤導供股「有著數」

另外，運用供股合股拆股亦是常見的財技手法，背後可能是有計劃的騙局，而知識不足的散戶，往往無法理解其中的運作，即是還未知道發生甚麼事，錢已經被騙了。

以供股來說，不良企業慣常的做法就是不斷供股，吸盡散戶的錢，供股者要投入額外資金，不供股者權益則被攤薄，即是無論供股與否，都會成為輸家。結果，散戶供股的資金就會交由該公司運用，當那家不良公司得到資金後，就會用資金幫另一家公司買入假資產，可惜資產根本沒

有價值,而這家公司當然與那家不良公司的大股東或管理層有關,亦即是說,等同暗中將小股東的金錢轉到自己的口袋裡。

其實,要吸引小股東供股根本不難,只要吹噓集資後,如何令公司前景有多好,加上吸引的供股價,就自然有很多人上釣。例如供股價是\$0.3元,股票現價是\$1元,這就能吸引很多人願意供股,因為小股東會有以下計算:若要從現時的股票市場去購買股票要\$1元,但如果願意供股,只需投入\$0.3元這個「便宜價」就能得到一股,那當然值得,之後再以\$1元沽出後,就能輕鬆獲利兩倍。

不少上市公司設計一些吸引小股東供股的計劃,就是要令他們覺得付錢供股是值得的,上述的供股例子便足以吸引很多股民了。不過,當他們支付每股\$0.3元的供股價後,要等一、兩個星期之後,才會收到這些供來的新股,通常這個時候,股價已不再是\$1元,而是\$0.2元、\$0.1元,甚至\$0.01元了。

為甚麼股價可以去到一文不值?答案很簡單,因為這公司本身的價值就是一文不值,其市場價只是幕後人士策劃,利用財技將價格推高。當公司進行供股期間,這時小股東大約有一星期時間決定供股與否,如果我是不良的大股東,而又希望小股東乖乖供股,那我就會盡力在進行供股那段時期,人為地將股價維持在某個水平。供股價\$0.3元,現價只是\$0.35元,小股東當然沒興趣供股,但若將股價托上\$1元、\$1.5元,小股東就覺得供股有「著數」,於是便會乖乖付錢供股了。

因此,當大家見到某股經常做合股供股拆股等財技,而企業的長遠價值多年來都沒有提升,那大家還是不要投資這類股票,因很大機會是劣質股。

股市中實在有太多騙局,雖然大家要保持謹慎,但又不用遠離股市,因為這些騙局只限於劣質股,只要我們不投資這類股,同時增加自己的投資知識,就不會受騙。

2.3 優質股的特點

在股市中，大部分企業都屬於一般股一類，而有少數企業屬劣質股，少數企業屬於優質股。上節已談及有關劣質股的概念，而這節將講述優質股。

優質股不是盲目尋找，而是有一些特點、有一些優勢，這些特點令企業有一定的獲利能力，而且盈利的保障程度較高，即是能持續賺錢，令企業不斷成長，投資者的長期回報可觀。

以下可說是優質股的特點，而特點愈多及愈明顯，可說是優質程度愈高。

- 壟斷企業
- 消費壟斷企業
- 擁企業規模
- 有政府、制度保護
- 入行門檻高
- 擁競爭優勢
- 擁其他企業沒有的特質
- 賺錢能力比行業對手強

- 有一定的市場佔有率
- 擁有有價值的品牌
- 有成本轉嫁的能力
- 消費者對產品忠誠
- 消費者要持續購買
- 產品不斷有需求
- 增長擴展的市場
- 業務能持續發展
- 管理層理性
- 生意平穩增長
- 盈利持續上升
- 財務穩健
- 產品簡單
- 經營效率高
- 股本回報率高

上述就是優質股的其中特點，當然，優質是沒有絕對的標準，而有些特點會較重要，投資者要有判斷能力。

擁有上述的優勢，往往都能長期持續，但投資者亦要久不久檢視企業，觀察該企業的優勢是否仍在，因為當優勢不存在時，其賺錢能力有可能下跌，甚至變成一隻非優質股。因此投資者在評估企業時，要判斷優勢是否能持續，又或只是一些表徵。

恒指成份股　有一定質素

由於懂得選擇、判斷優質股是投資的重點，故投資者一定要多學習，以及多分析股票，當你分析股票的數目愈多時，就愈明白哪些才是優質股，而這種能力往往要靠經驗去累積的。

若然你只是投資初階者，對分析股票的能力與經驗不多，未能掌握尋找或分析優質股的技巧，其實都有個簡易的尋找方法，就是在恒生指數成份股裡尋找。

恒生指數成份股由50隻股票組成，都是較大型、有代表性、生意及盈利都要符合一定要求。因此，成份股多數有一定質素，雖然不是全部都是優質股，但大多數都屬中上級，故憑恒指成份股作為起始點，憑此去尋找優質股，可說是不錯的方法。

2.4 投資優質股的策略

相信經過上面的章節後，大家都能掌握憑投資股票創富的技巧。長線投資是其中的要點，因為我們投資優質股，其中一個要點是耐心等待企業成長，享受該企業比一般企業較高的增長。優質股憑著貨幣系統、經濟成長、自身成長，令成長比其他股票多，而這些因素不會短期令股價上升，往往要數年才會反映出來，因此長線投資是大前題。

至於買入價方面，最理想當然是便宜時買入，但優質股不常出現便宜價，往往要有某些不利因素才會出現。

短線因素　要視乎能否解決

不利因素可來自多方面，自身問題亦是其中之一。當投資者見到企業因自身問題而令股價大跌，就要仔細分析問題，若果是本質性、長期性的問題，那有可能令優質股變成非優質股，投資價值變得有限，就算股價下跌也不一定吸引。反之，若企業由於短期因素而令股價大跌，而這些問題是能解決到的，那就是長線投資者買入的時機。

若果是外圍因素，例如市場氣氛、投資者恐慌、資金流走等因素令股價下跌，這些因素沒有影響到企業的本質，那當然是買入時機，因這大多

是便宜價的時候。只要這時在便宜價買入，耐心等待市況好轉，股價將有明顯升幅，回報相當可觀。

若果是由於經濟差引致股價下跌，其實亦是買入時機，因為只要是優質股，就有一定的實力，就算是經濟寒冬都能順利渡過。而且由於有些質素差的企業過不到寒冬，因此優質企業反而會增加市場佔有率，當經濟復蘇時就會更強大。由於經濟差時一定有很多不利消息，因此股價必大幅下跌，故在這時買入，再耐心等待經濟好轉，股價升幅往往是倍計。而經濟復蘇不是一時三刻的事，所以投資者一定要以長線投資的策略，平靜面對短期的股價波動，才能享受當中的回報。

以上幾點就是股價便宜時的策略，但大部分市況下，股價都處於合理區域，這時的買入策略將略為不同。

宜持一定現金　待跌市掃貨

當股價處便宜區時，會以買入、甚至是盡入為策略，但當股價只在合理區的水平，投資者雖然可以買入，但就不用太進取，同時要保持一定現金，留作大跌市時備用。不過，由於沒有人知道何時出現大跌市，因此若手頭全部現金而沒有股票，也並非好策略。投資者此時可選市盈率不高的優質股，以分段吸納的策略慢慢入貨，雖然股價未算便宜，但只要是合理價，都已有一定回報，達至進可攻、退可守。

在投資策略中，不得不提的就是持有股票的數量。由於股票市場優質股不會太多，因此靠此方法投資的人一般都不會持有太多股票，若股票太多，往往會造成管理困難，反之，若股票太少，則會造成集中的風險。除非你有較高的投資技巧，否則適當的風險平衡是可取的，相信10隻股票在組合中是適合的（都要優質股）。若然你想再分散風險，又或選股能力不足，相信投資盈富基金會是理想的選擇。

2.5 潛力股的特點與投資策略

潛力股可說是未來的優質股，但當刻卻只是一間普通公司，投資者及該企業都著眼於未來，而不是現在，因此分析的重點不是當刻，而是前景。

由於當刻的成果仍未見到，因此分析潛力股是困難的。當分析其財務報表時，根本難以找到這企業的潛力，雖然部分潛力企業擁高增長的業績，但不少在當刻的業績仍是很一般的，因此無法單憑這點去判斷。所以，若果以市盈率或一些往績數據去分析潛力股，未必一定適合。

潛力股多數處一些較為新興、高增長的行業，又或正在開發較為前瞻性的產品，因此相比分析財務數據，分析產品、行業、企業等這些因素反而更適合。由於這些因素較難量化，因此很依賴投資者主觀的判斷，所以投資者分析潛力股時，一定要擁有前瞻性的眼光，想像現時的問題日後能否解決、將來發展的模式會怎樣、將來的世界是否需要這產品。

投資者還要判斷，這產品將來是否會普及？這企業是否會高速成長？行業前景是否會很好？這些問題都是分析重點，由於這些因素在這刻未必呈現，故難免有預估成份。

最好選擇已有盈利企業

投資者在分析潛力股時，除要分析產品的可行性因素外，該企業支持這產品的能力亦不容忽視。發展這些新產品，需要持續性資金的提供，因為難以估計何時才有真正的正現金流，而在產生之前就會有不斷的現金流支出，無論是產品研發以及持續運作，都需要持續的資金去支持。

若企業其他業務沒有足夠的現金流提供，企業就只能以融資等方式去為新業務提供資金，有可能在產品成功前已胎死腹中，無以為繼。但若然有現有業務支持，便能使項目得以持續發展，成功機會大增。

即是說，當投資者選擇潛力股時，其實有方法可減低風險。首先從該企業著手，即企業要有足夠資金開發新產品，最好是現時有其他業務提供持續資金，讓企業開發新業務，換言之，即是最好選擇已有盈利的企業。

另外，該企業過往的業務發展亦需注意。若果企業曾發展多個新業務，每次都標榜是突破性，卻每一次都沒有甚麼成績，那投資者就不要選擇這企業。這類經常轉變業務的企業，往往很難成功。

若投資者見到某企業有一些優勢，但這刻仍未發揮出來，仍未成為行業的王者，則這企業有可能是潛力股。因為只要這優勢發揮，慢慢就會增加市場佔有率，而隨著時間令企業成長，就有機會成為行業的強者。

投資者除用企業角度去尋找潛力股外，亦可以消費者的角度去分析，評估這產品會否普及。當你覺得這產品很好用，而這刻仍未很多人用時，

或許就是一個投資機會。另外，若你有不同的朋友接連向你推介這新產品，又或見到愈來愈多人使用時，亦可能是投資機會，因為產品正高速增長中，但股價未必跟隨這個步伐。

不宜大注　勿選大型企業

在這裡一定要講述投資潛力股的策略，因這與投資優質股不同。

首先，投資潛力股要有一定技巧，因此初階者和低風險投資者都未必適合。同時，這類股票的風險難免較大，因為涉及太多不確定因素，這可能令企業大成功，又或大失敗，所以股價波動會較大，因此投資這類股票時不宜大注。

另外，由於投資的是潛力股，故期望回報一定是倍計或多倍計，所以在策略上，切勿因股價升少少就放。而由於潛力股期望有倍數回報，因此不宜選大型或已成功的企業，因為難以獲得倍計的回報，故此投資的意義不大。所以投資潛力股，往往是投資中小型、當刻未成功、產品未普及的企業。

最後，買入潛力股也要考慮買入價，切勿在市場熱炒這類股時才投資，因為股價一定已被炒起，這刻入市必然買貴貨，就算企業成功，股價增長也很有限，難以獲得倍計回報。當潛在回報不高，而承受的風險又不少時，值博率就變得很低，不宜投資。

所以，若該股已經為市場熱炒股、焦點股、焦點行業，那這刻就不是買入潛力股的時候，投資者宜在市場炒起前、或市場冷待這類企業時買入。就算市場冷待，只是中短期股價無法上升，但投資者等待這企業的潛力發展，期待這企業成功的時候，那時股價就會倍計而上，這時才是投資者收成的時期。

這節講述了優質股、劣質股、潛力股的特點，但由於這書的重點並非講述相關的理論與技巧，故只能略為講述。而更多有關這幾類股的特點、企業實例、運用技巧，以及尋找優質股的具體方法、個股分析技巧、閱讀年報技巧等，本人的其他著作將有更多延伸的論述，而本人的股票班課程，亦會有完整的解釋。

小結：

- 以質素來區分，可將股票分作「劣質股」、「一般股」、「優質股」3類，劣質股沒有投資價值，而優質股無論在股價及股息方面，都能帶給投資者理想的回報。

- 劣質股由於股價波幅大，加上有「專家」推介，故吸引不少散戶入市，但劣質股其實是沒有價值的。部分劣質股更有可能是一個騙局，利用各種財技手法，將散戶的錢轉移到大股東或莊家手中，所以不宜沾手。

- 雖然優質股在股市裡是少數，但由於優質股有一些特點，因此投資者只需憑這些特點去尋找，就能發掘到優質股，以及評估到該股是否優質。這些特點其實是企業的優勢，而擁有這些特點愈多及愈明顯，就可說該股愈優質。

- 優質企業由於擁有獨特優勢，引致企業的賺錢能力比一般企業強，在長遠發展下，增長比其他企業更高，股價長遠增長可以是一般企業的多倍。因此投資優質股絕對是贏多輸少。

- 若果股價受著以下因素影響，往往是投資的時機：受企業短期問題、受市況、市場情緒影響、受經濟不景影響。當企業因中短期的不利因素令股價大跌，而這些因素卻沒有影響企業的本質，那就是長線投資優質股的時機。

- 潛力股可說是未來的優質股，投資者要思考該行業、企業、產品將來是否會成功、是否擁有一定的潛力。而在策略上，涉足這類股不宜投資已成功、產品已普及的企業，因回報不吸引。另外，由於潛力股有一定風險，故未必適合初階者及低風險者，同時投資潛力股不宜大注。

第 **3** 章　點選 40 隻
優質股

【使用說明】

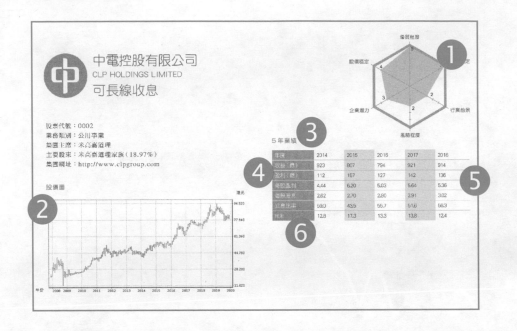

① 6個指標會分成「1-5」，1是最差，5是最理想。例如「優質程度」5為最優質，而1就是優質程度很少。而「風險程度」則例外，即是「風險程度」5就是最高風險。

② 有關股價的圖表，會因派息等權益變動，而將過往股價作出調整，甚至令過往股價調整至負數值，這是由於多年收息的總和，已超過當年的股價。

③ 若沒有特別說明，企業的財政年度為1/1-31/12，即截至31/12為一個財政年度，若有特別說明，如：截至31/3為一個財政年度，即是2019年度：1/4/2018-31/3/2019。

④ 盈利為股東應佔溢利。

⑤ 數字若沒有說明，單位是港元。

⑥ ROE為股本回報率，反映企業的賺錢能力，以及再投資回報，單位為%，而毛利率、派息比率的單位亦為%。

接下來將介紹40隻優質股以及10隻潛力股，由於優質與潛力沒有絕對的準則，所以選股難免有主觀成份。而當中所選的優質股，是筆者認為這股很大程度是優質股，而不一定必然是優質股，而潛力股亦是相同原理。

因此這些股票都是只供大家參考，並非推介，亦不代表這就是必勝股。若投資者認為這股適合你投資，宜再找更多的資料去分析，同時要注意投資時的價位，因為下述分析都是以企業的基本面出發，這點投資者要注意。

另外，分析是以企業的整體及長遠發展為視點，而投資策略亦是以長期為主，中短線投資並不適合。該企業可能面對中短期的不景期，業績下跌，但這裡以本質及長期分析。

中電控股有限公司
CLP HOLDINGS LIMITED
可長線收息

股票代號：0002
業務類別：公用事業
集團主席：米高嘉道理
主要股東：米高嘉道理家族（19.0%）
集團網址：http://www.clpgroup.com

股價圖

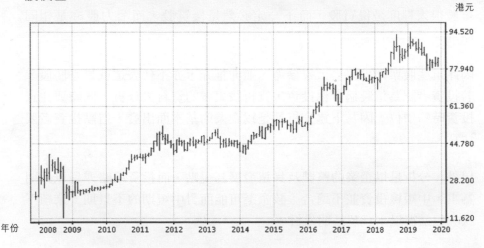

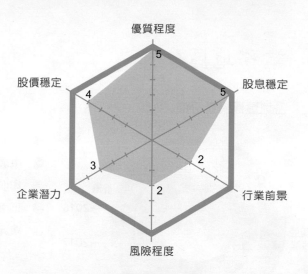

5 年業績

年度	2015	2016	2017	2018	2019
收益（億）	807	794	921	914	857
盈利（億）	157	127	142	136	46.6
每股盈利	6.20	5.03	5.64	5.36	1.84
每股股息	2.70	2.80	2.91	3.02	3.08
派息比率	43.5	55.7	51.6	56.3	167
ROE	17.3	13.3	13.8	12.4	4.32

企業簡介

中電於數個主要地區：香港、澳洲、中國內地、印度、東南亞、台灣營運發電及供電業務。此外，除傳統電力業務範疇外，亦有在香港拓展其他商機，如公共照明及工程服務等。

中電在香港經營縱向式綜合業務，為250萬個客戶發電及提供電力服務。香港是中電集團核心業務所在地，受到與港府訂立的協議規管。

業務地區分佈

各地區淨資產分佈

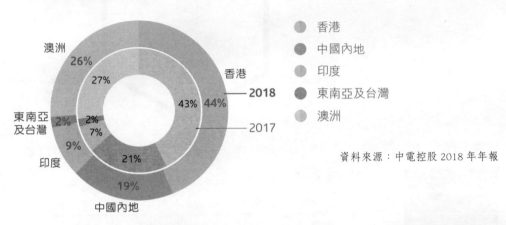

- 香港
- 中國內地
- 印度
- 東南亞及台灣
- 澳洲

資料來源：中電控股 2018 年年報

各地區營運盈利（扣除未分配支銷前）

- 香港
- 中國內地
- 印度
- 東南亞及台灣
- 澳洲

資料來源：中電控股 2018 年年報

中電的主要營業地為香港，貢獻過半盈利，除此之外，中國及澳洲亦是重要的業務地區。香港是市場成熟的地區，雖然增長力不多，但賺錢能力理想，這是源於中電處壟斷市場狀態，利潤管制其實是保障中電有穩定的盈利，令其處於穩賺的狀態，就算成本上升也能將其轉嫁給消費者，是典型的優質企業。

中國業務方面，中電自1979年起參與中國內地的電力行業，是內地最大的境外獨立發電商之一，專注發展潔淨及低碳能源，包括核電和可再生能源，而中電亦擁有大亞灣核電站的25%權益。中國部分可說是中電增長的動力所在。

澳洲方面，中電在2011年收購新南威爾斯省EnergyAustralia能源零售業務和Delta Western售電權合約。EnergyAustralia經營以零售為重心的能源業務，並輔以其發電組合，為澳洲東南部260萬客戶提供能源服務。澳洲是中電在海外地區的重要部分，近年進行重組，價值將逐步顯現。

業務平穩增長

按能源類別劃分的資產

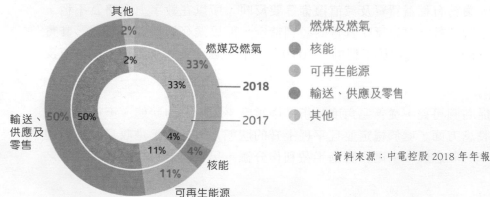

資料來源：中電控股 2018 年年報

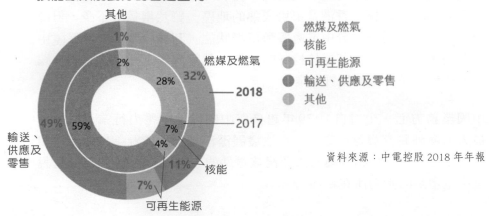

按能源類別劃分的營運盈利

其他 1%

燃媒及燃氣 32%

2018

2017

燃煤及燃氣
核能
可再生能源
輸送、供應及零售
其他

輸送、供應及零售 49% 59%

核能 7%

可再生能源 7%

資料來源：中電控股 2018 年年報

中電在過往多年，不斷優化業務的組合，除了配合大環境增加新能源類別的比例外，亦強化燃氣業務的比例，其中一個原因是配合內地的發展。

正如之前所述，香港是中電的重心，賺取穩定而持續的盈利，同時，中電利用資源投資中國及澳洲，以及發展各類能源業務，可見中電有穩中求勝的效果。

電力行業是屬於穩定的行業，收入與盈利變化不大，但由於中電旗下的業務有權益買賣及減值撥備等要反映，所以在數字上會略為不穩，令盈利數字難以反映真實的盈利情況，而以業務的盈利角度看，其實中電在近年是處於平穩的。2019年盈利大跌，也只是會計上的減值反映。

從右圖可見，從營運角度分析，中電處平穩增長的狀態。至於中電的股息方面，處於穩定並且平穩上升的狀態，而這正正是收息者期望追求的收息股。中電會將過半盈利作分派，另一部分會作為企業發展之

營運盈利及股息

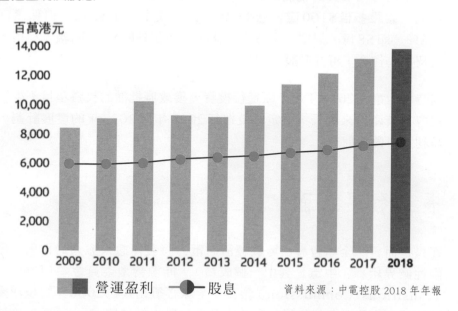

百萬港元

資料來源：中電控股 2018 年年報

用，主要的投資會是內地及海外，令往後的盈利與股息增加。

從股本回報率（ROE）中可見，中電有不錯的回報率，反映賺錢能力理想，除香港以外業務有增長外，香港本質上賺錢，亦令中電的回報率理想，而香港業務不得不分析《利潤管制協議》。

舊的協議在2018年已到期，准許回報率9.99%。於2018年10月生效的新管制計劃協議，准許回報率下調，因此，新協議初期的確會令中電盈利減少。

新利潤管制協議為期15年，准許回報率8%，以固定資產平均淨值計算，固定資產包括：物業、機器、設備等，可隨投資而增加，即是存有玩財技的因素，只要適度借貸，可提升股本回報率。

只要中電善用借貸，就能以息差的原理，將股本回報率提高。在低息環境，假設多借 $100 億，息率 3%，利息成本就是 $3 億，但保證回報 8%，即 $8 億，只要加大資產，就能創造額外的 $5 億回報。利用借貸及加大資產，可提升股東回報。

同時，中電在 2018 年起不斷進行投資，獲政府批准的投資項目不少，這會為資產帶來增長，並定好及進行 2018 年至 2023 年的發展計劃，盈利將會慢慢回升。

長遠發展正面

在長遠而言，全球會發展零碳經濟，電力將發揮愈來愈大的作用。國際性業界組織（中電是其中一個成員）「能源轉型委員會」（Energy Transitions Commission）預測，全球必須在大約 2060 年實現淨零碳排放，方能避免氣候變化有可能帶來災難性的破壞。

要以符合成本效益的方式實現這目標，電力佔總能源組合的比重，必須從 20% 提高至 60%，全年發電量則須增長四倍，由 20 萬億度增至 100 萬億度。

上述能源轉型在擁有龐大人口的中國及印度，將有重大影響，而兩地正是中電的主要增長市場。

因此，電力雖然是穩定的業務，但並不代表中電沒有增長力，就長遠而言，中電有平穩增長的能力，可說是穩中求勝的股票類別。

投資策略：平穩收息

中電在香港處壟斷市場，而電力市場本質穩定，中電不止有一定的賺錢能力，而且財務穩健，絕對是一隻優質股，有相當的質素。而香港以外地區更有增長潛力，因此中電有穩中求勝的效果，有長期持有及收息的價值。

股價方面，中電能長期保持平穩上升，反映企業的價值持續增長，加上股價波動不大，適合中低風險的長線投資者。無論是收息又或是享受股價的平穩增長，中電都符合這條件。

由於此股有一定的質素，市場估值往往不低，投資者要注意投資時市盈率會否太高，以及息率是否有足夠的吸引力。

雖然此股優質及有平穩增長動力，但最好有4%以上才算有吸引力，若然股息率連3.5%都沒有，反映股價處不便宜的水平，投資者宜採用等待策略，又或只以月供模式去投資這股，令買入價平均。這股絕對適合長線持有。

香港中華煤氣有限公司
THE HONG KONG AND CHINA GAS COMPANY LIMITED

具投資回報

股票代號：0003
業務類別：公用事業
集團主席：李家傑、李家誠
主要股東：恒基兆業（0012）（41.5％）
集團網址：http://www.towngas.com

股價圖

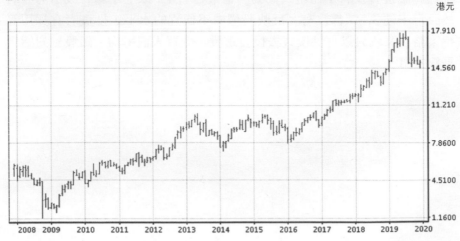

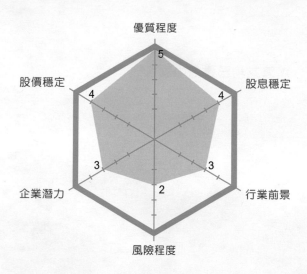

5 年業績

年度	2014	2015	2016	2017	2018
收益（億）	316	296	286	328	391
毛利（億）	72.6	69.9	71.7	43.3	83.8
盈利（億）	71.1	73.0	73.4	82.3	93.1
每股盈利	0.42	0.43	0.43	0.49	0.55
每股股息	0.22	0.24	0.26	0.29	0.32
派息比率	51.7	55.4	60.6	59.5	57.9
ROE	13.9	13.8	13.8	14.4	15.2

企業簡介

中華煤氣於1862年成立，是香港歷史最悠久的公用事業機構及規模
最大的能源供應商之一。煤氣的核心業務包括生產、輸配及銷售煤
氣，銷售煤氣爐具，以及提供全面售後服務。

煤氣業務已遍佈中國各地

資料來源：中華煤氣 2018 年年報

煤氣集團香港總部　　　分布式能源　　　　　　　　煤礦
城市管道燃氣(中華煤氣)　液化天然氣加氣站(中華煤氣)　煤基化工
城市管道燃氣(港華燃氣)　壓縮天然氣加氣站(港華燃氣)　上游項目
液化天然氣接收站　　　　水務／廢料處理　　　　　　煤運物流項目
省內天然氣管網　　　　　電訊　　　　　　　　　　　壓縮／液化天然氣加氣站
城市高壓管網／地下天然氣儲氣庫　　　　　　　　　　生物質
(中華煤氣)　　　　　　　　　　　　　　　　　　　其他項目(新能源)
城市高壓管網(港華燃氣)　　　　　　　　　　　　　　石油開採
　　　　　　　　　　　　　　　　　　　　　　　　其他項目

中華煤氣在香港的供氣管網全長逾3,400公里，服務約180萬住宅及工商業客戶。此外，亦提供電訊、樓宇服務工程、新興能源開發及應用等服務。

中華煤氣於1994年開展內地的燃氣項目。連同附屬公司港華燃氣（1083），在內地有超過250個項目，包括天然氣上、中、下游項目、自來水供應與污水處理、天然氣加氣站、新興環保能源、能源資源及電訊項目等。

企業分析

香港方面的業務十分穩定，可說是行業的壟斷者。回顧煤氣的本港業務，雖然市場已成熟，相信往後發展是平穩，未必能成為增長的動力。

不過，煤氣始終是不少家庭生活的必需品，可說是公共事業，但相比起兩間電力公司，就不用受政府的利潤管制，因此具有更大的價格自主能力，較易將成本轉嫁給消費者。少限制的壟斷，始終是一盤吸引的生意。

中華煤氣多年來保持發展內地業務，這會成為當中一個潛力，因中國愈趨城鎮化，對能源的需求就愈來愈大，而同時政府開始不斷優化能源結構，並愈來愈鼓勵使用清潔能源，推廣天然氣，這都有利中華煤氣的長遠發展，而中華煤氣近年的中國業務亦有不錯的增長，可見將來的前景仍在。

另一方面，於2012年，中華煤氣初踏出海外，以約1.7億美元購入泰國陸上石油勘探和生產項目之60％股權，可說是漸漸向海外擴張。因此，煤氣可說是包含了穩中求勝的作用。

中國是增長動力

中華煤氣在香港的業務，增長力不強，但中國部分正是帶動近年盈利增長的動力，相信往後都是。

在之前的業務分佈圖可見，這企業在中國的業務十分廣泛，除了燃氣業務外，亦發展出多個範疇，當然燃氣業務仍是主打。這企業在內地城市之燃氣項目總數超過130個，遍佈23個省、自治區及直轄市，客戶數目超過2,700萬戶，每年都保持增長。主要由於中國政府制定天然氣利用政策，加快「煤改氣」步伐，帶動業務增長。

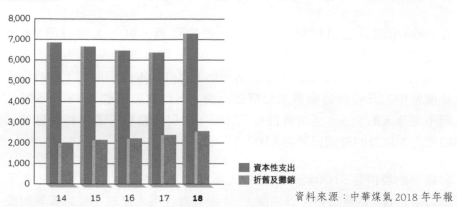

中華煤氣資本開支

（港幣百萬元）

資本性支出

折舊及攤銷

14　15　16　17　**18**

資料來源：中華煤氣 2018 年年報

雖然這企業是公共事業，香港部分又發展成熟，但每年的資本開支不少，從上圖可見，每年都超過 $60 億，可見這企業仍處於發展階段。

當中大部分投入的部分，就是中國業務，過往的不斷投資，帶動了近年的業務向上。從營業額分類及盈利分類可見，中國業務的貢獻已超過香港，同時比例正不斷向上。

當投資者見到這企業，每年仍願意大力投資，反映管理層仍視這企業有一定的發展動力，而過往不斷的投資，亦將會慢慢見到收成。可推斷這企業的前景不差。

隱藏股價的升幅

煤氣多年來都以 10 送 1 作紅股派送，這除了有吸引股東作用外，另一個原因，就是煤氣有心隱藏此股的升幅，試想想，每年 10 股送 1 股，平均

每7、8年就能令擁有的股數多一倍，由於多年來都有10送1政策（中間停了數年派送），因此令小股東持有股份數量愈來愈多。

在1999年煤氣股價約$9（筆者當年曾投資過，但不久就賣出），而2020年的股價是$15，這些年間憑10送1，股份數目多了約4、5倍，若果煤氣不用送股這政策，即是當年的1,000股等同現時的1,000股，那麼當中的升幅就會全數以股價去反映，而真實股價約為$80、$90，而不是今天的$15。而這數目更未計每年的現金股息，若果將股息加到股價上，這股的股價已超過$100！

當煤氣的股價是$100時，大部分人都會認為這股是大型的股票，甚至認為這是貴（當然這與平貴無關）。不過，對香港人來說，見到煤氣的股價由$9升多倍至$100，可能會對煤氣有負面效果。

關鍵在於煤氣是影響民生的公共事業，更是壟斷市場，無論是加價，還是賺大錢，都很容易觸動到市民及政黨的神經。

因此，愈低調去賺錢就愈有著數，以每年10送1這方法，令股價每年自然下調約一成，這就會將企業賺錢令股價的上升得以隱藏，令不知情的外人看來，煤氣20年的股價升幅連一倍都無，不算賺大錢的企業，成功避免成為市民政黨攻擊的對象。可見，煤氣有心隱藏當中的升幅，有心隱藏當中的賺錢能力，有心隱藏這企業的優質程度。

投資策略：穩中求勝

壟斷香港市場、沒有太大的政府監管、價格自主即能將成本轉嫁、生活必需品，以及中國潛力的因素，中華煤氣絕對是一隻不錯的優質股，是長線投資的可取之選。

派息方面，此股有10股送1股的紅股，但這股在現金股息方面不算多，所以要求每年有穩定現金流的投資者，煤氣未必是首選，反而其他更高息的公用股更佳。

因此，這股適合穩中求勝的投資者，未必要求當刻有現金股息回報，而是較有耐性等企業成長。由於此股有不錯的再投資回報率，因此長期會反映在股價及股數增加上，故投資者持有的權益會漸漸增加。

不過，由於此股優質，市場對其估值往往較高，市盈率很多時處25倍以上水平，若投資者能等25倍以下、即較便宜時才投資，回報將會更佳。

港燈電力投資與港燈電力投資有限公司
HK ELECTRIC INVESTMENTS AND HK ELECTRIC INVESTMENTS LIMITED

永遠持有之選

股票代號：2638

業務類別：公用事業

集團主席：霍建寧

主要股東：電能實業（0006）（33.4%）

集團網址：http://www.hkei.hk

股價圖

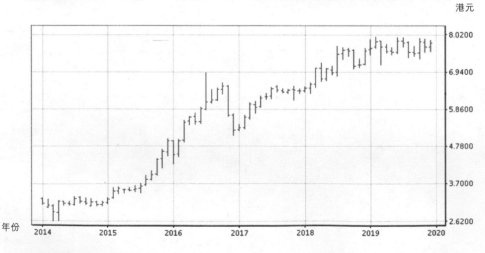

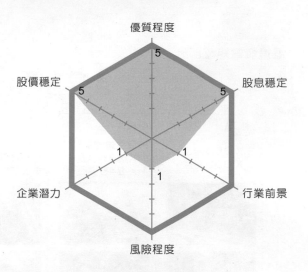

5 年業績

年度	2014	2015	2016	2017	2018
收益（億）	105	112	114	117	116
毛利（億）	56.7	60.2	60.5	61.1	61.3
盈利（億）	32.0	35.9	36.0	33.4	30.5
每股盈利	0.39	0.41	0.41	0.38	0.35
每股股息	0.36	0.40	0.40	0.40	0.40

企業簡介

港燈電力投資由電能實業分拆，成立於 2014 年 1 月，以信託形式運作，定明要將可供分派的部分，扣除開支後作 100% 分派。

港燈電力是一家縱向式電力公用事業機構，旗下香港電燈於 1889 年成立，為香港島及南丫島唯一電力供應商，業務包括發電、輸電、配電及供電。

港燈發電組成部分

3,737兆瓦

燃煤
3 X 250兆瓦
5 X 350兆瓦

燃氣
聯合循環燃氣輪機
1 X 335兆瓦
1 X 345兆瓦

燃油
燃油燃氣輪機
4 X 125兆瓦
1 X 55兆瓦

可再生能源
太陽能1兆瓦
風能0.8兆瓦

資料來源：港燈網站

企業分析

港燈電力投資以信託的形式運作（故會在公司名中加上SS），而港燈信託定明了當中派息的比率，規定要將可供分派的部分，扣除開支後作100％的分派，即是說，所賺的都要全部用作股息派送。

港燈10年售電量

年度	2009	2010	2011	2012	2013	2014	2015	2016	2017	2018
售電量（百萬度）	10,921	10,933	10,897	11,036	10,773	10,955	10,879	10,792	10,615	10,537

在港燈過往的售電數據中可見，其售電量非常穩定，因為香港島的電力市場其實是一個非常成熟的市場，每年都不會有太大變化，雖然在潛力方面的確欠奉，但收取股息方面卻很不錯。

雖然港燈的售電沒有增長，但由於港燈有成本轉嫁的能力，當燃料價格上升時，就會將成本轉嫁給消費者，以獲得協議中合理的回報，簡單來說，就是保障港燈股東穩賺。所以，港燈有穩定收入，從而產生合理的利潤，並派發穩定的股息。

港燈電力的業務只有香港部分，而香港島及南丫島用電都十分穩定，故能成為變數的就是成本與定價，而《管制計劃協議》就會成為其中之一。

管制計劃協議

港燈經營受到與香港政府訂立的《管制計劃協議》規限，計劃於2019年1月開始，為期15年，准許利潤相等於該年度的固定資產平均淨值總額的8%。

這個8%的准許回報率是建基於資產上，只要港燈善用借貸，就能以息差的原理，將股本回報率提高。在低息環境，假設多借$100億，息率3%，利息成本就是$3億，但保證回報8%，即$8億，只要加大資產，就能創造額外的$5億回報。利用借貸及加大資產，可提升股東回報。

雖然新協議比舊的回報略降，對港燈回報略有影響，但這只是中期的情況（例如2年），股息都會因此而受影響，但隨著港燈不斷加大投資，令「資產」增加，這就能獲得更多的准許利潤金額，能令盈利提升。

港燈融資成本

	2018 百萬元	2017 百萬元
貸款利息及其他財務成本	1,177	1,007
減：資本化為在建造中資產的利息開支及其他財務成本	(191)	(139)
轉作燃料成本的利息開支	(19)	(20)
非按公平價值計入損益的財務負債的利息開支及其他財務成本總額	967	848

利息開支按平均年利率 3.0%（2017 年：2.7%）資本化為在建造中資產。

從上圖可見，港燈的利息成本並不高，而准許回報則遠高於這數，只要利用息差原理，加大資產就能創造回報。

港燈在新利潤協議時，亦開展了新發展計劃，在新協議後的 5 年，將投入歷來最大達到 $260 億的資本投資，除可推動香港成為智慧綠色城市，亦可以令港燈的盈利慢慢提高，從而令股息慢慢提高。

投資策略：長期收息

港燈處於壟斷的市場，更有成本轉嫁能力，由於業務穩定，令盈利呈平穩上升的形態，而股息亦會平穩上升，故此港燈能成為一隻理想的收息股。

在質素上港燈絕對是優質的，因為無論在資產質素的角度，以及盈利保障程度，都是很理想。但港燈由於業務所限，沒有發展的空間，因而沒有潛力，這點投資者要注意。

投資策略上，港燈適合收息型的投資者，但對於追求股價增值的投資者，可能就不適合。

雖然港燈派息不差，但沒有增長空間，在新利潤協議後，股息將會呈「先跌後升」的狀態，投資者要以長期的平均分析，5.5% 以上的股息率算較有投資價值。投資者買入後可作長期收息，甚至永遠持有都可。

GDH 粵海投資有限公司
GUANGDONG INVESTMENT LTD.

業務穩定

股票代號：0270
業務類別：水務供應
集團主席：黃小峰
主要股東：廣東粵海控股（56.5%）
集團網址：http://www.gdi.com.hk

股價圖

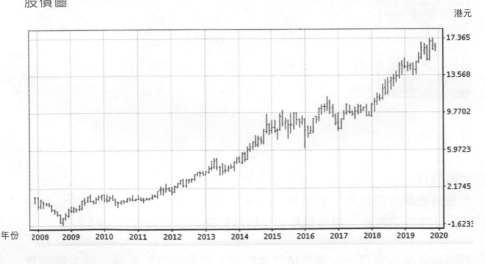

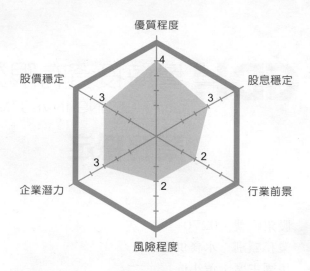

5 年業績

年度	2014	2015	2016	2017	2018
收益（億）	84.3	91.7	105	122	134
毛利（億）	56.5	61.4	68.8	71.8	76.7
盈利（億）	44.0	39.1	42.1	56.9	50.2
每股盈利	0.70	0.62	0.67	0.88	0.77
每股股息	0.28	0.34	0.42	0.49	0.54
毛利率	67.0	67.0	65.8	59.0	57.4
ROE	15.3	12.7	13.2	15.7	12.4

企業簡介

粵海投資（粵海）可說是一間綜合企業，當中包含不少公共事業的部分，水務供應部分為最大，而其中大部分為供應香港。粵海投資就是供應香港東江水的供應商，每隔數年都會與港府商討供水事宜。

粵海亦有其他業務，如物業持有及投資、酒店持有及營運、酒店管理及百貨營運、基建及能源項目投資等。收入來源地區為中國及香港。

業務分析

粵海大致可分為6個部分：供水、物業投資、百貨、發電、道路橋樑、
酒店經營，而當中供水部分為主要業務。然而粵海各部分所產生的盈利
貢獻都有差異。

經營分部收入

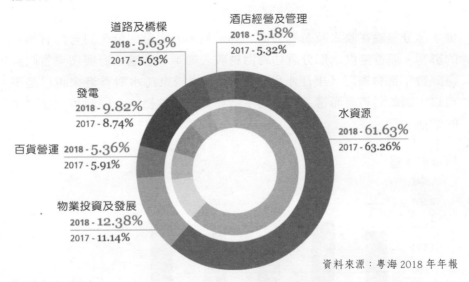

道路及橋樑
2018 - 5.63%
2017 - 5.63%

酒店經營及管理
2018 - 5.18%
2017 - 5.32%

發電
2018 - 9.82%
2017 - 8.74%

水資源
2018 - 61.63%
2017 - 63.26%

百貨營運 **2018** - 5.36%
2017 - 5.91%

物業投資及發展
2018 - 12.38%
2017 - 11.14%

資料來源：粵海 2018 年年報

經營分部業績

道路及橋樑
2018 - 7.70%
2017 - 6.55%

酒店經營及管理
2018 - 2.18%
2017 - 2.07%

發電
2018 - 3.49%
2017 - 1.63%

水資源
2018 - 65.67%
2017 - 67.32%

百貨營運 **2018** - 2.92%
2017 - 3.50%

物業投資及發展
2018 - 18.04%
2017 - 18.93%

資料來源：粵海 2018 年年報

盈利貢獻方面，對其佔比較大的，主要是供水業務及物業業務，因此這會是分析的重點。由於部分的物業由聯營公司入賬，以致收入未必會全部反映在粵海的營業額之上，但這其實對粵海盈利有貢獻的。

穩賺的供水業務

供水部分無論在收入及盈利方面，都是最大的貢獻部分，對粵海有相當的影響。而香港供水部分就佔粵海總收入約半，香港政府與廣東省政府每隔數年都會簽訂《東江水供水協議》，由於東江水對香港來說已是不可缺，因此對粵海而言，往後的生意亦會是相當穩定，同時可說是穩賺的業務。

每年供水量

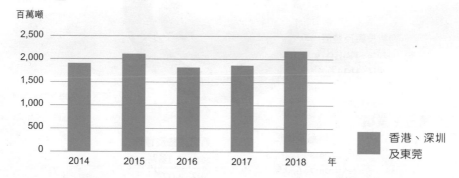

供水帶來的收入

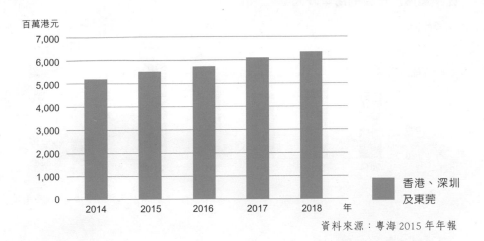

百萬港元

| | 2014 | 2015 | 2016 | 2017 | 2018 |

香港、深圳及東莞

資料來源：粵海 2015 年年報

回顧近幾年的供水量，雖然沒有甚麼增長，但由於售水的價格有所上升，因而帶動粵海供水部分中，收入每年都有一定的升幅，成為其增長的動力。同時這部分的毛利亦吸引，可說是穩賺的業務，模式簡單而吸引，就算往後的增長潛力有限，但憑價格的提升，已能有平穩的收入增長，絕對是吸引的項目。

物業投資及發展

粵海另一主要部分是物業投資及發展，其收入每年均有穩定增長，內裡主要的貢獻來自租金，因此收入穩定。所持有的項目主要為天河城廣場、天津天河城購物中心、番禺萬博中央商務區項目，以及香港粵海投資大廈，均是優質的收租物業。從下圖中可見，其物業投資及發展部分的收入平穩增長。

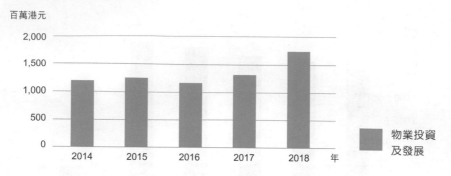

物業發展及投資的每年收入

百萬港元

資料來源：粵海 2018 年年報

總體業務分析

粵海整體的營業額其實不錯，由於業務多為公共事業，因此業務穩定，令過往的生意呈穩定增長形態。雖然增長不算高速，但勝在穩定，而主要貢獻的水務及物業收租，均是穩定的業務。

至於盈利方面，增長同樣理想，由於其業務特性，價格提升方面有較大的自主能力，而在營業額增加同時，成本沒有明顯增加，造就增長的淨利率。另外，由於 2017 年有較大額的特殊收益，令盈利數字拉高。

盈利增長其中一個動力來源是物業部分的租金收入，近年租金在國內及香港均有上升，帶動其整體向好，往後則相信會較溫和，故將來的盈利將趨較平穩式的增長。另外，由於盈利包含物業重估數字，因此令盈利數字略有波動。

在股本回報率（ROE）方面，粵海算是不過不失，平均約13%水平，不過有小部分由於物業重估帶動。以公共事業來說算是理想，再投資回報算是不錯，兩個主要的盈利貢獻業務水務及物業租務，不止收入貢獻穩定，而且賺錢能力近幾年不斷上升，從而帶動回報率上升。

投資策略：長線資產

綜合而言，粵海有一定質素，擁有穩定的業務，水務部分是其主要的盈利來源，這個水務系統就像一條會生錢的水喉一樣，是不可多得的優質資產。而物業發展部分持續產生租金收入，亦是不錯的部分，將來仍能持續產生穩定的回報。

反而其他業務如百貨營運及酒店經營，就顯得比較遜色，加上所佔部分不多，暫時不會對此有期望。雖然粵海可說是綜合企業，但其業務的組成有點奇怪，雖說部分百貨業務在自己的物業商場裡經營，但其各種業務始終不太相關。

整體來說，預期此企業仍會增長，但就偏向平穩，算是中性偏好，有一定的優質程度，有長線投資的價值。

雖然此股內裡的資產優質，但增長不會太快，只能平穩，股息雖不多，但保持增長，故持有作長期平穩增長的資產，以及等漸增的股息。

新鴻基地產發展有限公司
SUN HUNG KAI PROPERTIES LTD.

大地產商擁優勢

股票代號：0016
業務類別：地產業
集團主席：郭炳聯
主要股東：鄺肖卿及家族成員（26.6%）
集團網址：http://www.shkp.com.hk

股價圖

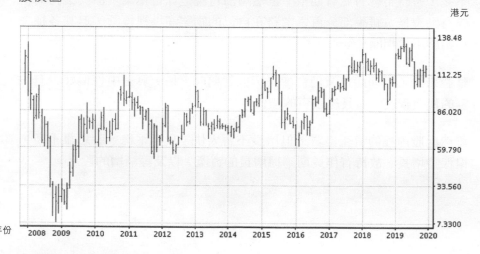

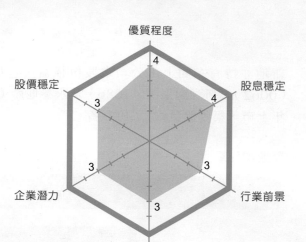

5 年業績

年度	2015	2016	2017	2018	2019
收益（億）	668	916	782	856	853
未計投資價值變動的營業溢利（億）	228	289	295	354	379
盈利（億）	311	327	418	500	449
每股盈利	11.1	11.3	14.4	17.2	15.5
每股股息	3.35	3.85	4.10	4.65	4.95
ROE	7.18	7.10	8.64	9.63	8.13

截至 30/6 為一個財政年度

企業簡介

新鴻基地產（新地）是香港主要地產發展商之一，核心業務是地產發展業務及物業投資，另外亦包括經營酒店、電訊、運輸、基建及物流等業務。

新地亦持有多間上市公司之股份權益，包括數碼通（0315）、載通（0062）、新意網集團（1686）及永泰地產（0369）等。新地於1972年上市，集團僱員約37,000名。

新地業務架構

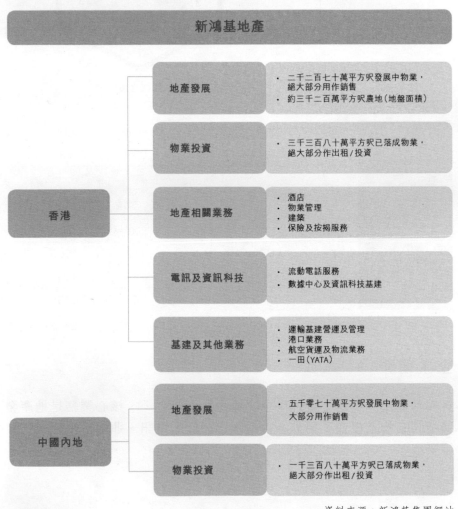

新鴻基地產

香港

地產發展
- 二千二百七十萬平方呎發展中物業，絕大部用作銷售
- 約三千二百萬平方呎農地（地盤面積）

物業投資
- 三千三百八十萬平方呎已落成物業，絕大部分作出租/投資

地產相關業務
- 酒店
- 物業管理
- 建築
- 保險及按揭服務

電訊及資訊科技
- 流動電話服務
- 數據中心及資訊科技基建

基建及其他業務
- 運輸基建營運及管理
- 港口業務
- 航空貨運及物流業務
- 一田（YATA）

中國內地

地產發展
- 五千零七十萬平方呎發展中物業，大部分用作銷售

物業投資
- 一千三百八十萬平方呎已落成物業，絕大部分作出租/投資

資料來源：新鴻基集團網站

地產的價值

雖然新地有多種業務，但最主要的仍是地產，當中包括發展地產，即建成物業後出售，這主要是住宅物業；另一是物業投資，即長線持有作收租，這主要是寫字樓及商場。

香港本質上地少人多，土地必然是有價值的資產，因此從事地產發展的企業，往往都有一定的賺錢能力。若果是經營海鮮生意，產品會因時間而不斷貶值，故此要不斷減價；反之，若所售賣的貨品會持續升值，那就不用與時間競賽，同時更具有加價的能力，這成為企業本質的優勢，而地產就是這一類。

即是說，在香港經營地產生意，只要能在行業中佔到一席位，已經是穩賺的，而地產業的毛利比其他行業高，加上地產業亦有一定的門檻，令行業結構變化不大，地產商的獲利能力甚高。

業務分析

新地在香港的土地儲備

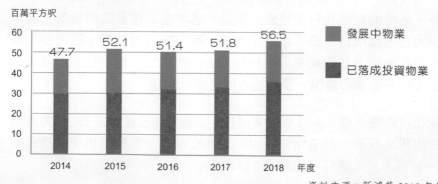

百萬平方呎

資料來源：新鴻基 2018 年年報

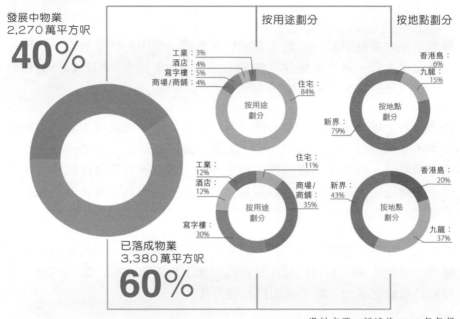

新地在香港的土地儲備結構

發展中物業
2,270萬平方呎
40%

按用途劃分

按地點劃分

工業：3%
酒店：4%
寫字樓：5%
商場/商舖：4%

住宅：
84%

按用途
劃分

香港島：
6%
九龍：
15%

新界：
79%

按地點
劃分

工業：
12%
酒店：
12%

寫字樓：
30%

住宅：
11%

商場/
商舖：
35%

按用途
劃分

新界：
43%

香港島：
20%

九龍：
37%

按地點
劃分

已落成物業
3,380萬平方呎
60%

資料來源：新鴻基2018年年報

新地在行業的優勢可說是不少，首先是品牌，有物業投資經驗的人都知道，新地物業的質素在行業裡不差，這會產生一定的品牌作用，對新地有利。

另外，新地的規模在行業裡數一數二，這亦是地產企業的優勢，因為不少大型地產項目，都不是中小型地產商有能力發展的，而大型地產商無論在融資及其他成本方面都有一定優勢；加上地產行業的結構，會造成強者愈強的情況，故新地的地位難以動搖。

新地在香港擁有龐大的投資物業組合，上圖的「已落成業務」，絕大部分作出租或投資，持有超過3,000萬呎的物業，整體出租率保持在約95%的高水平，每年收租超過$150億。

新地持有不少優質物業（有些全權擁有，有些持有部分權益），如環球貿易廣場、國金、中環廣場、新城市廣場、新世紀廣場、APM 等，可見新地無論在規模、資產質素、管理經驗等都有一定水平，而優質物業租金的特性是長遠計會不斷上升，因此持有這些物業的新地，長線收入不會差，而此企業亦有一定的質素。

中國業務平穩

新地在中國的土地儲備結構

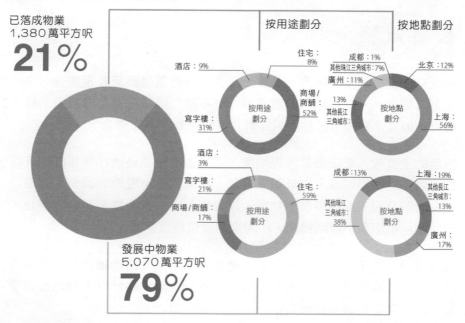

資料來源：新鴻基 2018 年年報

新地亦保持發展內地地產業務，其中「發展中物業」的儲備有超過5,000萬平方呎，其中逾半為高級住宅或服務式公寓，其餘是優質寫字樓、商場和酒店。

此外，新地在內地持有超過1,000萬平方呎已落成投資物業，主要是位於一線城市如上海、北京和廣州黃金地段的優質寫字樓和商場。

中國近年的樓價向上，雖然中短期會有上落，但在長期而言，樓價仍會處向上的格局，這對於擁大量土地儲備的新地有利。

不過，新地發展中國業務的速度，比過往有所減慢，雖然仍保持發展，但就不是高速模式，投資者不能視中國業務有很大的增長動力，只能視為平穩。

投資策略：趁低吸納

新地有一定的規模、質素、品牌，而當中有物業發展及收租部分，令盈利更為穩定，可見新地有一定質素，是不錯的優質企業，有長線的投資價值，但就不是高增長類，只能視為平穩增長、收息型企業。

新地的主要收入來源仍是香港地產，而香港地產經過過往多年的上升週期，難免會出現回落，但就算有波動，相信只是中短期的調整，長遠仍處向上的格局。而從事發展物業，以及擁有龐大香港物業組合的新地，若因香港樓市有中短期變動，中短期的股價將受影響。

長遠而言，香港地少人多、長遠土地供應不足、人口持續增長，都是不變的事實，令香港物業長遠升值的本質不變，而這必然令大型地產商受惠，所以新地的長遠價值仍在。

故投資此股的策略，就是利用中短期樓市下跌週期，期望新地的股價有所回落，在便宜價位投資，由於享受的是長遠資產升值以及新地本身的優勢，所以一定是長線投資，才能產生其中的效益。

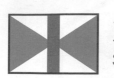

太古地產有限公司
SWIRE PROPERTIES LIMITED

物業優質價值高

股票代號：1972
業務類別：地產業
集團主席：施銘倫
主要股東：太古股份有限公司（82.0%）
集團網址：http://www.swireproperties.com

股價圖

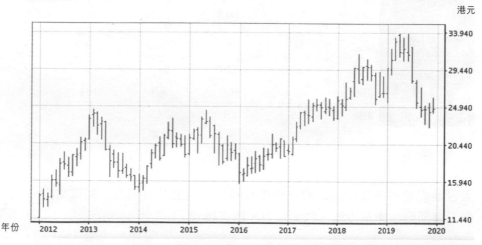

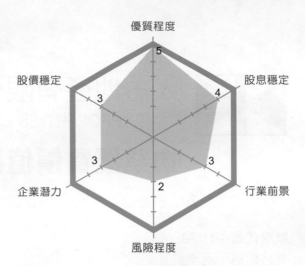

5 年業績

年度	2014	2015	2016	2017	2018
租金收入（億）	104.6	108.6	109.0	113.8	122.5
總收入（億）	153.9	164.4	167.9	185.6	147.2
不計物業公平值變化盈利（億）	70.8	70.2	70.2	77.4	87.9
物業公平值變化（億）	24.3	70.6	80.3	254.6	194.5
盈利（億）	95.2	141	151	339.6	286.7
每股盈利	1.63	2.41	2.57	5.80	4.90
每股股息	0.66	0.71	0.71	0.77	0.84
ROE	4.6	6.6	6.8	14.1	10.7

企業簡介

太古地產是香港及中國的綜合地產發展商、業主及營運商。簡單來說分做三個部分：物業投資、物業買賣、酒店投資。

物業投資即是長期持有物業，以持續收取當中的租金，以商廈及商場物業為主，這是太古地產的主要收入來源。而物業買賣即發展物業以出售，賺取其中的利潤。

擁優質資產

香港地少人多,在人口不斷增長、但土地不會增加的前題下,土地必然是有價值的資產,而其中較為優質的地段,資產價值當然十分高,而這些資產在長遠來說,升值的能力往往較普通的資產高。

太古地產的收入結構

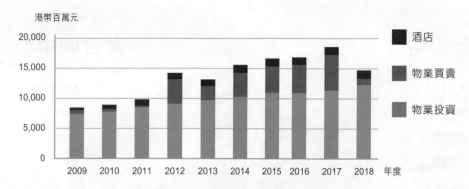

港幣百萬元

資料來源:太古地產 2018 年年報

太古地產有物業投資及物業買賣部分,而無論在收入及盈利貢獻方面,大部分來自物業投資,即收租的部分,就是持有商廈及商場物業,以長線擁有。用租金收入來劃分,商廈與商場物業的比率大約為6:4比,由於地段優質,不止物業價值能升值,長期租金亦會保持上升。

商廈物業方面,主要有太古廣場、太古城中心、太古坊辦公樓、港島東中心等,樓面面積總計逾1,000萬平方呎,租用率極高,情況理想,而這些商廈物業無論在地點以及租金回報方面都是理想的,故太古地產這部分的組合十分優質。

而在商場物業組合方面,主要有太古廣場購物商場、太古城中心、東薈城名店倉等,總樓面面積約280萬平方呎,租用率同樣極高。由於太古廣場購物商場、太古城中心不止處於優質地段,而且定位是中高級,佔了太古地產商場組合的大部分,可見太古地產無論在商廈及商場物業方面,大部分均是優質資產。

太古城物業面積圖

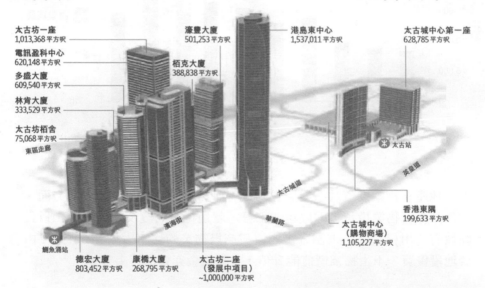

資料來源:太古地產 2018 年年報

太古廣場物業面積圖

太古廣場

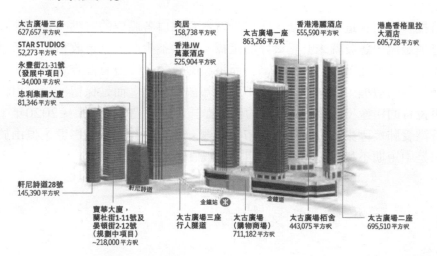

太古廣場三座
627,657 平方呎

STAR STUDIOS
52,273 平方呎

永豐街21-31號
(發展中項目)
~34,000 平方呎

忠利集團大廈
81,346 平方呎

奕居
158,738 平方呎

香港JW
萬豪酒店
525,904 平方呎

太古廣場一座
863,266 平方呎

香港港麗酒店
555,590 平方呎

港島香格里拉
大酒店
605,728 平方呎

軒尼詩道28號
145,390 平方呎

軒尼詩道

金鐘站 ✕

金鐘道

寶華大廈,
蘭杜街1-11號及
吳頓街2-12號
(規劃中項目)
~218,000 平方呎

太古廣場三座
行人隧道

太古廣場
(購物商場)
711,182 平方呎

太古廣場栢舍
443,075 平方呎

太古廣場二座
695,510 平方呎

資料來源：太古地產 2018 年年報

與房託不同

香港有不少房地產信託基金（REIT），領展（0823）和陽光房產（0435）
都是其中之一，而這些房託就是持有一個物業組合，收取其中的租金，
並且將逾九成的可分派收入，以股息形式派給投資者。太古地產持有龐
大的物業組合，而大部分收入都是來自租金，看似有點像房託，但其實
兩者並不相同。

首先，太古地產除持有物業收租外，亦有發展物業，即是做物業買賣。
而太古地產與房託最大的分別是，太古地產不會被限制要將大部分租金
派出，而是可以自行決定。

就近幾年來說，太古地產不計物業重估的利潤，盈利大約為七、八十億，而分派的股息每年約四、五十億，管理層表示派息政策約保持一半的派息率。

對投資者來說這有好有壞，所以投資者要明白各股票的特點，若追求股息現金流，這股就未必是最好的選擇。雖然不少收入來自收租，但派息比率不及房託，而且息率不高。而這股的優勢，除持有優質資產外，亦是往後的發展，因為太古地產不將全部盈利派出，而是保留一半，用作再投資的用途，這會帶動往後的價值提升，以及股息的增長。2020年，香港受肺炎因素影響，令零售市道轉弱，收租業務當然受影響，但由於只是中短期不利，並無影響長期企業價值。

內地發展是增長動力

在地產行業中，太古地產不止有規模優勢，而且在發展大型綜合項目方面，有相當的技術及經驗，這亦是此企業其中一個獨特之處。

太古城已落成幾十年，現時仍保持相當質素，而且就算到了今天，外國仍有不少地產商特地到太古城，參考當中的建設模式。這個集合了住宅、商廈、商場的大型綜合項目，交通方便、配套齊備，令內裡成為了自給自足的城市。而這種發展大型綜合項目的能力，正正是太古地產的優勢。

往後較大型、能為太古地產帶來較大增長的項目，都是來自中國及外地。太古地產將在香港發展大型綜合項目的技術與經驗，應用於中國，分別於北京、上海、廣州、成都的優質地區，持有多個大型綜合項目的

中國太古滙物業面積圖

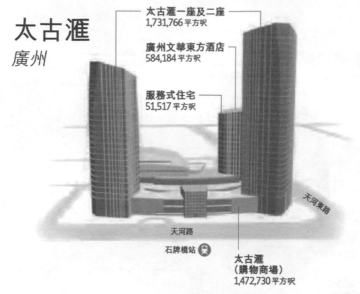

太古滙
廣州

太古滙一座及二座
1,731,766 平方呎

廣州文華東方酒店
584,184 平方呎

服務式住宅
51,517 平方呎

天河東路

天河路

石牌橋站 🚇

太古滙
（購物商場）
1,472,730 平方呎

資料來源：太古地產 2018 年年報

權益，當中不少已落成，成為太古地產的重要資產，為其帶來持續而理想的租金收入。

太古地產利用本身的優勢（這只有少數地產商擁有的優勢），去不斷複製過往在香港這類大型複合式項目，在中國不斷發展，相信長遠仍是繼續，成為這企業的發展動力。

除中國外，太古地產亦有在美國發展，成功發展邁阿密 Brickell City Centre 綜合發展項目，樓面面積達 400 萬平方呎。可見，管理層仍將這企業，定位為持續發展，並不是單純持有原有物業收租。

Brickell City Centre
面積圖

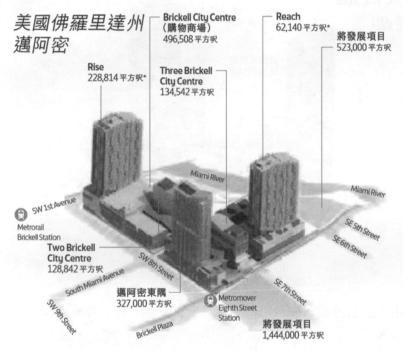

美國佛羅里達州
邁阿密

Rise
228,814 平方呎*

Brickell City Centre
（購物商場）
496,508 平方呎

Three Brickell
City Centre
134,542 平方呎

Reach
62,140 平方呎*

將發展項目
523,000 平方呎

Miami River

Miami River

SW 1st Avenue

Metrorail
Brickell Station

Two Brickell
City Centre
128,842 平方呎

SW 8th Street

SE 5th Street

SE 6th Street

South Miami Avenue

SW 9th Street

邁阿密東隅
327,000 平方呎

Brickell Plaza

Metromover
Eighth Street
Station

SE 7th Street

將發展項目
1,444,000 平方呎

資料來源：太古地產 2018 年年報

投資策略：觀望入市時機

太古地產持有優質的物業組合，加上定位於中高檔次，當中的租金回報亦理想，加上物業組合有相當價值，長遠計的租金會保持上升，當然中短期一定有上落。

另外，由於太古地產有發展大型綜合項目的技術與經驗，這是獨有優勢，無論是發展中國又或是外國的項目，都能為太古地產帶來理想的回報，亦會令往後的總租金收入不斷向上。

因此，太古地產有相當的質素，是不錯的優質股，長遠投資有一定回報。當然，這類優質股的股價經常處較高水平，要在便宜價買入並不容易。但由於市場對此企業的估值不低，以息率計往往只有3%，吸引力只屬一般，若息率達4%以上，才算是有吸引力的水平。

市盈率方面，投資者分析時要以不計物業重估去評估，以此推算市盈率約15倍以下才有投資價值，因為就算此股優質，但增長不會太快，過高的市盈率意味著投資回報一般。若然香港地產市道出現下跌，將帶動這股股價下跌，相信到時是難得的長線投資機會。

恒基兆業地產有限公司
HENDERSON LAND DEVELOPMENT CO., LTD.

農地價值長遠釋放

股票代號：0012

業務類別：地產業

集團主席：李家傑、李家誠

主要股東：李兆基（72.8%）

集團網址：http://www.hld.com

股價圖

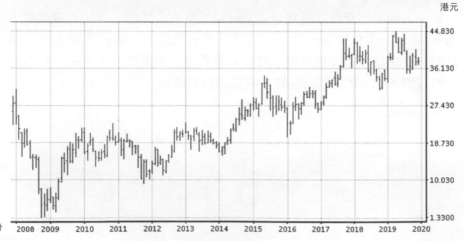

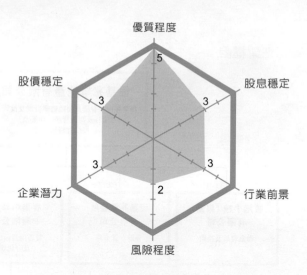

5 年業績

年度	2014	2015	2016	2017	2018
收益（億）	234	236	256	280	220
毛利（億）	92.0	110	109	126	120
盈利（億）	168	213	219	308	312
每股盈利	3.49	4.41	4.53	6.36	6.44
每股股息	0.68	0.99	1.17	1.41	1.64
ROE	7.26	8.72	8.52	11.1	10.3

截至 30/6 為一個財政年度

企業簡介

恒基兆業地產（恒地）為一間於香港及內地之地產發展集團。其核心業務包括物業發展及物業投資，是香港主要地產發展商之一。

此外，恒地亦直接持有附屬公司恒基兆業發展（0097）及三間上市聯營公司，即香港中華煤氣（0003）、香港小輪（0050）及美麗華酒店（0071）。

恒地架構圖

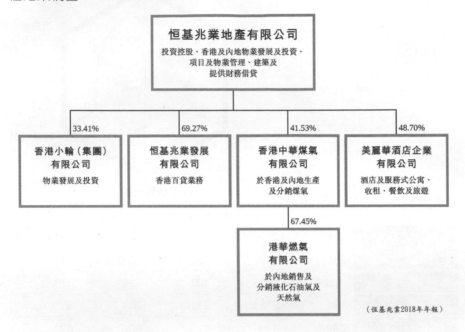

恒基兆業地產有限公司
投資控股、香港及內地物業發展及投資、
項目及物業管理、建築及
提供財務借貸

| 33.41% | 69.27% | 41.53% | 48.70% |

香港小輪（集團）
有限公司
物業發展及投資

恒基兆業發展
有限公司
香港百貨業務

香港中華煤氣
有限公司
於香港及內地生產
及分銷煤氣

美麗華酒店企業
有限公司
酒店及服務式公寓、
收租、餐飲及旅遊

67.45%

港華燃氣
有限公司
於內地銷售及
分銷液化石油氣及
天然氣

（恒基兆業2018年年報）

擁有多個業務

恒地有多間附屬及聯營公司，因此整個集團包括多個業務。簡單來
說，可以將恒地的業務分成3大類，第一是物業發展，第二是物業租
賃，第三是其他業務。

若果不計及投資物業及發展中投資物業之公允價值增加，以經營盈利
去分類，即下圖所示，可見地產業務佔了最大部分。

由於恒地的聯營及合營公司提供了相當的盈利，而下圖數字並未包
括，因此要考慮這些公司的貢獻，而這些公司的核心業務，其實大部
分都與地產有關，例如香港小輪、美麗華酒店，以及眾多在內地的合
營公司，因此地產仍是恒地的重心。

恒地收入與經營盈利

	收入			經營盈利貢獻		
	截至十二月三十一日止年度			截至十二月三十一日止年度		
	二零一八年	二零一七年 (重列)	增加/ (減少)	二零一八年	二零一七年 (重列)	增加/ (減少)
	港幣百萬元	港幣百萬元	%	港幣百萬元	港幣百萬元	%
須報告分部						
— 物業發展 (二零一七年—重列)	13,335	20,029	-33%	5,273	5,459	-3%
— 物業租賃	6,020	5,678	+6%	4,520	4,287	+5%
— 百貨業務	1,496	834	+79%	296	265	+12%
— 其他業務	1,131	1,419	-20%	705	1,004	-30%
	21,982	27,960	-21%	10,794	11,015	-2%

（恒基兆業2018年年報）

地產發展及租賃

香港本身地少人多，由於人口不斷增加，但長期的土地供應有限，因此令土地甚有價值，地價長期向上是必然的現象。憑這因素已可推論，在香港從事地產發展，是一門甚為好賺的生意，現時的新樓，全部都是豪宅自居，因為這樣定位能賺得最多。

故此，在香港的大型地產發展商，都有一定的企業質素，從這方向已可確認，在香港及內地從事地產的大型發展商恒地，本質是一隻不錯的優質股。

若不計物業重估收益，物業發展及物業租賃是主要部分，發展部分將成為恒地的潛力，而租賃部分則為這企業提供穩定的現金流，同時持有的物業質素不差，令整個恒地有穩中求勝的特質。

從下圖可見，部分收租物業有相當的質素，例如國際金融中心、四季匯、宏利金融中心等，現金流強勁，同時有長遠租金上升的能力。

發展潛力

基本上，恒地有穩中求勝的特點，物業租賃是穩的地方，而物業發展則是潛力所在，香港樓價長期只會向上，持有土地者當然有一定的潛力，恒地有多個項目已成功收購八成或以上業權，以及全部業權，這些位於市區的項目，擁有相當的價值。

恒地持有的收租物業

名稱	位置	集團所佔權益（%）	所佔樓面面積（平方呎）
香港島			
國際金融中心一期	中環港景街1號	40.77	373,298
國際金融中心二期（33至52,55,56及77至88樓除外）	中環金融街8號	40.77	659,331
四季匯	中環金融街8號	40.77	216,103
H Code	中環砵甸乍街45號	19.10	25,975
惠苑	半山麥當奴道36號	100.00	108,214
富衛金融中心	上環德輔道中308-320號	100.00	214,360
友邦廣場	北角電器道183號	100.00	512,410
問月酒店	灣仔謝斐道388-390號	100.00	66,128
九龍			
宏利金融中心	觀塘偉業街223-231號	88.50	966,864
鴻圖道52號	觀塘鴻圖道52號	100.00	125,114
鴻圖道78號	觀塘鴻圖道78號	100.00	119,995
友邦九龍金融中心	新蒲崗太子道東712號	100.00	216,593
威達工貿商業中心	新蒲崗八達街9號	100.00	161,998
宏基中心	新蒲崗大有街29號	100.00	150,212
荷李活中心	旺角彌敦道610號	33.33	97,933
利奧坊	旺角利得街11號	100.00	41,939
百匯軒	旺角荔枝角道33號	100.00	13,620
銀座38	尖沙咀山林道38號	100.00	55,031
星匯居	長沙灣通州街500號	100.00	53,443
迎豐	馬頭角道50號	100.00	17,078

（恒基兆業2018年年報）

恒地已成功收購八成或以上業權項目

項目名稱及位置	已購入100%業權		已購入80%以上至100%以下業權*		自估合共樓面面積(平方呎)
	地盤面積(平方呎)	預計未來重建後之自估樓面面積(平方呎)	地盤面積(平方呎)	預計未來重建後之自估樓面面積(平方呎)	
香港					
1. 半山西摩道4A-4P號 (集團佔該項目65%權益)	52,466	306,921			306,921
2. 半山堅道73-73E號	6,781	64,130			64,130
3. 半山樓梯臺1-4號	2,859	13,907			13,907
4. 半山羅便臣道94-100號	5,798	28,990	6,362	31,810	60,800
5. 半山羅便臣道88號			10,361	51,805	51,805
6. 半山羅便臣街105號			27,530	126,638	126,638
7. 半山伊利近街33-47號			11,775	93,594	93,594
8. 西營盤忠正街1-19號	7,858	90,033			90,033
9. 灣仔莊士敦道206-212號 (註一)	4,328	64,918			64,918
10. 灣仔活道13-21號及 永祥街22-30號	6,392	57,076	2,208	19,722	76,798
11. 西灣河太祥街2號	13,713	134,993			134,993
12. 大坑新村街9-13號			2,019	18,171	18,171
13. 大坑新村街17-25號			4,497	40,473	40,473
14. 鰂魚涌英皇道983-987A號及 濱海街16-22號及24-94號 (集團佔該項目50%權益)			43,882	176,760	176,760
15. 香港仔石排灣道83-95號及 田灣街2號	4,950	47,025	1,128	10,716	57,741
16. 香港仔田灣街4-6號			1,740	14,790	14,790
17. 鴨脷洲大街65-71號	4,800	40,015			40,015
小計：	**109,945**	**848,008**	**111,502**	**584,479**	**1,432,487**
18. 大角咀福澤街38號	20,114	181,019			181,019
19. 大角咀角祥街25-29號	26,953	242,512			242,512
20. 大角咀嘉善街1號、 大角咀道39-53號及 博文街2號			9,642	86,772	86,772
21. 大角咀大角咀道173-199號			15,745	141,705	141,705
22. 大角咀萬安街16-30號			6,418	57,762	57,762
23. 深水埗西洋菜北街456-466號及 黃竹街50-56號 (註二)	22,889	203,962			203,962
24. 石硤尾巴域街1-27號、 南昌街202-220號及 耀東街1-14號	35,326	317,934	10,200	91,800	409,734
25. 長沙灣永隆街11-19號 (註二)	6,510	58,300			58,300
26. 紅磡機利士南路、必嘉街、 黃埔街及寶其利街一帶之項目	36,650	329,820	75,400	678,593	1,008,413
27. 土瓜灣土瓜灣道68-76B號、 落山道58-76號、 下鄉道14-20號、 麗華街1-7號及 美華街1-9號及2-8號			42,506	374,355	374,355
28. 九龍城福佬村道67-83號 (註二)	10,954	96,696			96,696
29. 九龍城南角道4-22號	2,817	23,945	7,360	62,560	86,505
30. 大埔美新里3號			6,487	37,041	37,041
小計：	**162,213**	**1,454,188**	**173,758**	**1,530,588**	**2,984,776**
合共：	**272,158**	**2,302,196**	**285,260**	**2,115,067**	**4,417,263**

(恒基兆業2018年年報)

從上表可見，恒地很積極利用收購舊樓，去提供市區樓的土地儲備，這些重建後的市區樓，呎價雖然驚人，但往往有價有市。由於市區土地供應有限，利用收購舊樓，成為了其中一個主要的發展模式，上述土地均有一定的發展潛力。

另外，內地的發展亦是恒地的潛力所在，恒地積極發展內地業務，與內地發展商合作，在多個城市都有項目，同時有相當多的土地儲備。恒地於中國多個城市的可供發展之土地儲備，合共自佔樓面面積約3,200萬平方呎，當中約7成發展為住宅物業，其餘則發展寫字樓及商場。

中國樓市長期向上，反映在經濟增長的前提下，土地的價值必然向上，這是社會發展的自然現象，持有土地的發展商，長遠必定得益。因此，內地業務都是恒地其中一個增長動力來源。

農地潛力

在整個恒地的長遠發展中，持有的農地是最大的潛力所在，恒地持有約4,500萬平方呎新界土地儲備，為本港擁有最多新界土地之發展商。

根據政府公布《新界東北新發展區規劃及工程研究》，確認古洞北及粉嶺北作為粉嶺/上水新市鎮擴展部分，容許原址換地，令私人土地業權人可發展個別私人項目。恒地於發展區內共擁有240萬平方呎土地，約80萬平方呎土地可符合原址換地之條件，其餘則可能會被政府以現金補償方式，收回作公共用途。

至於《洪水橋新發展區規劃及工程研究》方面，恒地於區內擁有約647萬平方呎土地。根據「洪水橋及廈村分區計劃大綱圖草圖」之建議，

洪水橋可發展成為一個人口約21萬人之新市鎮，容納約6萬個新增住宅，約一半為私營房屋。

從上述的發展方案中，可見恒地都有相當的利益。當發展商在開發區持有農地，政府有可能邀請發展商加入參與發展，或是換地模式，又或以現金補償模式進行。無論是哪一個方案，對於早在多年前，以低價買入農地的發展商，都有著巨大的利益。

政府的東大嶼計劃雖然能提供一定的房屋供應，但仍要相當長的時間，當中充滿未知數，同時在這段時間，香港的人口仍會保持增長。因此在長遠而言，政府仍會發展其他大型新市鎮，以滿足人口增長，當中一定涉及新界的農地，其中不少都由發展商持有，這些農地的價值將會大幅提升，只是遲早的問題，因為這些地終有一天會發展。因此，擁有最多農地的恒地，擁有一定的長遠價值。

投資策略：慢慢儲貨，長線投資

整體來說，恒地有一定的質素，物業租賃可說是提供了穩定而理想的現金流，而物業發展則保持平穩增長，因此這股有穩中求勝的作用。

長遠而言，恒地的農地一定有價值，這是遲與早的問題，這亦是恒地的潛力所在，政府愈遲發展，當中的價值愈大，因為土地價值只會向上。

由於恒地本身已龐大，因此就算有上述的潛力，都不是爆升類型，但以穩健類的股票來說，這是較有增長力的一間。中短期可能因政府土地政策而對股價略有波動，但長遠的價值不錯，但投資策略就一定要長期，才能見到企業的真正價值。

九龍倉置業地產投資
有限公司
WHARF REAL ESTATE INVESTMENT
COMPANY LIMITED

優質物業收租

股票代號：1997

業務類別：地產業

集團主席：吳天海

主要股東：會德豐有限公司（0020）（63.0%）

集團網址：http://www.wharfreic.com

股價圖

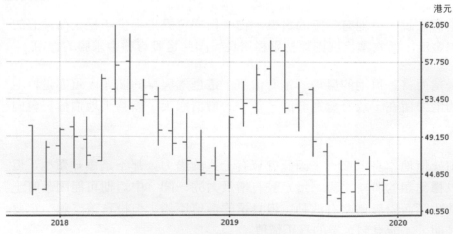

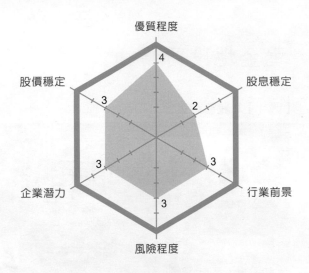

5 年業績

年度	2014	2015	2016	2017	2018
收益（億）	174	176	169	209	165
投資物業公平值增減（億）:	277	53.3	11.9	79.9	80.7
盈利（億）	351	138	99.2	172	180
每股盈利	–	–	3.27	5.67	5.94
每股股息	–	–	0	0.95	2.10
ROE	17.5	6.80	4.91	8.48	8.46

企業簡介

九龍倉置業是物業的投資者及營運商，擁有位處香港黃金地段的投資物業，香港物業總樓面面積為超過 1,100 萬平方呎，估值總額超過 $2,700 億。

當中的旗艦物業為海港城及時代廣場，分別位於尖沙咀及銅鑼灣，都是香港的核心購物物業，同時這兩個亦是香港的地標性物業。

黃金地段商場

【圖 1】九龍倉置業部分物業

資料來源:
九龍倉置業上市文件

【圖 2】九龍倉置業部分物業

資料來源:九龍倉置業 2018 年年報

九龍倉置業的主要業務是持有物業收租，上述是擁有的主要物業資產，主要包括海港城、時代廣場、會德豐大廈、卡佛大廈、The Murray、荷里活廣場，成為一個物業組合。

物業均座落於香港最核心的購物區或商業區，有相當的價值，呎租甚高。由於海港城及時代廣場對其的貢獻最大，因此稍後會再講述。

會德豐大廈包括一座25層寫字樓，位於中環的甲級寫字樓，樓面面積約為215,000平方呎，呎租逾$70，是很優質的物業，出租率100%。

卡佛大廈，位於中環，樓高24層，包括商場及寫字樓，總樓面面積189,000平方呎，出租率99%，物業位置相當好。

The Murray（前美利大廈），於2013年收購，其後改建為酒店，大廈位於中環，共27層，樓面面積336,000平方呎，行高端路線。

荷里活廣場，位於鑽石山，位處兩條港鐵線中，位置亦很不錯，樓面面積562,000平方呎，是九龍東其中一個重要的商場，平均實際呎租逾$100，出租率處95%以上。

上述是九龍倉置業的主要物業組成，這企業以持有物業收租為核心業務。雖然業務本質穩定，但由於有發展物業的入賬數字，以及有「投資物業公平值增減」，因此大家見其營業額、盈利，都比較波動。

若果只計核心的收租部分，這企業的收入及盈利都是平穩，並保持向上的。

海港城

海港城

資料來源：
九龍倉置業 2018 年年報

【圖４】海港城相關物業

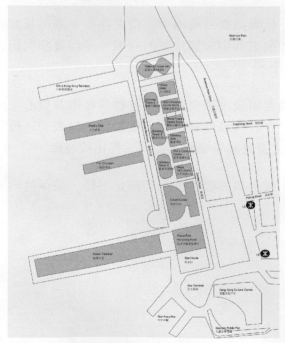

資料來源：九龍倉置業上市文件

海港城是混合式發展項目，提供商場及寫字樓物業、服務式住宅、酒店及會所，位於尖沙咀這個香港一線購物區，是香港其中一個最大的購物商場，更是香港其中一個地標，商場部分的可出租樓面面積1,286,000平方呎，寫字樓則有4,239,000平方呎。

整個海港城由多個物業組成：海運大廈、海洋中心、九倉電訊中心、世界商業中心、環球金融中心、港威大廈、馬哥孛羅香港酒店、港威酒店、太子酒店等。可見，這些都是有質素的物業，無論商場、寫字樓、酒店，都是行中高端路線，有相當的質素。商場及寫字樓的出租率均處95%以上。

由於地理上的位置理想，香港作為一個國際旅遊城市，海港城佔了有利的地理優勢，同時長遠的質素仍然正面。

時代廣場

時代廣場

資料來源：
九龍倉置業 2018 年年報

時代廣場位於銅鑼灣，是香港核心的購物區，地庫直通銅鑼灣港鐵站，時代廣場是商場及寫字樓的混合式發展項目，與海港城一樣，是九龍倉置業的旗艦物業，貢獻相當多的收入。

時代廣場設有16層商場，商場的可出租面積約531,000平方呎，另包括兩座分別為33層及26層高的寫字樓大廈，總樓面面積約為1,976,000平方呎。出租率處95%以上。

由於地理及區份的優勢，時代廣場絕對是優質資產，雖然香港經濟及旅遊業總會有波動，但長遠價值不會改變，租金收入仍會平穩向上。

保持資產增值

從上述資料可見，九龍倉置業持有的，都是質素甚高的物業，同時，會持續投入資源為物業增值，令物業長遠的價值保持向上。透過翻新、重新定位，又或內部擴充來持續提升資產價值。例如海運大廈增加了四層高新翼，於2017年開業，當中擁有約94,000平方呎的可出租面積。

這些資產增值或物業改善工程，一般不需要重大的資本開支，因此不會對財務情況造成不利影響。而當中的好處，就是資產價值的持續提升，以及租金收入的增長，對企業長遠有利。

中國物業佔比不大

九龍倉置業的核心物業均在香港，但中國都有一些物業的收入貢獻，於中國的投資物業全部由海港企業持有（九龍倉置業持有7成股權的附屬公司，上市編號：0051）。

當中包括蘇州國際金融中心，這是一個商業綜合大樓（包括一間酒店 —— 蘇州尼依格羅酒店），以及常州馬哥孛羅酒店。物業總樓面面積約321,500平方米，估值約40億人民幣。

同時，亦於中國發展多個物業，包括重慶寰宇天下、常州時代上院、蘇州時代上城、上海南站，其中兩個由海港企業的附屬公司持有，另外兩個分別透過海港企業的合營公司及聯營公司持有。但這些物業發展後主要會出售，並不會持有作長期收租。

同時，海港企業表示，並無其他中國的土地儲備作發展用途，亦不打算補充其土地儲備，因此，九龍倉置業可說不打算在中國有太進取的發展。

受旅遊業影響

海港城及時代廣場，為這企業提供了大部分的收入貢獻，這兩個商場是香港有代表性的地標，雖然當中的質素甚高，但就無可避免受旅遊業的影響。

近年，中國經濟過了最高速的增長年代，加上人民幣比過往有所貶值，都令中國遊客消費力不及過往的年代，這難免對這兩個商場造成潛在風險，但以近年的數據分析，商場的租金及出租率仍保持理想水平，影響未算大。

另外，香港近年多了政治活動，2020年更受肺炎影響，對其業務增加了風險。不過，大部分都只是中短期不利，並無影響長期企業價值。

網購影響

長遠來說，電子商務可能對這企業旗下的商場有影響，若然市民的購物模式改變，當中租戶的業務就會有影響，最終影響商場的租金。

電子商務近年快速發展，由於網上零售商的固定成本通常低於實體店，故網上零售商可能會以折扣價格出售相同的產品，長遠來說，對實體店造成影響。

這種消費模式影響有多大，這刻仍存有未知數，但影響會存在的。

不過，對不少人及旅客來說，「行商場」是其中一種樂趣，而網上購物會較為目的性，因此，「行商場」有些優勢是無可取代的，這令九龍倉置業的物業，總會有一定的價值。

投資策略：分注吸納

整體來說，九龍倉置業有一定的質素，當中的物業都是優質的類別。同時租金收入穩定，並且能平穩向上（但不會高速增長），前景不差，而企業發展方面不強，投資者不要對增長有太大期望。

這企業與房託不同，雖然本質都是持有物業收租，但並沒有硬性規定這企業要將多少盈利作股息分派，因此，股息回報存有不確定性，但企業在資金運用方面就有較大的自由度。

投資者可以視這股為穩中求勝，雖然預期有不錯的股息，但穩定程度未必及房託，投資者要明白這點。這企業就算低風險者都適合投資，而股價大部分時間都處合理區，投資者基本上都可分注投資，然後長線持有，預期這企業能平穩增值。

陽光房地產投資信託基金
SUNLIGHT REAL ESTATE INVESTMENT TRUST

非頂級資產也有質素

股票代號：0435
業務類別：地產業
集團主席：歐肇基
主要股東：李兆基（22.8%）
集團網址：http://www.sunlightreit.com

股價圖

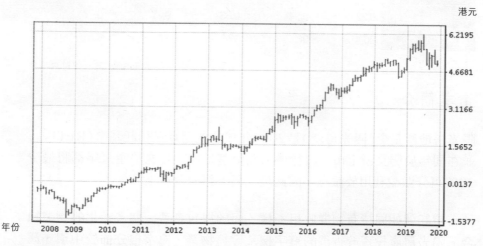

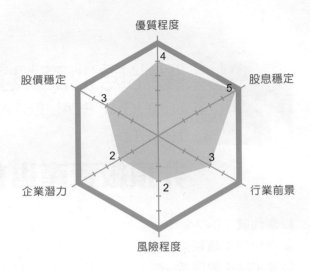

優質程度
股息穩定
行業前景
風險程度
企業潛力
股價穩定

5 年業績

年度	2015	2016	2017	2018	2019
收益（億）	7.5	7.7	7.9	8.2	8.5
可分派收入（億）	3.8	4.2	4.3	4.5	4.7
資產淨值（億）	132	135	139	149	160
每單位派息	0.22	0.24	0.33	0.27	0.27
派發比率	96	96	124	97	97

截至 30/6 為一個財政年度

企業簡介

陽光房地產基金（陽光房產）是 2006 年成立的房地產信託基金（REIT），並在同年於聯交所上市，發行機構為恒基地產。陽光房產每年都將最少 90% 可分派盈利用於派息，因此是一個不錯的收息工具。

持有房託就如同持有物業收租一樣，而內裡包含著一個多元化的物業組合。陽光房產投資於香港的寫字樓及零售物業，寫字樓分佈於中環、灣仔、上環、尖沙咀等地，而零售物業則位於上水、將軍澳、元朗等。寫字樓與零售物業所佔的比例，以估值計大約各半。

陽光房產各類型物業組成

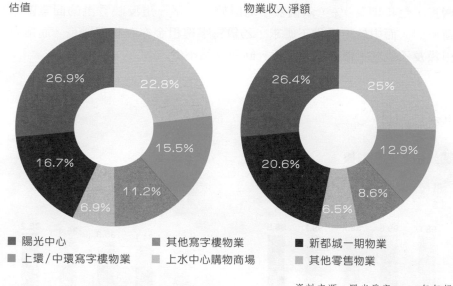

估值

物業收入淨額

- 陽光中心
- 上環 / 中環寫字樓物業
- 其他寫字樓物業
- 上水中心購物商場
- 新都城一期物業
- 其他零售物業

資料來源：陽光房產 2018 年年報

物業長期增值

香港地少人多，所以土地必然是有價值的資產，長期持有物業已經有不錯的回報，而包裝成房託的物業組合，往往都有一定的投資價值。但要注意的是，不少房託在上市時都會定較高的價位，令投資價值減低。不過，只要不在上市時的首兩年投資，房託的股價漸漸就會返回真實價值，價格會較為合理。

陽光房產的物業組合包括寫字樓及零售，寫字樓有甲級及乙級，甲級有灣仔的陽光中心，而乙級則包括北角、上環、尖沙咀、旺角等地的寫字樓。

零售物業方面，包括市區如北角、紅磡、尖沙咀，以及新市鎮如上水、將軍澳、元朗等地的商場。綜合來說，物業的質素雖然不是最優質，但都算是中等的優質程度。

雖然陽光房產的物業組合並非最優質，但回報都不差。自2006年上市，陽光房產有物業收入淨額的複合增長，每年為8％，而資產淨值的複合增長，每年則為9％，兩個數字均處於高水平。這反映香港的商業區不斷擴展，而由於市場供不應求，乙級寫字樓租金亦有相當增長，而擁有甲級及乙級寫字樓的陽光房產，回報自然不俗。

陽光中心

陽光中心財務數據

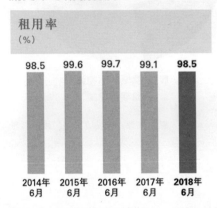

資料來源：陽光房產 2018 年年報

整個房託由多個物業組成，陽光中心佔比最大，貢獻了收入約1/4，物業為一個甲級寫字樓，位處灣仔，地點絕對不錯，多年來的租用率都處極高水平。

從上圖可見，租金每年都有理想的上升，除了反映大環境帶動外，亦反映物業質素不差。同時，就算不斷加租也沒有影響出租率，反映市場能承受租金水平。加上約有30％的收入貢獻，來自政府及相關機構，能提供穩定的租金收入，都是這物業加分的地方。

陽光房產質素提升

陽光房產估值及物業收入

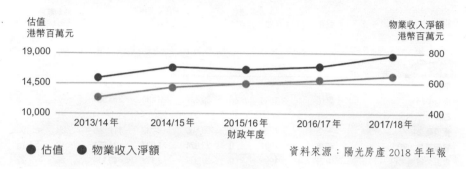

估值
港幣百萬元

物業收入淨額
港幣百萬元

19,000

14,500

10,000

800

600

400

2013/14 年　　2014/15 年　　2015/16 年　　2016/17 年　　2017/18 年
財政年度

● 估值　● 物業收入淨額

資料來源：陽光房產 2018 年年報

陽光房產多項數據都能持續增長，無論是租金收入及可分派的股息，都有不錯的增長，而資產淨額同樣有理想的升幅。

成本對收入比率則能保持下降，2011 年的比率為 23.5%，近年已降至 21.0%。資產負債比率方面，多年來持續下跌，由 2011 年的 30.6% 跌至近年的 21.8%，財務情況健康，可見陽光房產質素不差，並且在提升中。

陽光房產的租用率甚高，多年都保持在 98%，處於甚高的水平。可見在市場需求，以及物業地點不差、管理不錯的因素下，租金回報理想。

不過投資者要明白，房託的增長主要源於內部，而向外擴展的能力則有限，這令升值的潛力不會太大，因為難以創造出再投資的效果。

由於陽光房產將逾九成的可分派收入作股息派出，因此保留的資金很少，所以發展有限，這亦是房託的特點。雖然陽光房產都會買賣物業，但最主要的回報都是現有物業組合，而當中核心物業的變動不大，故往後若要提升收入，很大程度依賴組合內的租金提升。

物業組合數據

物業	位置	落成年度	車位數目	可出租面積（平方呎）寫字樓	零售	總數	租約數目於6月30日 2018年	2017年
寫字樓								
甲級								
陽光中心	灣仔	1998	46	369,891	6,490	376,381	72	73
乙級								
寶恒商業中心	上環	1998	0	108,506	9,403	117,909	96	102
豐順商業大廈⁴	旺角	1981	0	23,024	11,627	34,651	2	不適用
雲山大廈物業	中環	1999	0	37,937	2,177	40,114	26	22
文咸東街135商業中心物業	上環	2000	0	60,844	3,071	63,915	75	74
富時中心	旺角	1996	0	41,004	10,763	51,767	63	59
永樂街235商業中心	上環	2000	0	47,481	4,804	52,285	70	71
渣華道108號商業中心	北角	1998	0	35,694	2,229	37,923	36	38
安隆商業大廈	灣仔	1984	0	25,498	1,708	27,206	38	34
新輝商業中心物業	旺角	1998	0	23,817	2,334	26,151	47	47
偉程商業大廈物業	油麻地	1997	0	14,239	2,082	16,321	34	32
小計/平均			**46**	**787,935**	**56,688**	**844,623**	**559**	**552**
零售								
新市鎮								
上水中心購物商場	上水	1993	297	0	122,339	122,339	126	115
新都城一期物業	將軍澳	1996	452	0	188,889	188,889	111	107
光華廣場物業	元朗	1998	0	39,101	25,741	64,842	37	37
市區								
百利商業中心物業	尖沙咀	1982	0	0	7,934	7,934	33	35
耀星華庭物業	北角	2001	0	0	4,226	4,226	2	2
小計/平均			**749**	**39,101**	**349,129**	**388,230**	**309**	**296**
總計/平均			**795**	**827,036**	**405,817**	**1,232,853**	**868**	**848**

物業概況

資料來源：陽光房產 2018 年年報

投資策略：收息為先

從長遠及超長遠的角度看，香港的寫字樓及零售市場會處於求過於供的格局，故長遠租金仍會平穩上升，當然中短期會有上落，而中期已出現調整，但長遠而言，香港的房託一般都有一定價值。

綜合上述的各項財務數據，以及陽光房產所持有的資產，都反映其資產質素保持上升，雖然其中的資產質素不是最高級，但都是有質素的。而隨著香港的商業區不斷擴展，擁有乙級寫字樓的陽光房產反而更有增長的動力，令此房託有穩中求勝的效果。

投資策略方面，會以收息為先，股價增值為輔，雖然預期股價在長遠都會平穩上升，但投資者最好以收息的角度來評估此房託，始終這房託都不會有很大的升幅，因此較適合中低風險程度、追求股息的投資者。

由於房託的市場估值基於租金及物業市場，中短期必定有上落，因而會令陽光房產的股價有上落，投資者要避免在過高的價位買入，因這會拉低股息的回報。因此，若股息回報少於5.5%，反映股價過高、回報率有限，投資者可利用這作為其中一個評估平貴的指標。

領展 領展房地產投資信託基金
LINK REAL ESTATE INVESTMENT TRUST
持續增長

股票代號：0823
業務類別：地產業
集團主席：聶雅倫
主要股東：貝萊德（9.0%）
集團網址：http://www.linkreit.com

股價圖

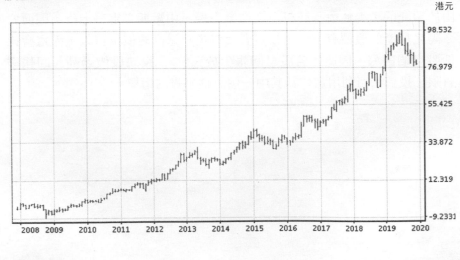

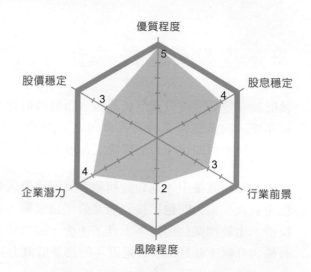

5 年業績

年度	2015	2016	2017	2018	2019
收益（億）	77.2	87.4	92.6	100	100
盈利（億）	272	163	177	478	203
每股盈利	11.8	7.19	7.93	21.7	9.56
每股派息	1.83	2.06	2.28	2.50	2.71

截至 31/3 為一個財政年度

企業簡介

領展房地產投資信託基金，擁有一個包括位於香港、北京、上海及廣州之零售商舖、停車場及辦公室物業的多元化物業組合。

物業組合的零售設施主要為日常所需的需求，而停車場設施則主要為使用零售設施的租戶、顧客及鄰近居民提供服務。

以市值計，領展是亞洲地區最大型房地產投資信託基金，亦是全球以零售為主的最大房地產投資信託基金之一。

房地產投資信託基金（REIT）

領展為一隻房地產投資信託基金，而根據信託契約，領展需確保每個財政年度、向基金單位持有人派付之分派總額不少於可分派收入總額之90%，另亦可加管理人酌情決定為可供分派之任何其他額外款項。

在上述財務數據中，見到盈利數字反而比收入數字大，由於收入主要為租金收入，盈利則包括投資物業公平值變動，即物業賬面上的升值都會反映，由於物業估值近年上升了不少，故反映在盈利數字中。盈利每年有較大升幅，就是由於香港近年的物業價值上升。

資產淨值只是評估領展價值的參考因素，估值上升雖令盈利數字上升，但不會為領展帶來實質收入，沒有真正的現金流，而在可分派給股東的部分亦不計算。

雖然估價有參考作用，但對實質盈利並非有直接幫助，故盈利數字未必能反映領展的賺錢能力。股本回報率亦是相同原理，故同樣難以反映真實面。

去政府化　釋放價值

物業收入淨額與分派

財務數據	截至2018年3月31日止年度百萬港元	截至2017年3月31日止年度百萬港元	截至2016年3月31日止年度百萬港元	截至2015年3月31日止年度百萬港元	截至2014年3月31日止年度百萬港元
綜合收益表					
收益	**10,023**	9,255	8,740	7,723	7,155
物業經營開支	**(2,360)**	(2,261)	(2,227)	(2,054)	(1,953)
物業收入淨額	**7,663**	6,994	6,513	5,669	5,202
可分派總額	**5,431**	5,075	4,634	4,192	3,830
每基金單位分派總額（港仙）	**249.78**	228.41	206.18	182.84	165.81

資料來源：領展房產 2018 年年報

業績中，可見領展近年的租金保持上升，每年均有不錯的增幅，雖然不是暴升，但這種平穩上升的情況，證明是價值的逐漸釋放。

這反映領展在不斷市場化的前提下，賺錢能力不斷提升，能以市場價格去調整租金，而估值亦能與市場看齊，因為領展在上市前的賺錢能力很低，但上市後能提升賺錢能力，這正是價值的逐漸釋放，亦是令領展成為優質股的特點之一。

不過要注意，領展已上市逾10年，雖然釋放價值的過程仍未完結，但釋放較多價值的時期已經過去，即是高增長年代已過去，往後雖然仍有增長力，但將進入較為中度增長的年代。

領展物業估值

		於2018年 3月31日	於2017年 3月31日	於2016年 3月31日	於2015年 3月31日	於2014年 3月31日
投資物業估值	百萬港元	203,091	174,006	160,672	138,383	109,899
基金單位持有人每基金單位應佔資產淨值	港元	83.06	62.47	56.79	51.53	41.69

資料來源：領展房產 2018 年年報

翻身商場提升價值

自2005年上市以來，領展已為數十個項目進行翻新，而接下來的5年，領展亦計劃花30億為約30個項目進行翻新，令資產價值及租金得以保持上升。

領展除了將原有的物業進行翻身，近年亦更進取地發展，近年完成的旺角彌敦道700號，就是其中一個例子。領展以收購的模式取得物業，由於位置十分優質，於是領展將物業收購然後進行翻身，低層的部分，改建為商場「T.O.P」，善用了位置的優勢，大幅提升租金，從而令物業的價值上升。

「T.O.P」商場

在領展上市初期，可能因加租而令出租率受影響，但近年已轉成市場主導，加上領展管理亦已有一定經驗，故出租率不斷提升，由2009年的87%升至近年的97%。可見領展無論在資產價值、租金收入，又或是賺錢能力，多年來都不斷進步。

5年租金及租用率

	截至2018年 3月31日止 年度	截至2017年 3月31日止 年度	截至2016年 3月31日止 年度	截至2015年 3月31日止 年度	截至2014年 3月31日止 年度
香港之物業組合					
年末平均每月租金 （每平方呎港元）	62.4	55.3	50.0	45.4	42.1
年末租用率（%）	97.0	96.1	96.0	94.8	94.4

資料來源：領展房產 2018 年年報

由於領展擁有不少優質地點的商場，而這些商場只需翻新就能將價值大幅提升，雖然不少已完成，但餘下的商場仍有這個優勢。同時由於領展有一定規模，成本較易控制，在融資或其他方面都有一定優勢；領展的債務組合實際利息成本由2010年3月31日的4.30%降至2018年3月31日的2.89%，成本絕對不高。

發展前景

發展方面，領展仍有空間。於2012年，領展擴大其投資範圍至涵蓋香港所有可持續提供收入之非住宅用途物業類別，包括但不限於單幢式資產及綜合用途（以零售為主）之發展項目，但不包括酒店及服務式住宅。

2013年，領展與中國內地其中最大的房地產發展商萬科簽訂戰略合作意向書，共同發掘中國零售物業的投資機會。現時中國的物業部分，按估值計約佔領展1成，而領展本身資產已很龐大，發展其他項目相比整個領展來說，影響未算明顯。

另外，由於領展對自由行等的依賴比其他商場少，始終較為貼近民生，因此租金收入相對其他市場物業會較平穩，就算整體物業市場租金下跌，對領展的影響亦只會有限，故往後的租金收入及派息都能平穩發展。

領展過往年代的管理策略，是持有物業，翻身物業，到了近年，開始變得較為進取，會進行物業買賣，亦會買入物業翻身，雖然領展在翻身物業有一定的經驗，但近年的策略，難免令風險度略有提升。雖然可提高長遠的增長力，但又同時增加了風險，投資者要明白這點。

投資策略：息率4%以上方投資

綜合而言，領展是理想的優質股，有一定規模，坐擁不少優質商場，而餘下仍有一些有條件提升的商場，故仍有一些潛力。加上此股派息穩定，因此無論是收息又或是增值方面，領展都擁有條件，長線甚至永遠持有都可。

由於此股優質，因此市場估值往往不平，而息率往往處3%、3.5% 以下，雖然預期股息會逐漸上升，但較有耐性的投資者，宜等息率達4%才投資，而最起碼的要求也要有3.5%以上息率。香港零售租務市場，有時會比較波動，令領展股價上落較大，不過，只要從長期分析就不用擔心，反而這可能是投資機會。

由於此股始終受香港物業市場的盛衰所影響，故此若物業市場較興旺時，領展的股價會被推高，這時最好等待或只用分段吸納的策略；反之，若本港物業市道不景，領展股價必然受壓，這時股價將處於便宜區域，絕對是入貨的最好時機。

FORTUNE REIT 置富產業信託
置富產業信託
FORTUNE REAL ESTATE INVESTMENT TRUST

屋苑商場租金平穩

股票代號：0778
業務類別：地產業
集團主席：徐勝來
主要股東：長江實業地產有限公司（1113）（27.6%）
集團網址：http://www.fortunereit.com

股價圖

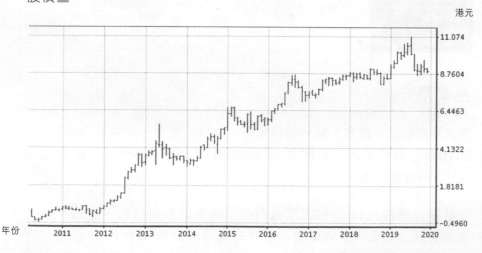

港元

年份

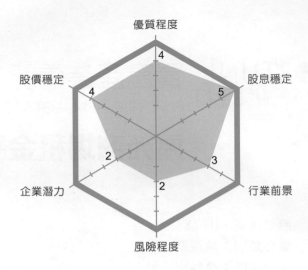

5 年業績

年度	2015	2016	2017	2018	2019
收益（億）	18.0	18.8	19.4	19.4	19.6
可分派收入（億）	8.85	9.35	9.71	9.86	9.93
每股盈利	1.32	0.66	1.68	3.12	0.76
每股股息	0.47	0.49	0.51	0.51	0.51
分派比率	100	100	100	100	100

企業簡介

置富產業信託（置富）是一個房地產投資信託基金，成立於 2003 年，2010 年在香港上市。根據當中的信託條款，訂明要將可分派收入作 100% 的股息派送。

置富在香港持有 16 個私人屋苑商場，物業組合包括約 300 萬平方呎零售空間及約 2,700 個車位。置富的商場部分原本有 17 個商場，於 2018 年以 $20 億出售和富薈。

物業組合：私人屋苑商場

置富由長實分拆出來，當中的物業組合就是 16 個商場，位置分佈全港各區，租戶數目過千個。這些商場都位於私人屋苑中，商舖以提供日常購物的需求為主，顧客主要是該屋苑及該區居民。

以質素來評估，這些屋苑商場並不是最高級別，但由於居民消費穩定，較少受外來因素及經濟周期影響，所以令租金收入穩定，加上不少商場位置不算差，估值不低，出租率高，因此以整體來說，置富都有一定質素。

置富商場組合的資料

	於2018年 12月31日	位置	可出租 總面積 （平方呎）	出租率	車位數目	估值 （百萬港元）	2018年 財政年度 物業收入 淨額 （百萬港元）
1	置富第一城	沙田	414,469	99.3%	653	8,788	271.8
2	置富嘉湖	天水圍	665,244	88.4%	622	8,261	271.3
3	馬鞍山廣場	沙田	310,084	92.2%	290	6,144	231.5
4	都會駅	將軍澳	180,822	99.2%	74	3,926	134.3
5	置富都會	紅磡	332,168	73.1%	179	2,805	82.7
6	麗港城商場	觀塘	163,203	99.0%	150	2,683	96.4
7	麗城薈	荃灣	276,862	99.8%	329	2,670	109.7
8	華都大道	屯門	80,842	100%	73	1,832	74.5
9	映灣薈	東涌	63,018	100%	117	1,295	57.6
10	銀禧薈	沙田	170,616	97.2%	97	995	36.7
11	荃薈	荃灣	123,544	96.3%	67	809	26.9
12	青怡薈	青衣	78,836	100%	27	804	31.3
13	城中薈	觀塘	43,000	100%	不適用	339	12.7
14	凱帆薈	西九龍	74,734	100%	35	311	12.5
15	麗都大道	荃灣	9,836	100%	不適用	208	9.0
16	海韻大道	荃灣	14,604	100%	不適用	130	5.4
	合計／總平均值		3,001,882	93.1%	2,713	42,000	1,464.3[1]

附註：

1. 於2018年財政年度，總物業收入淨額（包括已於2018年2月28日出售的和富薈）為1,471.8百萬港元。

資料來源：置富產業信託 2018 年年報

從組合中可見，商場位置分佈在各區，位置雖然不是旺區或消費區，但由於客源是該區居民，所以仍有相當的人流。多年來的出租率都有97%以上，2018年由於有商場翻新影響出租率，整體來說，仍是一個理想的水平，雖然近年每年都有將租金調升，但沒有影響出租率，反映物業有質素，位置有一定的人流，令出租情況理想。

三大重點商場

商場所貢獻的收入佔比

物業組合物業收入淨額分析

18.5%	置富第一城	0.5%	和富薈[4]
18.3%	置富嘉湖	2.5%	銀禧薈
15.7%	馬鞍山廣場	1.8%	荃薈
9.1%	都會駅	2.1%	青怡薈
5.6%	置富都會	0.9%	城中薈
6.6%	麗港城商場	0.9%	凱帆薈
7.5%	麗城薈	0.6%	麗都大道
5.1%	華都大道	0.4%	海韻大道
3.9%	映灣薈		

附註：4. 和富薈已於2018年2月28日出售。

資料來源：置富產業信託 2018 年年報

在16個商場中，收入貢獻最多的3個商場是：置富第一城、置富嘉湖及馬鞍山廣場，因此將這幾個商場作簡單分析。

置富第一城位於沙田，是擁有10,000個單位的沙田第一城住宅項目的商場部分，地點位於第一城港鐵站附近，主要客源為該屋苑及該區居民。

置富嘉湖位於天水圍,是天水圍區最大的購物中心,由於有戲院及娛樂設施,有一定的吸引力,成功吸引周邊地區人流,帶動理想收入。這商場於2018年花了$1.5億進行商場的翻新,提升長遠的價值及租金收入。

馬鞍山廣場位於沙田馬鞍山,商場與馬鞍山港鐵站直接相連,連接巴士總站、公共小巴總站及的士站,交通方便,是區內的大型主要商場,除了附近屋苑外,亦能吸引馬鞍山區的市民。

這3個商場的收入貢獻,佔整個置富物業組合一半,是重要的組成部分,而這3個商場主要都是以民生為主,因此較少受經濟周期的影響,同時自由行對其影響亦較少。

置富在整個商場組合中,絕大部分都是居民日常生活所需,從下圖的租戶行業分類結構,可見都是民生類別。當中特性是收入穩定,但租金上升的幅度不會太高,反映置富的派息將呈平穩上升的格局。

租戶行業分類

物業組合租戶行業綜合分析	

21.5%	銀行及房地產服務	3.1%	家居用品及傢俱
0.9%	社區服務	1.9%	休閒娛樂、體育及健體
2.0%	電子及資訊科技	22.6%	服務及教育
5.3%	服裝及鞋類	7.8%	超級市場
26.5%	餐飲	1.2%	街市
4.0%	特色禮品、精品、玩具及珠寶	3.2%	其他

資料來源:置富產業信託 2018 年年報

回報與估值

雖然置富的收入不會高速增長,但不代表沒有增長的能力,受惠近年樓市上升的帶動,當中的商場組合估值亦不斷上升。

投資者在評估房託時,物業估值是其中一個參考指標,但並非唯一的指標,雖然股價很多時會低於估值,但不一定便宜。因為分析股價平貴的指標,會放在回報率,而不是單以資產數字作準,而評估房託的回報率指標就是股息率,因此這才是最大的分析要點。

每基金單位資產淨值及物業估值

附註:
1. 「總收益」已予重新分類,以符合本期間的呈列方式。
2. 金額包括已於2018年2月28日出售的和富薈為1,061百萬港元的物業估值。

資料來源:置富產業信託 2018 年年報

股息源自「可分派收入」,而當中源自租金,因此租金是當中的要點。

從置富5年的收入數據中,可見租金收入不斷上升。由於5年內的商場組合只有少許變化,因此總收入的上升就是來自加租,反映期內即使不斷加租,以長期平均計,出租率亦沒有因此而下跌,市場能承受當中的租金,最終帶動股息上升。

投資策略：永遠持有收息

雖然置富所持的物業並非最優質，但從上述分析，可見仍有一定質素，而屋苑商場租金穩定更是優點之一。

這股票受租金上升、股息上升的帶動令股價保持上升，而股價的上升幅度超過股息上升的幅度，除了因為之前低息環境令收息資產被追捧外，另一原因是物業價格的上升。香港樓價近年上升不少，商場物業同樣升值，帶動置富的股價上升。

若然樓價回落，這股的股價將有所調整，但當中的租金未必會下調，又或跌幅有限，因此股息回報其實有一定保障。就算這企業本質收入穩定，都會有中短期波動，例如2019年受政治因素影響，2020年受肺炎因素影響。但這只是中短期因素，並不是核心因素，不過就令股價較為波動，因此，投資者只要用分注買入的策略，便能有效減少風險。

投資者不應著重股價回報，因為樓市再升值的空間已有限，所以往後股價將平穩發展，而焦點應落在股息回報率之上。由於這房託以100%派息的模式進行，所以股息穩定，但增長只能來自加租，而不是發展，因此股息將呈平穩增值的模式，6%的股息率已有吸引力。投資策略可用分注買入，慢慢儲貨的模式，只入不出，長期甚至永遠持有作收息。

大快活集團有限公司
FAIRWOOD HOLDINGS LTD.
不起眼的優勢

股票代號：0052
業務類別：飲食業
集團主席：羅開楊
主要股東：羅開揚及關連人士（42.9%）
集團網址：http://www.fairwood.com.hk

股價圖

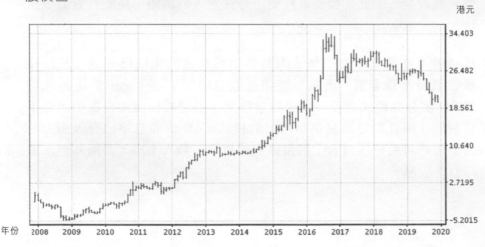

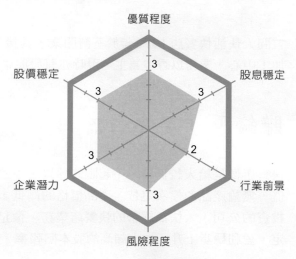

5 年業績

年度	2015	2016	2017	2018	2019
收益（億）	22.4	24.3	25.8	28.4	29.7
毛利（億）	3.34	3.87	3.99	4.06	3.84
盈利（億）	1.44	2.01	2.05	2.16	1.80
每股盈利	1.14	1.59	1.61	1.69	1.40
每股股息	0.80	1.40	1.42	1.42	1.18
毛利率	14.9	15.9	15.5	14.3	12.9
ROE	25.4	31.5	29.5	29.2	23.4

截至 31/3 為一個財政年度

企業簡介

大快活集團（大快活）主要經營快餐店業務及物業投資，以「大快活」品牌經營的連鎖快餐店是最主要的業務，此外亦有以其他品牌經營不同檔次的食肆。

首間大快活快餐店1972年於荃灣開業，其後於1981年成立了中央食品加工中心。業務以香港為主，現時亦有發展中國業務。

賺錢不一定要高檔

快餐店像是給人較低檔、不起眼的感覺，不過這其實不代表沒有投資價值，無論產品的檔次定位、產品價格的高低，都有機會成就到一間值得投資的公司。大快活經營的快餐店業務，像是平平無奇，但原來生意穩定，盈利穩步上升，加上頗高的股本回報率，故有一定的投資價值。

快餐店在香港出現了幾十年，早已過了業務高速增長的時間，若回顧近10年的快餐店發展，可說只能以平穩來形容，不太起眼。不過，若細看一下大快活的股價，發現10年間不知不覺升了10倍，表現相當不俗。

大快活現時大部分的收入來源均來自香港地區，在香港共有過百間分店，而中國部分暫時只做得一般，2014年及2015年度出現虧損，近年才略有盈利，但貢獻不算多。

大快活仍以香港業務的貢獻為主，中國部分影響不大，因此，雖然大快活仍發展中國業務，但暫時不能有太大的期望。

不起眼的優勢

大快活收入及盈利圖

收入

港幣百萬元

權益股東應佔溢利

港幣百萬元

資料來源：大快活 2018 年年報

憑著穩定的業務，大快活的營業額保持平穩增長，但當中的增長幅度並不多。由於大快活絕大部分貢獻來自香港的快餐業務，而這亦反映香港快餐市場基本上已飽和，不過連鎖式的大快活始終有優勢。

再看大快活的毛利，亦能平穩上升，保持每年增長，毛利率大致保持在14%左右，大致穩定，反映在行業各成本都上升的情況下，企業能將部分成本轉嫁給消費者。而盈利則保持增長（2014年度因固定資產減值虧損而出現倒退），每年都有一定增幅，但增幅卻不大。

ROE方面，多年均超過20%，可算相當理想的數字，反映其滾存資金再投資的回報率理想。不過，派息比率超過一半，在收息角度雖然吸引，但亦反映其發展空間已經是有限。

行業的汰弱留強

雖然行業情況已很成熟，但是香港的環境，將令大型快餐店往後仍能平穩增長，即是說，行業的汰弱留強，已能令快餐店在此環境中，漸漸增加市場佔有率。

香港舖租長期不斷上升，面對如此環境，小型茶餐廳將愈來愈難經營，相反，由於大型快餐店有較大議價能力和資源配合等，故在租金不斷上升的環境下，能夠比小型茶餐廳更具優勢。因為這兩種是相類的選擇，但內裡卻存在一定差別成本因素，結果將是盈利的分別。

另一方面，有關食材成本持續上升，以及最低工資因素，其實亦與租金有相同的道理，令小型茶餐廳生存愈來愈困難，而大型快餐店在成本控制方面能做得較好，於是優勢愈來愈大，最終慢慢蠶食市場。

同一筆資金，假設用作開茶餐廳可能只有5%回報，但大型快餐店卻能取得20%回報，長遠市場發展的結果，就是茶餐廳將愈來愈少。就如士多與超市，當一方模式結構性不利，而另一方模式成功，就會出現強者愈強的情況。面對香港如此的經營環境，飲食行業中的茶餐廳市場將愈來愈少，取而代之是快餐店，另外就是中高檔、較有特色的食肆。

不過，近年人工上升的幅度不少，飲食業面對這方面的壓力，這點會對大快活的賺錢能力，略有影響，投資者要注意這點。

投資策略：等待較低估值

綜合而言，快餐店在香港的增長雖然有限，但仍可說能平穩地慢慢增長。

大快活雖然品牌不是高檔，但為人熟悉及定位明確，因此能保持穩定的市場，而價格自主的能力算是中性，賺錢能力亦很穩定，算是不過不失。因此整體而言，給予中性偏好的評級，雖然不是市值很大的企業，但都算不差的優質股。

至於投資策略方面，雖然此股有投資價值，但由於業務不會快速增長，若果市盈率處較高，例如超過 15 倍水平，投資價值就不吸引，宜等待較低水平才考慮。

維他奶國際集團有限公司
VITASOY INTERNATIONAL HOLDINGS LTD.
品牌價值高

股票代號：0345
業務類別：食物飲品
集團主席：羅友禮
主要股東：Lo's Family（29.0%）
集團網址：http://www.vitasoy.com

股價圖

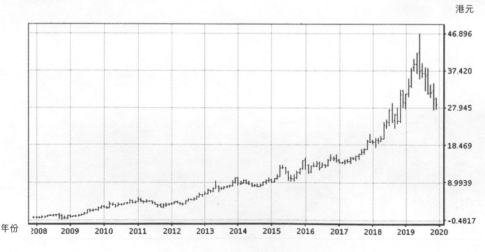

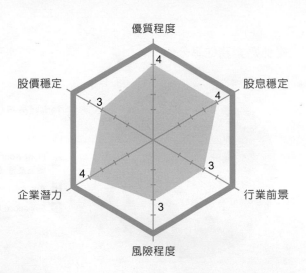

5 年業績

年度	2015	2016	2017	2018	2019
收益（億）	50.5	55.5	54.1	64.6	75.3
毛利（億）	25.1	28.3	28.7	34.2	40.4
盈利（億）	3.72	5.30	6.18	5.86	6.96
每股盈利	0.36	0.51	0.59	0.56	0.66
每股股息	0.24	0.30	0.35	0.35	0.42
毛利率	49.7	50.9	53.2	52.9	53.7
ROE	20.3	25.8	26.5	21.8	22.9

截至 31/3 為一個財政年度

企業簡介

維他奶為中國及香港之非酒精類飲品生產商兼分銷商，產品主要以「維他奶」及「維他」兩個牌子出售。維他奶集團於1940年在香港成立，推出「維他奶」豆奶飲品，多年來都是香港人熟悉的品牌。

維他奶主要營業地區為中國，其次是香港，而澳洲、新西蘭、北美等地亦有業務，產品銷售已遍及全球超過40個國家。

維他奶業務地區分佈

銷售額分析（按地區）

A　Mainland China 中國內地

B　Hong Kong Operation (Hong Kong, Macau and Exports)
　　香港業務（香港、澳門及出口）

C　Australia and New Zealand 澳洲及新西蘭

D　Singapore 新加坡

資料來源：維他奶國際 2018 年年報

維他奶發展

維他奶豆奶由創辦人羅桂祥博士研製，羅桂祥得知大豆營養豐富，所含蛋白質與牛奶一樣高，於是在 1940 年創立維他奶集團，作為價格較為昂貴的牛奶的替代品。由於定位很適合當時的香港環境，所以漸漸成為大眾的飲品，其後取得代理美國綠寶橙汁汽水，而業務亦漸漸多元化。

維他奶集團包括維他純蒸餾水、維他奶中國、維他奶澳洲、維他奶美國及其屬下的「Nasoya」和「Azumaya」、新加坡統一食品、維他天地及香港美食等。

維他奶多年的歷史及發展，如同與香港人一同成長，就算是筆者，小時候也常會飲維他飲品，就算到現時長大了仍不時飲用。維他奶無論在發展與定位上，都得到香港人的認同，除了有一定的品牌價值外，更有一份情義結在其中，而這就是維他奶的品牌價值。

相當的賺錢能力

大家不要看輕一盒小小的維他奶,雖然售價不高,但賺錢能力不弱。數十年前的維他奶已有一定的市場佔有率,到今天,雖然市面上的飲品種類多元化,但維他品牌產品仍有相當的佔有率,可見多年地位不變。

由於上述所講的維他奶品牌價值,加上定位及銷售模式得宜,相信在可見的將來,除非其產品有重大不利事故發生,否則其地位將會持續。

從其業務數據中可看到,維他奶無論在營業額及盈利方面都能保持增長,而毛利率能維持在48%左右的水平,甚為穩定。

5 年收入及毛利

資料來源:維他奶國際 2018 年年報

股本回報率(ROE)方面,維他奶多年都處於約20%的水平,是一個很理想的水平,反映其賺錢能力不錯。加上這企業會將一定的資金用作再投資,股本回報率因此能反映部分的再投資回報率,反映企業有一定的賺錢能力。

中國增長動力

香港市場增長不算高速，但中國市場有相當的增長能力，是這企業的增長動力來源。在2012年，中國業務的收入貢獻，只佔這企業的27%，到近年，貢獻比例已超過一半，成為維他奶重要的業務地區。

基本上，維他奶近年的增長，大部分由中國業務帶動，每年增長都超過2成，處於高增長階段，而且高增長仍然持續，是這企業的潛力所在。

管理層表示，近年中國業務增長快速，相信增長仍會持續，為發展未來業務，將繼續加強投資品牌價值，提升在中國的知名度。亦尋求合適的資本開支項目，以助業務增長，例如在廣東省東莞市興建新廠房，並已進行投資。

可見，管理層仍將這企業定位為增長型，相信中國是最主要的動力來源。

投資策略：長期持有

總體來說，維他奶是優質的企業，有相當的品牌價值、完善的銷售渠道、一定的賺錢能力，這都令維他奶成為優質股，有長遠投資價值。

盈利保持增長，近年的中國發展成為增長動力，相信之後仍會保持理想增長，前景正面。

由於這企業近年增長理想，市場對其估值亦不低，有部分時間處於貴的水平，投資者要注意這點。不過，若然是本身有貨的投資者，由於此股有一定的質素、發展潛力，因此建議長期持有，不用心急沽出。

未有貨的投資者，如果見到市盈率處過高水平，就不要心急投資，最多只能分注，又或以月供的模式進行。

 康師傅控股有限公司
TINGYI (CAYMAN ISLANDS) HOLDING CORP.

面對挑戰的市場一哥

股票代號：0322
業務類別：食物飲品
集團主席：魏宏名
主要股東：頂新控股有限公司（33.6%）
集團網址：http://www.irasia.com/listco/hk/tingyi

股價圖

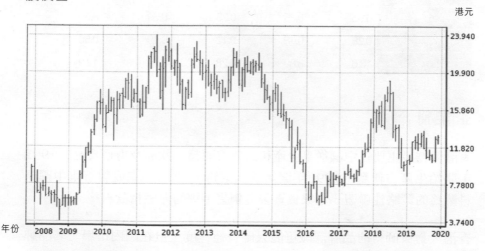

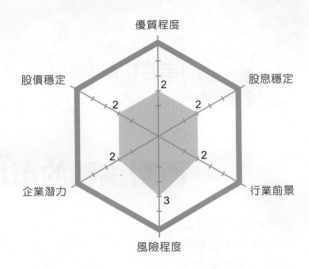

優質程度
股息穩定
行業前景
風險程度
企業潛力
股價穩定

5 年業績

年度	2014	2015	2016	2017	2018
收益（億人民幣）	626	591	556	590	607
毛利（億人民幣）	191	188	174	173	187
盈利（億人民幣）	24.5	16.6	11.6	18.2	24.6
每股盈利（港元）	0.55	0.35	0.25	0.39	0.50
每股股息（港元）	0.28	0.18	0.12	0.19	0.50
ROE	13.6	8.89	6.28	9.96	12.9

企業簡介

康師傅控股主要在中國從事生產和銷售方便麵、飲品及方便食品。1992年開始生產方便麵，1996年開始飲品業務，2012年完成與百事中國飲料業務的策略性聯盟，獨家負責製造銷售中國的非酒精飲料。

香港人對康師傅的品牌認識可能只屬普通程度，但在國內市場，其品牌絕對是廣為人知，在行業裡，其品牌更是居於第一位。

中國一哥

據AC Nielsen零售市場研究報告顯示，以銷售量為基準，2018年康師傅在方便麵、即飲茶及蛋卷的市場佔有率分別為43.3%、47.1%及18.3%，居市場領導地位；於整體果汁的市場佔有率為15.9%，居市場第二位。據Global Data研究數據顯示，百事碳酸飲料2018年銷售量市佔則以33%居市場第二位，可見此企業在品牌方面絕對有價值。

康師傅的生產及銷售網絡

年度	2014 （數量）	2015 （數量）	2016 （數量）	2017 （數量）	2018 （數量）
營業所	582	606	598	369	369
倉庫	77	73	69	92	108
經銷商	36,837	30,095	33,653	35,163	28,415
直營零售商	118,359	116,036	116,222	129,449	140,779
員工人數	79,003	69,425	65,182	56,995	54,210
生產線	697	711	719	676	613
生產基地	129	132	126	118	103

資料來源：康師傅 2018 年年報

康師傅的其中一個優勢，就是其銷售網絡。康師傅擁有數百個營業所及過百個倉庫，以服務約3萬間經銷商及14萬間直營零售商，在成本及戰略上的確能做到不錯效果，這亦是大企業的優勢，令小公司難以直接競爭。

若細心分析上圖的數據，會發現大環境的改變令數據產生變化，「營業所」、「員工人數」出現了較明顯的下跌，「直營零售商」反而有所上升。反映這企業正利用各方法去減少成本，過往較大型的營業所銷售模式，賺錢能力已轉弱，取而代之則是利用「直營零售商」去進行銷售，這模式有利在成本上的控制。

大致來說，康師傅是一間不差的企業，在行業中擁有龍頭地位、領導品牌，而且市場佔有率高、銷售網絡完善而龐大，加上生意能保持每年成長。康師傅所做的各種業務，都是環繞著「方便」這個概念，而中國愈趨城市化，人們生活更忙碌，其業務在長遠的確仍不差。

一哥的代價

從上述數據中，可看到康師傅在市佔率方面不差，但若再看其中的生意與盈利，就發現數年間都沒有甚麼增長，好像增長的力量有限，股本回報率亦不算強，反映再投資的回報並不算理想。

因為市場競爭激烈、中國社會愈來愈發達、消費者知識水平提高，對產品的要求、比較及追求新鮮感都會增加，令消費者行為更易改變；而近年競爭激烈，亦令產品多了減價促銷的現象，從而影響毛利。另外，康師傅為保持市佔率，花了不少錢賣廣告，令相關成本不斷增加，引致盈利減少。

即是說，康師傅雖然在不少產品類別都在中國成為第一位，但由於市場競爭激烈，要依靠大量廣告去維持這個地位，令康師傅出現生意做大了、賺錢卻少了的情況，反映品牌雖然有，但消費者忠誠度不足，品牌價值沒有想像般那麼大。

分析業務分類

康師傅各類產品佔比

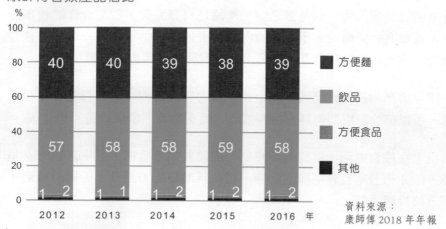

資料來源：
康師傅 2018 年年報

方便麵的市場競爭十分激烈，令致其市佔率不斷減少（不過仍是第一位）。飲品業務在市佔率仍佔首位，但市佔率有所減少。無論是方便麵還是飲品業務，這種市場競爭仍會持續，減價促銷加上廣告費用增加，相信其將來毛利率只能維持現水平。

這反映康師傅雖然部分產品市佔率最高，但卻以廣告及低價競爭的策略去進行，令這企業的賺錢能力不強，只能賺取合理而不過多的利潤，品牌價值不算高。

另外，康師傅控股 2015 年與美國星巴克公司簽署協議，共同開拓中國即飲咖啡市場。這次與星巴克的合作，將豐富康師傅在中國市場的飲料產品組合，相信將有助延展其持續發展的動力。另一方面，與百事合作將令康師傅產生一定的優勢。

投資策略：待市盈率回落

行業領導是康師傅一個亮麗之處，無論是自有品牌，還是合作的百事品牌，都具有一定價值。不過，國內消費者對品牌仍不是十分忠誠，往往因價格因素而轉買其他產品，而市佔率要靠減價等去維持。

中國經濟高增長時代已過，加上此企業的賺錢能力一般，都是其不足之處。所以結論是康師傅具有品牌價值，而整體看，價值算是不過不失。

最後，在投資方面，這股較多時期都處於較高市盈率水平，其實未必值得，除非市盈率有較明顯的回落，以及其賺錢能力上升，否則投資者不用急於投資這股。

中國蒙牛乳業有限公司
CHINA MENGNIU DAIRY CO. LTD.

潛力未完全發揮

股票代號：2319
業務類別：乳品業
集團主席：馬建平
主要股東：中糧乳業投資有限公司（31.4%）
集團網址：http://www.mengniuir.com

股價圖

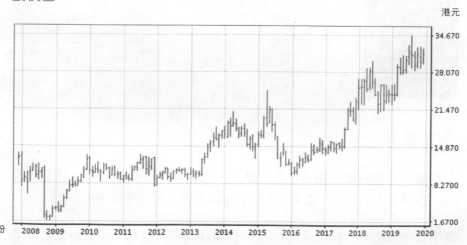

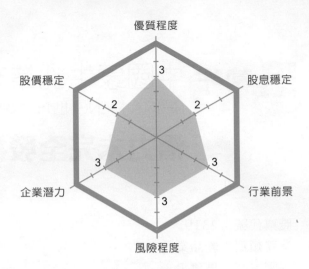

優質程度

股價穩定

股息穩定

企業潛力

行業前景

風險程度

5年業績

年度	2014	2015	2016	2017	2018
收益（億人民幣）	500	490	538	602	690
毛利（億人民幣）	154	154	176	212	258
盈利（億人民幣）	23.5	23.7	-7.51	20.5	30.4
每股盈利（港元）	0.76	0.72	-0.21	0.63	0.89
每股股息（港元）	0.35	0.16	0.09	0.14	0.21
毛利率	30.8	31.4	32.8	35.2	37.4
ROE	12.8	10.9	–	9.43	12.7

企業簡介

中國蒙牛乳業有限公司（蒙牛）及其子公司於中國生產及銷售優質乳製品，憑藉其主要品牌「蒙牛」成為中國領先的乳製品生產商之一。

蒙牛有多種產品，包括液體奶如UHT奶（又稱常溫奶，可置於室溫，若不開封保質期可達半年之久）、乳飲料及酸奶，以及冰淇淋、奶粉及其他乳製品（如奶酪等）。

蒙牛液體奶的市場份額位居市場第一，並連續十年入選荷蘭合作銀行的「全球乳業20強」榜單，居全球前十。另外，2016年有22億商譽減值，令這年出現虧損。

蒙牛生產基地分佈

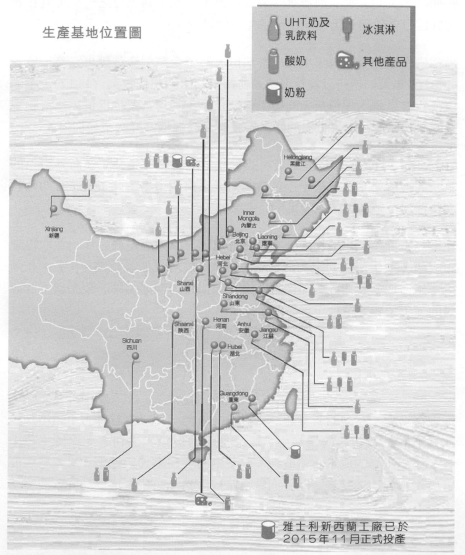

資料來源：蒙牛乳業 2018 年年報

蒙牛產業鏈漸見完善

中國是全球頭三大牛奶生產國，同時為最大的乳製品消費國家之一。話雖如此，人均乳製品消費量尚未及世界平均水平的三分之一，可見在長遠計這行業的前景仍然向好。

過往這企業的業務較集中在下游部份，為了令整個產業鏈更完善，蒙牛於 2017 年大幅增持以經營上游業務為主的中國現代牧業 (1117)。中國現代牧業是國內規模最大的奶牛養殖企業，其可為蒙牛提供更優質和穩定的原奶供應，支持低溫酸奶業務發展及高端低溫鮮奶業務佈局。

2018 年 11 月位於印尼之工廠正式投產，該工廠亦是蒙牛在海外市場的第一間液態奶工廠。蒙牛近年積極拓展東南亞市場，此工廠將有助銷售網絡擴展至緬甸和印尼等東南亞國家。

在電商方面，蒙牛積極與天貓、阿里巴巴、京東等電商合作，並取得理想成績。蒙牛產品的全網銷售額連續數年位列乳製品行業第 1 名，在阿里全平台成為首個乳製品銷售破億元人民幣的產品品牌，蒙牛旗下液態奶的線上銷售連續多年穩佔市場份額第 1 位。

業績分析

從數據可見，蒙牛的營業額能保持上升趨勢，每年生意都有不錯增長，即是能在消費市場的增長中，取得當中的份額。毛利率亦保持平穩上升，雖然原奶的成本有所波動，但蒙牛的毛利率大致穩定，反映蒙牛能將成本轉嫁給消費者，在長期戰中保持優勢。而蒙牛這個品牌，亦有一定價值。

蒙牛的業務結構

UHT 奶　　乳飲料　　酸奶

| 2018 | 29,688.7 | 9,998.3 | 19,701.6 | （人民幣百萬元） |

| 2017 | 25,689.2 | 9,879.8 | 17,446.0 | （人民幣百萬元） |

資料來源：蒙牛乳業 2018 年年報

在蒙牛的業務結構中，液體奶是最主要部分，而常溫UHT奶仍是消費主體，但增速放緩。另一方面，消費者對高質量和健康產品的需求依然旺盛，高端UHT奶、常溫酸奶、低溫酸奶、乳酸菌飲料等增長較佳。

再看蒙牛的盈利，幾年間能保持穩定增長的趨勢，成績不錯。不過在成本結構中，銷售及經銷費用上升的幅度較大，可見蒙牛為保生意增長，花了不少費用在此，但暫時的情況不算嚴重。

股本回報率（ROE）方面，大致都超過10%，算是不過不失，大致的回報率算平穩，反映再投資創造財富的能力與之前相若。不過，蒙牛是行業的領導者，又擁有品牌，但只取得這個程度的回報率，可說只屬中等。

行業狀況

中國過往曾出現的毒奶事件，對整個行業打擊很大。中國人對自己國家的奶業失去信心，近年信心雖然略有回復，但其實仍屬一般。蒙牛是中國奶業的龍頭，擁有品牌，這個品牌的價值雖然有，但這一刻仍未算太

高，因此在賺錢能力方面，只能以中等去形容。

近年中國乳製品行業有所放緩，在眾多乳製品中，中國市場消費仍以液體奶為主，其次為奶粉。

目前，中國乳品消費的城鄉差距明顯，佔全國人口比例4成多的農村人口，乳品消費量卻不到城鎮人口的一半，乳品行業仍有增長空間。

投資策略：低市盈率才考慮

綜合而言，以過去的蒙牛來說，其潛力仍未有完全發揮，而此企業近年與國內及外國同業有不同的合作發展，都意味著會有改變出現。盈利及回報率將有可能再進一步提升，但這不會是短期出現的事，不過在長遠計，蒙牛前景仍是正面的。

行業方面，乳製品的消費市場雖然中短期會出現波動，但長遠仍會保持增長。蒙牛較集中於下游業務，以及利用品牌去銷售產品，品牌對蒙牛來說很重要，但這其實有利有弊。

因為只要產品出現問題，那怕是很小問題，都會令消費者記起之前的毒奶情況，令品牌受打擊。所以，雖然品牌是很有利的賺錢工具，但在這行業來說，某程度存在一些潛在風險，投資者不得不明白。

蒙牛有品牌及一定的市場率，加上行業仍處增長中，都是利好因素。不過賺錢能力一般，以及有行業的潛在風險，令此企業略打折扣，近年的市盈率經常處25倍以上水平，吸引力不足，投資者最好等20倍左右或以下的市盈率，才算更有投資價值。

0168

青島啤酒股份有限公司
TSINGTAO BREWERY CO. LTD.

青島啤酒

發展模式是亮點

股票代號：0168
業務類別：飲料製造業
集團主席：黃克興
主要股東：Qingdao State-Owned Assets Administration Office（30.0%）
集團網址：http://www.tsingtao.com.cn

股價圖

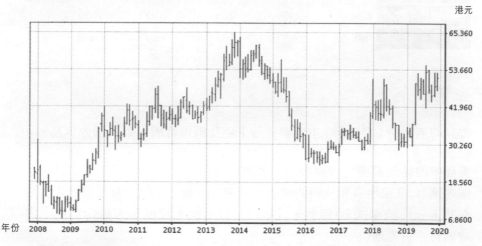

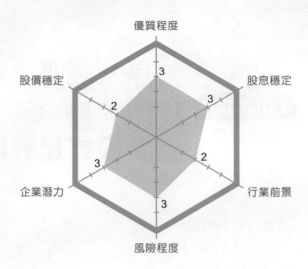

5 年業績

年度	2014	2015	2016	2017	2018
收益（億人民幣）	290	276	261	263	266
盈利（億人民幣）	19.9	17.1	10.4	12.6	14.2
每股盈利（港元）	1.75	1.51	0.86	1.12	1.20
每股股息（港元）	0.54	0.46	0.39	0.50	0.55
ROE	13.5	10.8	6.37	7.55	8.10

企業簡介

青島啤酒股份（青島啤）主要業務為生產及銷售啤酒，以及國內貿易。

青島啤的經營範圍是啤酒製造、銷售以及與之相關的業務。目前公司在國內擁有62家全資和控股的啤酒生產企業，及2家聯營及合營啤酒生產企業，分佈於全國20個省、直轄市、自治區，規模和市場份額居國內啤酒行業領先地位。

其生產的青島啤酒為國際市場上最具知名度的中國品牌，產品已行銷全球一百餘個國家和地區。

青島啤收入地區分佈

地區	營業收入 （千元人民幣）	營業銷售量 （萬千升）	營業佔比 （%）
山東地區	16,926,134	510	63.56
華北地區	5,926,544	180	22.42
華南地區	3,164,343	95	11.88
華東地區	2,910,638	107	13.33
東南地區	776,078	23	2.88
港澳及其他海外地區	661,138	12	1.43
減：各地區分部間抵銷金額	(4,130,737)	(124)	
合併	26,234,148	803	100.00

資料來源：青島啤 2018 年年報

本港首隻 H 股

說起青島啤，不得不提這企業對國企及香港股市來說都是一個里程碑，因青島啤是中國內地首間在海外上市的國企，亦是香港首隻上市的國企。前身為國有青島啤酒廠，始建於 1903 年，是中國歷史最為悠久的啤酒生產廠，於 1993 年正式註冊成立，並在香港發行了 H 股上市，成為首隻 H 股。

青島啤在國內市場佔有率約兩成，近年積極開拓中高端產品市場，保持在國內中高端市場的領先地位。品牌青島啤酒全年銷量達 400 萬千升，其中「奧古特、鴻運當頭、經典 1903、純生啤酒」等高端產品，共實現銷量 173 萬千升，繼續保持在中國啤酒中高端產品市場的競爭優勢。

青島啤吸引的地方，除了有不錯的市佔率外，另一亮點就是其品牌價值。根據世界品牌實驗室，2018 年青島啤酒的品牌價值高達 1,456 億元

人民幣，成為首個突破千億價值的啤酒品牌，可說是相當驚人，亦是國內其他啤酒品牌無法相比的。

賺錢能力不差

青島啤生產成本

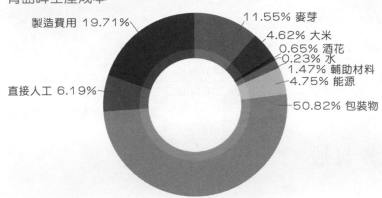

青島啤的財務數據中，營業額大致保持每年平穩上升，雖然沒有太大的驚喜，但都算是穩定增長，但中國經濟放緩，難免對其有所影響，盈利則算是不過不失。

ROE由過往年代的10%以上，跌至10%以下，以青島啤的品牌能力看來，這個ROE只能算是一般般，反映青島啤的高增長期已過，現已進入平穩期。

另外要注意一點，無論是營業額或盈利，都有回落的情況，再投資回報率亦有相同情況，除高增長已過外，亦反映國內市場的情況開始轉弱，這點會在稍後再述。不過大致而言，青島啤在本質上，算是一間不過不失的企業。

雙輪驅動發展

青島啤以所謂的「雙輪驅動」模式去發展,即是一方面通過內部增長的形式去發展,而同一時間又不斷通過收購兼併,以提升生產力及市佔率。

換言之,青島啤透過不斷收購其他啤酒廠房企業來壯大自己,再利用其網絡及品牌力量,提升原有企業的價值,又或併入於青島啤中,令青島啤取得高於市場的增長率。這個營運模式成功,所以,青島啤生意成長不差。不過,若以一間擁有如此實力及品牌的企業來說,近年的賺錢能力有所轉弱,增長速度只算是平穩,ROE亦不是很高,當中有幾個原因。

首先,青島啤的規模已十分大,就算再收購其他企業,對增長的幫助亦有限。另外,中國的啤酒市場已發展多年,市場已很成熟,快速增長與其無緣。再加上中國經濟轉弱、行業增長放緩、行業開始有產能過剩問題、需求不旺而導致的激烈市場競爭,觀乎青島啤的市場佔有率都算有增長,其實已算是做得不錯。

國內啤酒市場

國內的啤酒市場,均為有實力的品牌佔據,華潤雪花、青島啤、百威、燕京啤酒、嘉士伯,5大啤酒企業的市場佔有率已達七成以上,因此已成為各據一方的局面。市場競爭雖然激烈,但較少機會出現大型減價戰等雙輪局面,所以在往後,相信青島啤仍能利用本身的品牌及網絡力量,去維持市場佔有率。

2014年中國啤酒市場在過往連續多年增長後，出現負增長，原因包括經濟增速放緩、市場環境變化以及氣候異常等啤酒市場出現持續的較弱情況。到了2018年，才回復正增長的情況，但已過了過往高速增長的年代。

雖然青島啤在行業中的地位不太令人擔心，但啤酒行業的前景只能說中等。國內人喜歡飲酒不用多說，但啤酒給人的感覺一向是較平民化，或較低檔次，而中國經濟的發展令人民更富有，結果是追求較高層次的享受。故此在將來，消費者選擇酒類時，會較偏向較高層次的酒類，而減少選擇啤酒。當然，啤酒在市場中有著獨有的地位，但在長遠看，增長的速度只是普通。

投資策略：不宜短炒

綜合而言，青島啤擁有不俗品牌，並有一定的市佔率及網絡，都是有相當的價值，而青島啤的發展模式亦是其中亮點，即是在自身發展的同時，同時以收購其他啤酒廠房的模式來壯大自己，再利用其網絡及品牌力量，提升原有企業的價值。這種模式亦在過往取得成功，相信在日後會成為增長的動力。

不過，中國行業的高增長已過，將會令這企業的增長有限。再加上近年中國經濟放緩，而青島啤的業績下跌，都顯示這股在中短期仍然不利，因此短炒此股並不適合。

青島啤本身有一定的價值，因此長線投資的價值仍在，但投資者要注意，這股往後的增長只能平穩。

海底撈國際控股有限公司
HAIDILAO INTERNATIONAL HOLDING LTD.

中國火鍋一哥

股票代號：6862
業務類別：餐飲業
集團主席：張勇
主要股東：張勇（68.6％）
集團網址：http://www.haidilao.com

股價圖

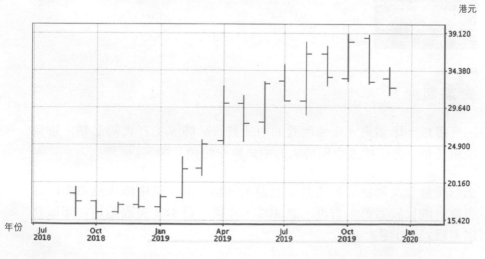

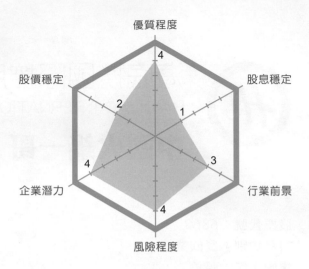

優質程度 4
股息穩定 1
行業前景 3
風險程度 4
企業潛力 4
股價穩定 2

4 年業績

年度	2015	2016	2017	2018
收益（億人民幣）	57.6	78.1	106	170
盈利（億人民幣）	2.73	7.35	10.3	16.5
每股盈利（港元）	0.07	0.18	0.25	0.38
每股股息（港元）	-	-	-	0.08
ROE	37.9	96.6	109	33.9

企業簡介

海底撈是全球領先、快速增長的中式餐飲品牌，主打火鍋品類。按營業額計算，海底撈是中國最大的中式餐飲連鎖品牌。

海底撈擁有及營運的餐廳數量超過460家，當中以中國大陸為主，亦有數十間位於台灣、香港、新加坡、韓國、日本、美國等地。年服務顧客超過1.6億人次。

業務情況

海底撈創立於1994年，在四川簡陽以「海底撈」品牌開設首家火鍋餐廳，經過多年發展，現時在全球多個城市有分店。根據調查機構沙利文的調查，海底撈在中國主要餐飲品牌中，擁有最高的品牌知名度，並且是最受歡迎的外出用膳選擇。

海底撈全球分店網絡

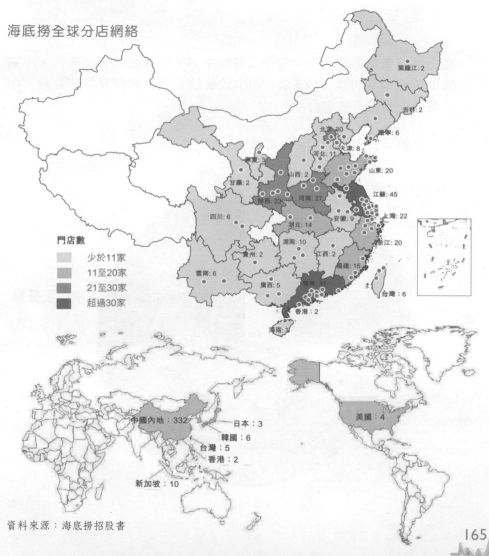

門店數

- 少於11家
- 11至20家
- 21至30家
- 超過30家

黑龍江：2
吉林：2
遼寧：6
北京：30
河北：11
天津：8
山東：20
寧夏：3
甘肅：2
山西：2
江蘇：45
陝西：23
河南：27
上海：22
四川：6
湖北：14
安徽：9
浙江：20
湖南：10
江西：2
貴州：2
福建：15
雲南：6
廣西：5
廣東
台灣：6
香港：2
海南

中國內地：332
日本：3
韓國：6
台灣：5
香港：2
美國：4
新加坡：10

資料來源：海底撈招股書

165

雖然海底撈以收入計，是中國最大的中式餐飲連鎖品牌，但由於中國的餐飲業結構高度分散，因此海底撈在餐飲業市佔率不足1％。

海底撈的絕大部分收入來源，位於中國的一線及二線城市。而中國顧客平均的消費約100人民幣，算是行業裡的中檔次。

行業結構

在中國的餐飲業結構中，以中式餐飲主導，而連鎖店日益流行。中國餐飲服務市場可以分成3類，即中式餐飲、西式餐飲及其他餐飲。中式餐飲合共的市佔率約8成。

按菜式劃分的中國中式餐飲市場

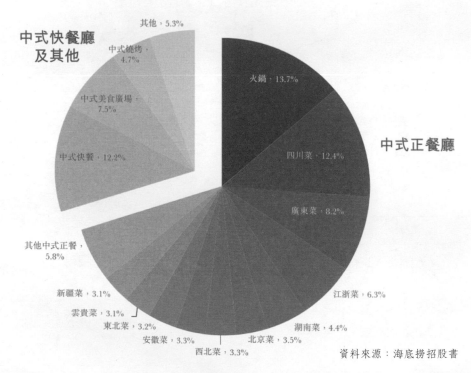

資料來源：海底撈招股書

中國的中式餐飲市場可進一步分為中式正餐廳（如火鍋、四川菜及粵菜），以及中式快餐餐廳及其他（如中式燒烤及街頭食品）。在所有中式菜中，火鍋在中國中式餐飲市場佔有最大市場份額，大約有一成半。

中國餐飲服務市場近年有不錯的增長，一年的總收入超過4萬億人民幣，近年的平均複息增長每年約有一成，主要受到中國城鎮化，以及人民消費力增長帶動。

中國餐飲服務市場歷來分散，並由獨立營運餐廳主導，由於對小型食店來說，要發展標準化業務並不容易，因此限制了擴張，所以，若以全中國的連鎖餐廳總收入計，僅佔中國餐飲服務市場銷售的4%、5%。

火鍋受中國人歡迎

火鍋已有1,700年歷史，可說是最具代表性的中式菜品之一，火鍋在餐桌上以湯底慢煮，含有多種食材，當鍋沸騰時，將食材加入鍋內並在餐桌上烹飪。

與中國中式餐飲市場類似，火鍋餐廳市場亦屬高度分散。前5大經營者僅佔總市場份額約5%。海底撈市佔率約2%，排行第1位。

中國人對火鍋甚為喜愛，其中一個原因是火鍋是社交文化的一種，因此，若要外出食飯，火鍋成為其中一個主要的選擇。隨著中國的城鎮化及人民消費力增，外出食飯的頻密度增加，自然帶動火鍋行業的增長理想。

火鍋餐廳雖然運作比傳統餐廳較簡單，但市場的競爭同樣激烈，各食店在環境、服務、地點、食品質量、一致性、性價比、員工等多個範疇裡競爭，這些方面做得較好的，就能成功搶佔到市場。

經營優勢

海底撈產品

海底撈輔加服務

海底撈擁有一定的經營優勢，品牌、規模、性價比等，而產品的一致性都是其中一個優勢，由於企業化經營，除了企業能有較大的成本優勢外，於顧客的層面，能得到一致性的食品體驗。

另外，在企業發展過程中，產品的一致性十分重要。餐飲業的高度分散，原因是複製困難，若某一間食店成功，當開分店時，食物往往不能保持原有的質素，令食店難以擴張，因為產品的一致性問題，正是不少食店難以解決的關鍵位。

因此，當一間食店在產品一致性方面做得出色時，就有利長遠的發展。

與其他烹飪環節複雜的食店相比，火鍋的特點是生產加工環節少，食材、底料和調料都可以通過中央廚房體系實行集中採購、統一配置。正正有利企業快速複製、連鎖經營，這是海底撈的優勢。

另外，海底撈建立了一定的品牌，除了食物質素不差，能保持食品的

一致性外，當中的服務都是不差的，例如等位過程中提供免費茶水飲料、免費小吃、免費擦鞋、免費美甲、免費按摩等多種增值服務，用餐時員工主動詢問、添加飲料、幫下菜品，提供圍裙、手機套等。

根據海底撈提供的資料，68%曾在海底撈就餐過的參與者，至少每月光顧一次海底撈，而98%曾在海底撈就餐過的參與者，表示願意再次光顧。

食物質素

火鍋不同於其他食店，食店並不負責烹飪過程，因此，當顧客在比較火鍋店時，食物本身的質素，可說是十分重要的一環。

海底撈已是企業化的食店，食材能標準化，保持在一致性的質素，同時海底撈本身的食物質素都是不差的，而多年來能夠不斷擴張，證明本身的產品與服務受顧客歡迎，定價合理，有一定的市場。

海底撈亦在總部層面，制定超過50個標準程序規管餐廳營運及供應鏈，從採購至食品加工、庫存和物流等各方面。通過多年的營運，已與供應商建立穩定的業務關係，令食物質素保持一致性。

同時，海底撈有超過500名專職人員，直接負責食品質量和安全，包括超過70人的食品安全部門，以及每個餐廳都有駐派食品安全專職人員。可見食品安全方面做得不差，同時擁有小店沒有的優勢。

在各成本中，食材成本佔比最大，佔總成本4、5成，遠比起一般的食店較高，這是由於火鍋店減少了部分員工的成本，因此可將較多成本投放在食材上，因此顧客在同一消費金額下，能享用到較高質素的食材。

財務數據理想

這企業的優勢，亦於財務數據上反映出來，純利率及股本回報率都處於高水平，比一般食店的賺錢能力強，加上這企業仍處增長狀態，再投資能力同樣高。不過，這企業的上市年期不久，因此財務數據的代表性會減，這點投資者分析時要明白。

另外，這企業負債不多，現金充足，加上現金流強勁，都反映企業有一定的質素，而現金流強，亦有利這企業的發展，因為這企業仍於一個增長階段，市場仍在發展中，強勁現金流正有利於企業往後的增長。

外賣業務

中國外賣市場近年發展迅速，主要受網上點餐外賣平台，以及手機應用程式，加年輕人的生活模式帶動。而外賣業務的利潤率較高，因為固定成本相對較低。

由於火鍋的性質，火鍋外賣業務對食材新鮮度、品質控制及標準化操作有更高要求。因此，只有少數火鍋餐廳擁有提供火鍋外賣的能力，而海底撈亦是中國首個推出火鍋外賣的餐廳。

外賣業務暫時佔海底撈的收入貢獻只有很少，雖然中短期未有太大期望，但由於業務增長快速，往後的發展都不能忽視。

發展正面

海底撈已經建立了一定的品牌、龐大的分店網絡、一致性的產品服

務，能有效複製的發展模式，這都反映企業有一定的優質度。

憑著中國不斷城市化，人民可支配收入不斷增加，對外出用膳的需求只會不斷增加，加上火鍋類別是中國最受歡迎的食店類別，都對海底撈發展有利。

這企業在開店流程方面，有一套高度的標準化，無論在選地點、選店員方面，都有一套完善的制度。加上企業本身現金流強勁，可利用現有的現金流，不斷去開新店，可說對發展甚為有利。

投資策略：耐心等機會

綜合來說，海底撈有一定的質素，無論是品牌、規模、財務數據上，都處於理想水平。同時憑大環境及本身的優勢，往後的發展前景正面，這企業有長線投資的價值。

不過，這企業上市年期不算長，令企業的真實業務情況及價值，仍要時間評估，這成為投資者的風險。

另外，這企業其中一項優勢就是品牌，但若然這企業的食物出現問題，就會對品牌有很大的打擊，對這企業的股價及長遠發展都會有影響。

但整體來說，這企業仍是有質素的，但投資者要注意，由於市場對當中的期望不少，因此股價經常處貴或略貴的水平，這點成為投資者的最大風險。

因此，若果投資這股，市盈率不能處過高水平，50倍以上並不是一個合理的價，投資者要耐心等機會才投資，同時，最好以分注的模式進行，投資後則長線持有。

HKEX 香港交易及結算所有限公司
香港交易所 HONG KONG EXCHANGES AND CLEARING LTD.

價值極高優質股

股票代號：0388

業務類別：金融證券

集團主席：史美倫

主　要　股　東：The Government of the Hong Kong Special Administrative Region（Exchange Fund）（6.00%）

集團網址：http://www.hkex.com.hk

股價圖

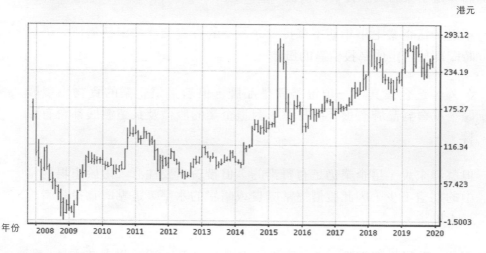

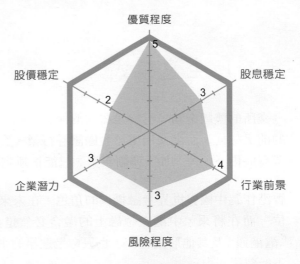

5年業績

年度	2015	2016	2017	2018	2019
收益(億)	134	104	116	143	136
盈利(億)	79.6	57.7	74.0	93.1	93.9
每股盈利	6.70	4.76	6.03	7.50	7.49
每股股息	5.95	4.25	5.40	6.71	6.71
ROE	31.1	18.6	21.3	23.9	22.1

企業簡介

香港交易所(港交所)是香港唯一獲認可的證券市場及期貨市場,提供現貨、期貨、衍生工具的平台買賣,以及股票上市業務。

港交所亦經營4家香港僅有獲認可的結算所,即香港結算、期貨結算公司、聯交所期權結算所及場外結算公司。香港交易所亦擁有倫敦金屬交易所(LME),LME是英國所認可的投資交易所,是具領導的基本金屬交易所。

港交所生意模式

港交所的壟斷業務，已經是盈利的保證，問題是賺多與賺少，以及將來的前景如何。而港交所處於金融證券行業，金融業作為香港的命脈，長遠發展仍不會差，加上壟斷事業，已能推斷到港交所是一隻優質股。

香港作為中國與世界金融橋樑的角色，在未來一段長時間仍有相當的地位，而在將來，中港在金融上的融合必然是愈來愈多，往後更多類似「滬港通」及其他形式合作，也只會是遲早的事，所以，此股的長遠價值不能忽視。

而港交所亦訂立了《戰略規劃2019-2021》，主要構建一個有效的跨市場互聯互通平台，便利資金進出中國內地，投資不同資產類別，以及發展一個植根於香港、匯集中外產品的本地市場，致力為更多客戶提供有競爭力的產品組合。

簡單來說，一方面在中國開放資產市場中擔任橋樑角色，同時，便利資金進出中國。港交所的策略是連接中國與世界，旨在成為中國客戶以及國際客戶尋求中國投資機遇的全球首選跨資產類別交易所，故港交所長遠仍有一定的發展。

港交所平台發展模式

戰略規劃2019-2021主題

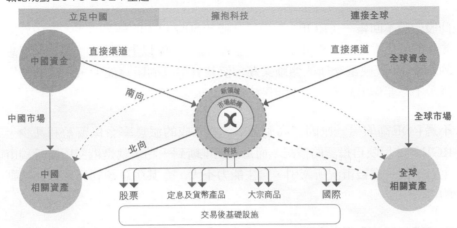

資料來源：港交所 2018 年年報

三大主題

港交所定下的《戰略規劃2019-2021》將聚焦以下三大主題：

第一，立足中國，透過雙向資本流動實現：利用北向通系列計劃，促進中國內地資本市場國際化，同時，利用南向通系列計劃，便利中國內地財富實行多元資產配置。

第二，連接全球，包括進一步提升香港市場對全球資本的吸引力，以及在香港市場提供更多亞太區投資產品。

第三：發展科技，加快業務現代化進程，提升效率、拓展新機遇、探索新項目。

理想的賺錢能力

此股的股本回報率（ROE），2011年處於50%以上的極高水平，而由於近幾年的股權增加，令ROE被拖低，但仍處於20%以上的水平（是一個理想的水平），反映港交所的壟斷業務，使其有很高的賺錢能力，生意甚為好賺，不需要作出甚麼投資亦能保持當中的賺錢能力。

不過ROE高的另一原因是高派息率，達九成的派息率令保留盈利甚少，ROE無法反映再投資的情況。而這亦能推斷到一點，就是港交所雖是獨市生意，但生意被市況所牽引，自主能力不大，令其生意盈利出現較為被動的情況。

由於港交所的生意有週期性，故導致其收入盈利變化較大，引致市場對於其估值常有較大的轉變，最終導致股價大上大落。所以當港交所的股價大上落時，其實是買入及沽出的機會。

週期投資法

先從當中的業務說起。港交所擁有的聯交所及期交所，是香港唯一認可的證券及期貨市場，雖然擁有海外業務，但主要的收入來源仍是港股，港股每天的成交、新上市公司的多寡及其相關，都是港交所主要收入來源。

港股成交與港交所盈利關係

年份	2009	2010	2011	2012	2013	2014	2015	2016	2017	2018
聯交所每日平均成交(億)	623	691	697	539	626	695	1056	669	882	1074
每股盈利	4.36	4.66	4.71	3.75	3.95	4.44	6.70	4.76	6.03	7.50

從10年的數據中可看出，市場熾熱與否與港交所盈利情況成直接關係。憑著這點，已經能對港交所用一套簡單的方法分析，以及制定相關的長期買賣策略。

由於股市有週期，總有市況淡靜與熾熱的時候，故只要對現時市況的冷熱度作評估，就能初步推算出港交所當時的價格是處於低估、合理還是高估水平。

假設港交所的合理市盈率為25倍至30倍，而在不同市況下，市場的情緒也不同，令市場認為「當時合理」的市盈率大不同。市況差的時候，市場當時估值市盈率可能只有20倍（即其實是低於合理水平）；但市況熾熱時，當時估值市盈率卻可以達40倍（即其實是高於合理水平）。明白到這點，就能從中作出買賣的決定。

投資策略：兩種長線投資模式

作為價值投資者，投資港交所的方法有兩種：第一是中長期，利用週期性的特點，把握當中的巨大回報，但這要一定的投資技巧；第二是超長期，忽視當中的週期性，這方法任何級數的投資者都做到，但要有較大的耐心去持有。

先講週期形式的投資法。在市況非常靜的時候，就是港交所最好的買入時機，因股價必然被大幅低估。而在大部分時期，市況處於不冷不熱的正常水平，這會用不買不賣的策略，而無貨者則用分段吸納的策略。到市況熾熱時，港交所的股價必然被高估，這就是以週期投資模式的最好沽出時機。

正因為此股的循環特性，只要捕捉到其中的大浪，回報已是可觀，而較大的週期一般都要數年。另外，由於此股為優質股，風險相對較低，只要不在熾熱市況較昂貴時買入，可說已封了蝕本門。

至於另一種投資方法，就是超長線或永遠投資，持有10年或更長時間，在市況較靜時買入，又或以分段吸納去慢慢買入，令風險得以平均。至於沽出，相信大部分的貨都可作永遠持有，但若見每次股價創歷史新高時，沽出一部分亦可。

0939

中國建設銀行股份有限公司
CHINA CONSTRUCTION BANK CORPORATION

前景風險須平衡

股票代號：0939
業務類別：銀行業
集團主席：田國立
主要股東：中央匯金投資有限責任公司（H股）（57.0%）
集團網址：http://www.ccb.com

股價圖

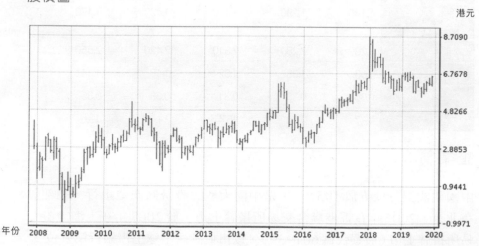

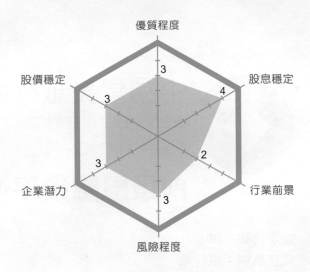

優質程度 3
股息穩定 4
行業前景 2
風險程度 3
企業潛力 3
股價穩定 3

5 年業績

年度	2014	2015	2016	2017	2018
收益（億人民幣）	5,570	5,870	5,600	5,940	6,340
淨利息收入（億人民幣）	4,370	4,580	4,180	4,520	4,860
手續費、佣金及其他收入（億人民幣）	1,190	1,290	1,420	1,420	1,470
盈利（億人民幣）	2,280	2,280	2,310	2,420	2,550
每股盈利（港元）	1.08	1.08	1.02	1.15	1.14
每股股息（港元）	0.36	0.33	0.31	0.35	0.35
ROE	19.7	17.0	15.4	14.3	13.6

企業簡介

中國建設銀行成立於1954年，是中國大型的股份制商業銀行，總部設在北京。2005年在香港聯合交易所掛牌上市，於2007年在上海證券交易所掛牌上市（股票代碼601939），以市值計居全球上市銀行第五位。

建行在中國內地設有分支機構近15,000個，擁約350萬公司客戶、3億個人客戶，另外在香港、新加坡、法蘭克福、東京、首爾、紐約、悉尼等地設有海外分行。

銀行業的特質

銀行本質令其存有不少風險，因為銀行的最基本業務就是無中生有，依靠他人的存款（其實即是銀行欠他們的錢），然後銀行再將資金借出去賺取當中的息差。

即是說，銀行其實背負著大量負債，雖然只要控制得宜就沒有大問題，但若自身出現問題，又或外在出現了某些黑天鵝的大型事件，都有可能令銀行出現巨大風險，這就是銀行業的本質。

金融海嘯就是其一，不少國際性大銀行都受到衝擊，由於金融產品不斷創新，其實會令金融體系變得更複雜，不確定性上升，銀行的潛在風險不知不覺增加。因此，除非該銀行股屬穩健派，更有不錯的回報，否則長期的投資價值其實存疑。

中國的金融系統仍未完全開放，相關風險其實相對較低，雖然內銀股亦會面對中國金融系統及銀行壞賬的風險，但面對所謂「不知道的風險」較少，因此較大型的內銀，如四大國有銀行建行（0939）、農行（1288）、工行（1398）、中行（3988），都是較穩健的一群。

業務平穩增長

從建行的收益中，可見多年來保持平穩上升，就算經歷金融海嘯，亦沒有對其做成太大影響。建行2005年在香港上市，當時收益約1,300億（人民幣，下同），到金融海嘯前升至約2,700億，而2009年金融海嘯

影響很少，只令營業額倒退不足1%，其後重拾升軌，每年穩步增長，至近年收入約6,000億。

金融海嘯雖然對全球金融業造成不同程度的打擊，但對中國金融這個未完全全球化的地區來說，銀行業所受的影響有限，當然這亦是中國當時推4萬億快速救市的成果。

但值得注意的是，在建行的收入結構中，手續費、佣金、其他等一類非傳統收入，由2005年上市時佔總收入約一成，增加至近年約兩成。

雖然這是開拓新收入來源，但往往亦由於開發一些過於複雜的金融產品，而造成未知的風險。

不過建行在金融海嘯期間，當中部分已佔兩成，亦沒有出現甚麼問題，相信這水平仍是穩建的，除非這部分推出很多新產品而大幅增長，否則平穩增長是可接受，並對其盈利有貢獻。

內銀股的風險

內銀股其中一個風險就是壞賬問題，這令市場對內銀股的估值不高，只有幾倍的市盈率，最主要就是反映壞賬的問題。

建行的公司類貸款過半，當中分散在各行業，而每個行業在不良貸款率方面，都有一定的差異。建行的貸款中，佔比較多的行業是製造業，不止佔了貸款近一成，當中的不良貸款率更超過7%，所以當製造業出現較大的不景氣時，對建行會造成較大的盈利打擊，這點不得不注意。

建行按行業劃分的貸款及不良貸款分佈情況

(人民幣百萬元，百分比除外)	2018年12月31日				2017年12月31日			
	貸款金額	佔總額百分比(%)	不良貸款金額	不良貸款率(%)	貸款金額	佔總額百分比(%)	不良貸款金額	不良貸款率(%)
公司類貸款	6,497,678	47.14	169,248	2.60	6,443,524	49.94	166,044	2.58
交通運輸、倉儲和郵政業	1,307,712	9.48	16,033	1.23	1,304,691	10.11	13,806	1.06
製造業	1,092,369	7.92	79,422	7.27	1,178,373	9.13	75,000	6.36
租賃和商務服務業	962,465	6.98	4,647	0.48	913,395	7.08	3,282	0.36
其中：商務服務業	928,327	6.74	4,338	0.47	819,916	6.35	2,998	0.37
電力、熱力、燃氣及水生產和供應業	803,746	5.83	9,075	1.13	822,782	6.38	4,210	0.51
批發和零售業	373,246	2.71	26,064	6.98	436,275	3.38	33,564	7.69
房地產業	510,045	3.70	8,505	1.67	414,867	3.22	9,236	2.23
水利、環境和公共設施管理業	390,220	2.83	2,390	0.61	378,620	2.93	778	0.21
建築業	281,932	2.05	5,907	2.10	252,989	1.96	6,549	2.59
採礦業	222,771	1.62	11,281	5.06	222,694	1.73	11,625	5.22
其中：石油和天然氣開採業	3,231	0.02	90	2.79	6,199	0.05	–	–
教育	64,212	0.47	397	0.62	67,471	0.52	412	0.61
信息傳輸、軟件和信息技術服務業	53,230	0.39	410	0.77	41,510	0.32	394	0.95
其中：電信、廣播電視和衛星傳輸業	26,382	0.19	38	0.14	25,245	0.20	8	0.03
其他	435,730	3.16	5,117	1.17	409,857	3.18	7,188	1.75
個人貸款	5,839,803	42.37	24,076	0.41	5,193,853	40.25	21,811	0.42
票據貼現	308,368	2.24	–	–	122,495	0.95	–	–
海外和子公司	1,100,406	7.98	7,557	0.69	1,143,569	8.86	4,436	0.39
應計利息	36,798	0.27	–	–	不適用	不適用	不適用	不適用
總計	13,783,053	100.00	200,881	1.46	12,903,441	100.00	192,291	1.49

資料來源：建行 2018 年年報

建行按產品類型劃分的貸款及不良貸款分佈情況

(人民幣百萬元，百分比除外)	2018年12月31日			2017年12月31日		
	貸款金額	不良貸款金額	不良貸款率(%)	貸款金額	不良貸款金額	不良貸款率(%)
公司類貸款和墊款	6,497,678	169,248	2.60	6,443,524	166,044	2.58
短期貸款	2,000,945	73,974	3.70	2,050,273	80,638	3.93
中長期貸款	4,496,733	95,274	2.12	4,393,251	85,406	1.94
個人貸款和墊款	5,839,803	24,076	0.41	5,193,853	21,811	0.42
個人住房貸款	4,753,595	11,414	0.24	4,213,067	10,199	0.24
信用卡貸款	651,389	6,387	0.98	563,613	5,039	0.89
個人消費貸款	210,125	2,302	1.10	192,652	1,386	0.72
個人助業貸款	37,287	1,391	3.73	36,376	1,620	4.45
其他貸款	187,407	2,582	1.38	188,145	3,567	1.90
票據貼現	308,368	–	–	122,495		
海外和子公司	1,100,406	7,557	0.69	1,143,569	4,436	0.39
應計利息	36,798	–	–	不適用	不適用	不適用
總計	13,783,053	200,881	1.46	12,903,441	192,291	1.49

資料來源：建行 2018 年年報

建行的壞賬問題的確需要關注，而更重要的是，中國經濟已比過往年代弱，企業出事的機會更高，所以往後的問題可能加大。不過，建行始終有一定質素，情況不會太差，同時，市場上的估值已考慮這些因素，所以市盈率只有個位數仍是合理水平。

比較 4 大國有銀行

4 大國有銀行的 5 年資產回報率（ROA）比較

年度	2014（%）	2015（%）	2016（%）	2017（%）	2018（%）	平均（%）
建行	1.42	1.30	1.18	1.13	1.12	1.23
農行	1.18	1.07	0.99	0.95	0.93	1.02
工行	1.40	1.29	1.20	1.14	1.11	1.23
中行	1.17	1.07	0.94	0.92	0.88	1.00

4 大國有銀行的 5 年股本回報率（ROE）比較

年度	2014（%）	2015（%）	2016（%）	2017（%）	2018（%）	平均（%）
建行	19.7	17.0	15.4	14.4	13.6	16.0
農行	19.2	16.1	14.6	14.1	13.1	15.4
工行	19.7	16.7	14.8	14.0	13.4	15.7
中行	16.4	14.0	12.1	11.9	11.6	13.2

若比較其他內銀股，建行的 ROA 及 ROE 與工行相約，及比中行及農行為佳。

建行的ROA回落，正反映中國經濟放緩，以及當中壞賬問題所帶來的影響，由於中國經濟仍有放緩之勢，故相信回報率有可能進一步回落。而ROE仍處理想水平，但不得不注意的是，回報率正下跌中。整體來說，建行及工行的賺錢能力較佳，但回報率下跌是不利之處。

而建行的盈利大致保持增長，成績不錯，就算金融海嘯期間都能保持增長，可見對其沒有甚麼影響。

建行的盈利增長，其中一點是受惠於中國的經濟發展，帶動商業活動及民間借貸增長。故中國經濟進入較低增長年代，難免對建行造成影響。

另外，建行的壞賬問題，亦會對其造成風險，不過整體來說，建行仍有一定質素。

內銀仍屬穩健

近年，中國金融市場平穩發展，人行繼續推進利率市場化改革，2013年全面放開金融機構貸款利率制，之後又推動建立金融機構市場利率定價自律機制，市場改革及逐漸開放是必然道路。更開放的市場將會引致更多競爭，而較大規模的建行仍有優勢，但賺錢能力有可能減弱。

內銀股中，建行及工行可說是較有投資價值。綜合來說，建行是不差的企業，擁有品牌，以及有龐大網絡及客源基礎，相信在擴展業務時甚為有利。

銀行業本質上有高負債的風險，雖然內銀面對國際金融風險相對較低，但仍要面對中國銀行在監管上、借貸壞賬上的風險。不過，由於建行為

國有銀行，大股東是中央，故若出現重大事件中央都會作出支援，因此就算出現黑天鵝事件，當中風險其實有限。

投資策略：限量持股

綜合來說，建行有相當的資產規模及網絡，加上有不差的賺錢能力，可算是有一定的質素，有長線投資的價值，加上有一定股息，長線持有及收息都可。

不過，中國經濟放緩以及內銀壞賬問題，都對此股造成風險，由於市場明白這些風險，所以對其估值不高，市盈率常處5倍左右的水平，正正是反映這些因素。

因此雖然個位數的市盈率看似吸引，但卻只處合理的水平。而另一指標就是股息率，由於股息有可能下跌，加上當中的風險問題，故要達約6%股息率，才算是較吸引的水平。另外，建行由於規模已大，增長力不強，因此不要對股價太有期望，只能視為收息股。

最後投資者要注意一點，銀行業是較特別的行業，本質上有較高風險，所以不宜將太多資產集中在銀行股，銀行股佔股票組合不建議超過三成。

中國工商銀行股份有限公司
INDUSTRIAL AND COMMERCIAL BANK OF CHINA LTD

全球市值最大銀行

股票代號：1398
業務類別：銀行業
集團主席：陳四清
主要股東：中央匯金投資有限責任公司（A股）（34.7%）
集團網址：http://www.icbc-ltd.com

股價圖

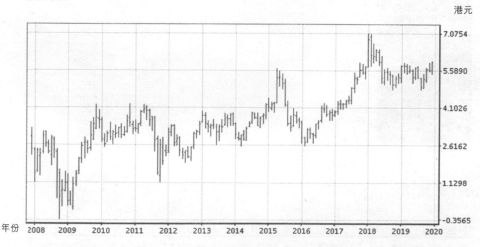

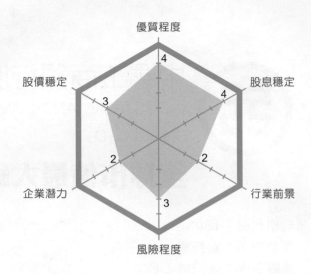

5 年業績

年度	2014	2015	2016	2017	2018
浮利息收入（億人民幣）	4,940	5,080	4,720	5,220	5,730
手續費及佣金淨收入（億人民幣）	1,330	1,440	1,450	1,400	1,450
營業收入（億人民幣）	6,350	6,690	6,420	6,760	7,250
盈利（億人民幣）	2,760	2,770	2,780	2,860	2,980
每股盈利（港元）	0.93	0.92	0.86	0.95	0.93
每股股息（港元）	0.30	0.28	0.26	0.29	0.29
ROE	19.7	16.7	14.8	14.0	13.4

企業簡介

中國工商銀行（工行）成立於1984年，2006年在港交所上市，是中國四大國有銀行之一。工行是全球市值最大的銀行，總資產逾20萬億人民幣，居全球首位。

工行業務跨越六大洲，客戶人數逾6億，提供廣泛金融產品及服務。工行被多本國際性雜誌評為「中國最佳銀行」、「全球最大企業」等，有一定品牌價值。

行業結構

中國過去數十年的經濟高速增長，而隨著發展開始成熟，之後將進入平穩增長年代，銀行作為百業之母，同樣會被影響，而較大型的銀行，往後亦只能平穩發展。不過亦因為這點，市場對其的估值往往不高，只要小心選擇及把握時機，不難在當中找到適合中低風險投資者、穩健收息及平穩增值的銀行股。

中國的銀行存有壞賬問題，因此投資者宜選最大型及穩健的銀行作考慮，除有一定質素能減低風險外，另一原因是這類銀行已大到不能倒，因為當這些巨型銀行出現問題時，對社會及大眾的影響是相當廣泛及深遠，所以這些銀行有問題時，政府一定會出手幫助。

比較4大國有銀行

4大國有銀行的5年資產回報率（ROA）比較

年度	2014(%)	2015(%)	2016(%)	2017(%)	2018(%)	平均(%)
建行	1.42	1.30	1.18	1.13	1.12	1.23
農行	1.18	1.07	0.99	0.95	0.93	1.02
工行	1.40	1.29	1.20	1.14	1.11	1.23
中行	1.17	1.07	0.94	0.92	0.88	1.00

4大國有銀行的5年股本回報率（ROE）比較

年度	2014（%）	2015（%）	2016（%）	2017（%）	2018（%）	平均（%）
建行	19.7	17.0	15.4	14.4	13.6	16.0
農行	19.2	16.1	14.6	14.1	13.1	15.4
工行	19.7	16.7	14.8	14.0	13.4	15.7
中行	16.4	14.0	12.1	11.9	11.6	13.2

若比較其他內銀股，工行的ROA及ROE與建行相若，及比中行及農行為佳。

工行質素不差

工行主要的收入來源仍是息差收入，手續費及佣金佔比只有兩成，雖然開拓更多非利息收入是創造回報的做法，但這會提升風險，因有些銀行會透過開發新產品，或透過炒賣投資等活動，去增加非利息收入，但往往隱藏著潛在風險。所以工行只有少部分非利息收入，其實是穩健的策略。

工行2014-2018年數據

不良貸款率（%）	0.94	1.13	1.62	1.55	1.52
淨息差（%）	2.40	2.46	2.02	2.10	2.16

從財務數據分析，工行質素不算差，淨息差算是穩定，並處中等水平；反映工行賺錢為平穩模式，雖然往後仍會波動，但大致對工行影響不算大。但壞賬問題卻有惡化情況，這點不得不關注。

工行公司類貸款餘額結構圖

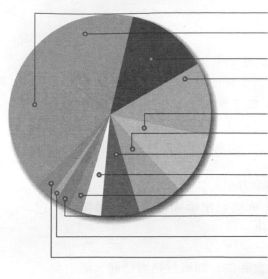

交通運輸、倉儲和郵政業	23.8%
製造業	17.4%
租賃和商務服務業	13.2%
電力、熱力、燃氣及水生產和供應業	11.5%
水利、環境和公共設施管理業	9.7%
房地產業	7.4%
批發和零售業	6.1%
建築業	2.9%
採礦業	2.3%
科教文衛	2.1%
住宿和餐飲業	1.2%
其他	2.4%

資料來源：工行 2018 年年報

按行業劃分的不良貸款結構

人民幣百萬元，百分比除外

項目	2018年12月31日				2017年12月31日			
	貸款	佔比(%)	不良貸款	不良貸款率(%)	貸款	佔比(%)	不良貸款	不良貸款率(%)
交通運輸、倉儲和郵政業	1,894,425	23.8	15,016	0.79	1,715,562	22.8	9,568	0.56
製造業	1,385,463	17.4	79,790	5.76	1,409,206	18.6	67,604	4.80
租賃和商務服務業	1,048,548	13.2	6,279	0.60	910,672	12.1	6,250	0.69
電力、熱力、燃氣及水生產和供應業	919,768	11.5	2,113	0.23	900,484	12.0	1,407	0.16
水利、環境和公共設施管理業	770,221	9.7	1,718	0.22	655,533	8.7	975	0.15
房地產業	592,031	7.4	9,823	1.66	501,769	6.7	13,631	2.72
批發和零售業	488,031	6.1	52,588	10.78	568,011	7.6	55,366	9.75
建築業	232,736	2.9	3,749	1.61	223,484	3.0	2,856	1.28
採礦業	185,313	2.3	3,966	2.14	208,675	2.8	2,998	1.44
科教文衛	170,315	2.1	1,461	0.86	126,906	1.7	850	0.67
住宿和餐飲業	95,530	1.2	4,951	5.18	111,047	1.5	3,256	2.93
其他	191,146	2.4	4,962	2.60	191,651	2.5	4,142	2.16
合計	7,973,527	100.0	186,416	2.34	7,523,000	100.0	168,903	2.25

資料來源：工行 2018 年年報

「交通運輸、倉儲和郵政業」、「製造業」是工行主要貸款的行業，而製造業的不良貸款不輕，而且比過往有上升情況。所以，當製造業進一步不景時，將對工行造成較大影響，除了削弱盈利能力外，亦會造成風險。不過，由於工行本質不差，所以有能力抵禦這風險，同時市場估值已反映，所以工行的市盈率往往只處個位數水平。

工行無論在資產回報率或股本回報率方面，其實算不過不失，但卻處下跌情況，除反映資產質素問題外，亦顯示出中國經濟的高增長時代已過，工行的賺錢能力將進入平穩年代。

另外，由於銀行為風險行業，所以要評估一間銀行是否穩健，最重要不是看好景期，而是看不景期，當銀行能過渡大型的經濟不景期，才能真正評估該銀行是否穩健的銀行。因為銀行有高負債，當大環境處不景時，資產質素就會快速轉差，故選銀行股宜以低風險為優先。

翻查工行更長年期的數據，盈利基本上保持增長，就算面對 2008 年金融海嘯的衝擊，盈利都沒有受到影響，可見工行的風險度不算高。

投資策略：等待高息率

工行無論在品牌、規模、資產、質素、賺錢能力、穩健度，都有一定的優質程度，是不錯的優質股，有長線投資及收息的價值。

不過，中國經濟增長將進入平穩時代，而工行的發展往後亦只能平穩增長。

所以若追求較多股價增值的投資者，工行未必是最好投資，不過若追求
股息回報、股價增值為輔，相信工行是不錯的選擇，當然策略是長期或
永遠持有。

雖然內銀市盈率常處於低水平，但由於內銀的壞賬問題、中國經濟放
緩、大型內銀增長有限，這些因素都令市場對其估值不會太高。工行的
股價雖然波動不算大，但都會有中短期起跌，因此投資者可評估其息
率，作為評估其平貴的其中一個指標，若息率有6%才算有投資價值；
若股息較低不是沒有投資價值，而是價格的吸引力相對較低，宜耐心等
待。

中銀香港（控股）有限公司
BOC HONG KONG (HOLDINGS) LTD.

獨特角色具優勢

股票代號：2388
業務類別：銀行業
集團主席：高迎欣
主要股東：中國銀行（3988）（66.1％）
集團網址：http://www.bochk.com

股價圖

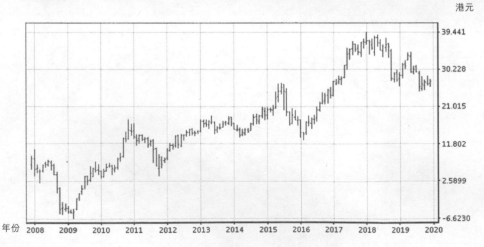

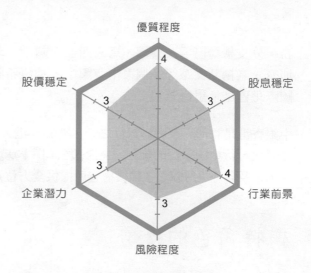

5 年業績

年度	2014	2015	2016	2017	2018
總經營收入（億）	535	536	531	667	676
淨利息收入（億）	319	257	254	348	394
盈利（億）	246	268	555	286	320
每股盈利	2.33	2.53	5.25	2.70	3.03
每股派息	1.12	1.22	1.88	1.40	1.47
總資產回報率	1.19	1.19	2.36	1.15	1.16
ROE	14.7	14.5	26.5	12.1	12.8

企業簡介

中銀香港於2001年9月12日在香港註冊成立，合併了原中銀集團香港
12行中10家銀行的業務。中銀香港是香港主要商業銀行集團之一，通
過設在香港近200家分行，約270個自助銀行網點、逾1,000部自助設
備，以及網上銀行和手機銀行等高效電子渠道，為個人、各類企業和機
構等客戶提供多元化的金融及投資理財服務。

中銀香港分別於2016年5月及2017年3月完成出售其持有的南洋商業
銀行及集友銀行的全部股權，同時積極推進區域化發展，拓展東南亞業

務，分支機構已遍及泰國、馬來西亞、越南、菲律賓、印度尼西亞、柬埔寨、老撾及文萊等多個東南亞國家，長遠希望建設成為一流的全功能國際化區域性銀行。

中銀香港是香港三家發鈔銀行之一，亦為香港人民幣業務的唯一清算行。透過與母行中國銀行的聯動，為跨國公司、跨境客戶、內地「走出去」企業，以及各地央行和超主權機構客戶提供全方位及優質的跨境服務。

獨特角色的優勢

由於中銀香港的獨特角色因素，使其擁有行業中獨有優勢，在長遠發展中處於相當有利的位置。

首先是品牌價值，大型銀行可以利用其知名度，以更低成本吸引客戶，因此在行業中有更大的競爭優勢。而中銀香港為三間發鈔銀行之一，再加上是中國銀行的子公司，在品牌認知度上，無論在香港還是中國，都擁有相當優勢。

使中銀香港在發展中港相關業務時，擁有在行業中最具優勢的競爭力。另外，大型銀行擁有龐大的客戶群，對於銷售各種產品都有幫助，賺錢能力比中小型銀行較強。

由於中銀香港獨特的地位，加上其作為香港唯一的人民幣清算行，令到集團在發展人民幣業務上，比香港任何一間銀行以及其餘兩間發鈔行滙豐及渣打，都有更絕對的優勢。

隨著中國金融市場逐步開放，人民幣不斷國際化，往後人民幣相關產品亦會不斷深化，長遠計中銀香港必能受惠。憑上述各項要點，已能推斷到中銀香港是一隻優質股。

穩中求勝

由於香港的銀行業發展已十分成熟，自身增長只能平穩，不能有太大期望。而人民幣業務是當中的發展亮點。以持續經營業務計算之每股盈利，每年都有增幅，情況理想。而在收入組合當中，無論是傳統的利息還是非利息業務，在過去數年，大部份時間都錄得增長。

中銀香港連續超過10年，保持港澳銀團市場最大安排行地位，私人住宅按揭、安老按揭等業務都領先市場，反映客戶基礎強勁，而這些客戶基礎又可以進行延伸的產品銷售，創造更多收入。

收入結構中，非利息收入佔總經營收入逾4成，當中包含了淨保費收入、淨交易性收益，以及淨服務費及佣金收入。當中信用卡業務、保險及證券經紀的服務費收入亦錄得增長，是其中動力。中銀香港進一步擴展離岸人民幣業務，成功提升其作為參加行的人民幣業務收入貢獻，亦成為帶動盈利上升的因素之一。

淨服務費及佣金收入結構

港幣百萬元，百分比除外	2018年	(重列) 2017年	變化(%)
信用卡業務	3,441	3,202	7.5
證券經紀	2,769	2,625	5.5
貸款佣金	2,613	3,608	(27.6)
保險	1,546	1,326	16.6
基金分銷	929	985	(5.7)
匯票佣金	738	816	(9.6)
繳款服務	679	649	4.6
信託及託管服務	633	555	14.1
買賣貨幣	590	433	36.3
保管箱	285	291	(2.1)
其他	1,290	1,010	27.7
服務費及佣金收入	15,513	15,500	0.1
服務費及佣金支出	(4,206)	(3,899)	7.9
淨服務費及佣金收入	11,307	11,601	(2.5)

資料來源：中銀 2018 年年報

銀行的非利息收入業務是其增長動力的來源之一，但同時亦有潛在風險，因銀行太進取去開發新產品，往往在不知不覺間埋下了風險。所以，當銀行太急去發展這些業務，該業務盈利有太快增長時，反而更令人擔心。而分析中銀香港在過往收入的貢獻，各方都能取得平衡，非利息業務增長亦沒有過快。加上，非利息收入佔總經營收入比重已從過往多於一半，下降至近年逾4成，故風險不高。

盈利能力強

就算不計算早年因出售南洋商業銀行和集友銀行的一次性收益，股本回報率（ROE）大致也處於12%以上水平，算是不差，而過往的回報率大致算是穩定。資產回報率數年間維持約1.2%水平，不過不失。

中銀的資產配置

港幣百萬元，百分比除外	2018年12月31日		(重列) 2017年12月31日		
	餘額	佔比(%)	餘額	佔比(%)	變化(%)
庫存現金及在銀行及 　其他金融機構之結餘及定期存放	431,524	14.6	426,604	16.1	1.2
香港特別行政區政府負債證明書	156,300	5.3	146,200	5.5	6.9
證券投資及其他債務工具	899,176	30.5	711,385	26.8	26.4
貸款及其他賬項	1,282,472	43.4	1,191,554	45.0	7.6
固定資產及投資物業	69,114	2.3	66,937	2.5	3.3
其他資產	114,317	3.9	108,406	4.1	5.5
資產總額	2,952,903	100.0	2,651,086	100.0	11.4

資料來源：中銀 2018 年年報

中銀香港在資產配置上合理平衡，風險不高，算是做到穩中求勝的效果。另外，要看一間銀行的真正實力，其實不是分析好環境，而是要看它怎面對差環境。故現在再看早一點，檢視金融海嘯時中銀的情況。

當年金融海嘯對銀行造成相當的打擊，而中銀亦是，不過其恢復的程度理想。2008年受金融海嘯影響，中銀盈利下跌至只有33億。其實以當年銀行業的情況來說，中銀香港仍有錢賺，已算做得不錯；到2009年，中銀的盈利更快速反彈至137億。

該兩年金融市場出現巨大動盪，而中銀有這樣的成績，反映其風險管理得宜，這是銀行優質與否的重要指標。而盈利反彈的速度之快，反映其盈利能力很強。

而近5年，集團盈利每年都有增長，這都源於中銀香港擁有較多的競爭優勢，而這會是盈利能力強的其中一個因素。除非行業出現較大變化，又或者中銀香港出現重大不利因素，否則這些競爭優勢都能一直維持，保持一定的盈利能力。

投資策略：息率5%以上更佳

綜合而言，中銀香港因擁有其獨特優勢，故投資價值比其他銀行為高。而其擁有的品牌及大量的客戶基礎，就是其優勢；由於中銀香港由10間姊妹行合併而成，故客戶基礎很廣泛，在延伸推廣產品時更為有利。

人民幣業務發展亦是中銀香港的前景所在，雖然銀行業有本質性的風險，但中銀香港亦算穩健，加上母公司為中國銀行（3988），故當中的風險不大。

此股雖然有潛力，但往後發展並不會爆炸性增長，只會以平穩發展去形容。故此，此股適合較穩健型、長線型的投資者，無論是平穩增長還是收息，都是可取的，若股息率有5%以上則較有投資價值。

英國保誠有限公司
PRUDENTIAL PLC

品牌優勢利賺錢

股票代號：2378
業務類別：保險業
集團主席：Paul Victor Falzon Sant Manduca
主要股東：The Capital Group Companies, Inc.（9.87%）
集團網址：http://www.prudential.co.uk

股價圖

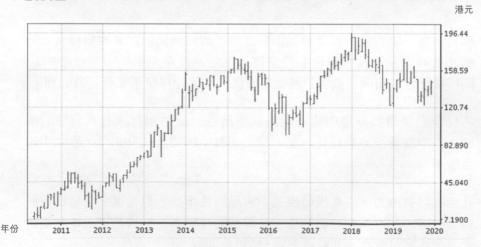

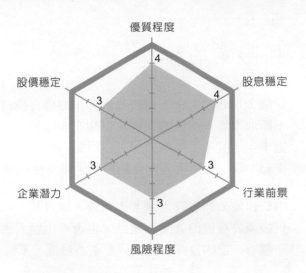

5 年業績

年度	2014	2015	2016	2017	2018
已賺保費（億英磅）	320	355	370	419	332
投資回報（億英磅）	258	33.0	325	422	-103
總收入（億英磅）	601	413	718	864	249
盈利（億英磅）	22.2	25.8	19.2	23.9	30.1
每股盈利（港元）	9.6	11.1	7.18	9.82	11.6
每股股息（港元）	4.1	5.4	4.16	4.96	4.90
ROE	20.7	20.8	13.9	15.1	18.1

企業簡介

保誠主要在英國、美國及亞洲提供壽險、退休金、年金、集體投資計劃、資產管理等零售金融服務。

保誠1848年於英國成立，現時擁有約2,400萬名保險客戶，管理資產約5,000億英磅，僱員人數約23,000名，並於香港、倫敦、新加坡、紐約的交易所上市。2018年由於有業務分拆，因此財務數據變化較大。

保險業的特點

保險公司的收入除了保費收入外，亦會有投資收入。這是由於保險公司不斷收取客人支付的保費，但卻在多年後才賠償，而在收費與賠償間的數十年，就成了保險公司可自行運用的資金，所以保險公司的主要收入來源，就是保費收入而得的盈利，以及投資而得的利潤。

由於保險公司收取大量客人保費，以致其中的浮存金龐大，就算這資金只投資於穩健的低回報產品，也會產生龐大的數目。因此，不少保險公司都有一定的投資價值，只要細心發掘，不難發現優質股。

穩健是其中一個重要因素，因為當中資產龐大，故只要保險公司過份進取，又遇上突發的金融市場問題，就會對保險公司造成一定風險。因此在分析時，要以穩健為先，若該公司有多年的經營歷史，有面對不景期的經驗，這當然更佳。

保誠按評級劃分的股東風險

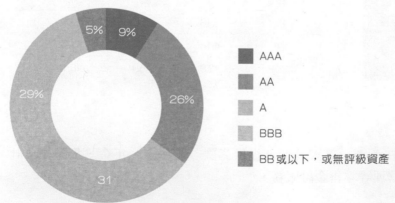

- AAA
- AA
- A
- BBB
- BB 或以下，或無評級資產

資料來源：保誠 2018 年年報

按行業劃分的股東風險

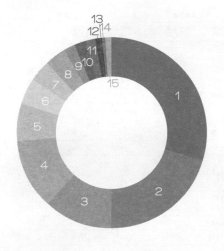

1	金融	29.73%
2	政府	20.41%
3	消費者，非週期性	11.79%
4	公用事業	11.79%
5	工業	6.48%
6	能源	4.52%
7	通訊	3.57%
8	消費者，週期性	3.56%
9	基本材料	1.98%
10	房地產	1.90%
11	科技	1.74%
12	按揭證券	0.67%
13	多元化	0.44%
14	資產抵押證券	0.39%
15	其他	1.03%

資料來源：保誠 2018 年年報

保誠的投資組合穩健，有分散風險作用，不過由於投資金額龐大，當金融市場波動時，難免對盈利產生影響。

業務地區

若以地區劃分，保誠的業務地區主要分為美國、英國、亞洲。保誠在美國地區以Jackson品牌去營運，Jackson是美國最大壽險公司之一，為嬰兒潮一代出生的7,700萬人提供退休後的儲蓄及收入解決方案，這業務部分為保誠貢獻不少盈利。

各地區及業務分類的溢利

	實質匯率			固定匯率	
	二零一八年 百萬英鎊	二零一七年 百萬英鎊	變動 %	二零一七年 百萬英鎊	變動 %
以長期投資回報為基礎的稅前經營溢利					
亞洲					
長期業務	1,982	1,799	10	1,727	15
資產管理	182	176	3	171	6
總計	2,164	1,975	10	1,898	14
美國					
長期業務	1,911	2,214	(14)	2,137	(11)
資產管理	8	10	(20)	9	(11)
總計	1,919	2,224	(14)	2,146	(11)
英國及歐洲					
長期業務	1,138	861	32	861	32
一般保險佣金	19	17	12	17	12
保險業務總計	1,157	878	32	878	32
資產管理	477	500	(5)	500	(5)
總計	1,634	1,378	19	1,378	19
其他收入及開支	(725)	(775)	6	(769)	6
以長期投資回報為基礎且未計重組成本的 稅前經營溢利總額	4,992	4,802	4	4,653	7
重組成本	(165)	(103)	(60)	(103)	(60)
以長期投資回報為基礎的稅前經營溢利總額	4,827	4,699	3	4,550	6

資料來源：保誠 2018 年年報

英國方面，當地亦有人口老化問題，這將推動儲蓄產品及退休收入解決方案的需求增長。而英國是保誠的創立地點，在當地有相當的市佔率及品牌，而保誠專注於財富高度集中的年齡組別的需求。

至於亞洲方面，保誠是領先的國際人壽保險機構，在14個市場開展業務，而亞洲人口龐大，加上保誠不斷加強發展中國市場，將成增長動力。

保誠的優勢

保誠其中一個優勢是龐大的規模與長期的經營歷史，較大規模有助企業產生規模效益，資產亦能創造較大回報。保誠已有百多年的歷史，因此有相當的經驗，就算面對大型金融事件，也有能力應對。

另外一個保誠重要的優勢，就是品牌價值。保誠多年的歷史、規模，已令品牌被廣泛認識，大家試想想，你與朋友所買的保險，都只會是某幾個大品牌，而保誠就是其中之一。

由於人們不會光顧沒品牌的公司買保險，因為客戶會持續供款多年，而且為數不少，所以一定會選一間信得過的公司，因此品牌在保險行業就相當重要。保誠正正擁有相當的品牌價值，令企業產生一定的優勢，有助增加賺錢能力。即是保誠的賺錢能力，比沒品牌、較小型的保險公司為強。

財務數據方面，保誠的收入保持增長，無論是已賺取保費或投資回報，都能保持增長，雖然投資回報略有波動，因為金融市場始終總有風險，但大致來說，保誠的投資收入都不是太波動，情況算是不錯。

至於盈利方面，雖然有點波動，但大致都處增長狀態，不過這亦帶出一點：保誠長期的盈利雖會上升，但當中出現一些波動是必然的事。而保誠的股本回報率（ROE），都能保持在較高水平，反映保誠有一定的賺錢能力。

投資策略：逆市入手

保誠有一定的規模、品牌、銷售網絡，加上有一定的賺錢能力，因此是不錯的優質股，絕對有長線投資的價值。

由於保誠有英國業務，而英國脫歐事件等對其亦有影響，這反而帶來投資值博率。首先，英國業務只佔保誠約三分一，不會全面打擊，同時，保誠在股價上已反映當中情況，若然只是對其業務有中短期影響，而長期質素仍在，長線投資就能有一定的回報。

在投資策略方面，由於這類保險公司有一個特性，就是盈利難免受金融市場影響，但這只是間中出現的事，故長期來說，保誠的盈利能保持上升。

不過，這就出現一個問題，就是股價難免因中短期因素而波動，但投資者只要不集中在該年盈利，而是看平均、看長期，就不難利用此股的特點，發展出一套賺錢的投資策略。

簡單來說，就是等待市況差、這股受短期不利的經營環境影響時，這股的投資盈利、盈利會大減，甚至資產質素會轉差，但投資者不要太看重，因為只要是中短期的就總會過去，但這刻的股價卻會大幅回落，正正是買入的機會，作長線投資。由於此股有質素，一定能渡過中短期的不景，故過一兩年後定會好轉，盈利必會回復正軌，股價必然有相當升幅。

這就是投資此股的方法，當然無論是等待買入還是等待沽出，都需要相當的耐性。

上述的賺錢方法回報理想，但運作要有一定的技巧。若果是一般的長線投資，可以簡單買入後持有，而考慮其質素、前景、風險，相信10倍至15倍的市盈率處合理水平，投資者在合理偏平位置，亦可作長期投資，慢慢享受其增長的成果。

香港鐵路有限公司
MTR CORPORATION LIMITED

優勢有增無減

股票代號：0066
業務類別：公共運輸
集團主席：歐陽伯權
主要股東：The Financial Secretary Incorprated（75.2%）
集團網址：http://www.mtr.com.hk

股價圖

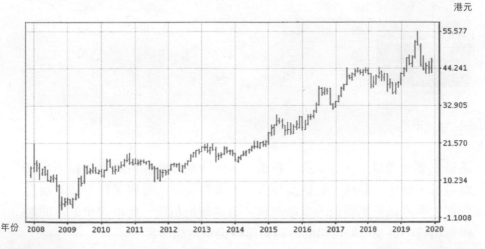

港元

55.577
44.241
32.905
21.570
10.234
-1.1008

年份 2008 2009 2010 2011 2012 2013 2014 2015 2016 2017 2018 2019 2020

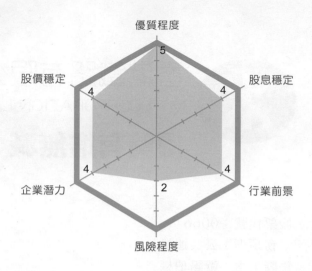

5 年業績

年度	2014	2015	2016	2017	2018
收益（億）	401	417	452	554	539
投資物業重估（億）	40.4	21.0	8.08	63.1	47.4
盈利（億）	156	130	103	168	160
每股盈利	2.69	2.22	1.74	2.83	2.64
每股股息	1.05	3.26	3.27	1.12	1.20
ROE	9.88	7.80	6.42	10.7	9.23

企業簡介

港鐵主要經營以下核心業務：香港、中國內地和數個主要海外城市的鐵路設計、建造、營運、維修及投資；與鐵路及物業發展業務相關的項目管理；香港鐵路網絡內的車站商務，包括商舖租賃、列車與車站內的廣告位租賃，以及協助電訊商於鐵路沿線提供電訊服務。

港鐵亦有從事香港及中國內地的物業業務，包括物業發展及投資、投資物業（包括購物商場及寫字樓）的物業管理及租賃管理，以及投資於八達通控股有限公司。

港鐵的獨特優勢

港鐵是一間擁有獨特優勢的企業，無論是鐵路經營權的壟斷、沿線物業的發展、物業地段優勢、獨有角色、市場化的效率提升，都令港鐵成為一隻優質股。

港鐵以鐵路加物業綜合發展模式運作，以此營運方式在香港運作多年，並創造出巨大價值，多個大型物業項目均由港鐵發展，如德福花園、杏花村、青衣城、東薈城、奧海城等。由於港鐵具獨有優勢，故長遠發展必然有利。

2007年，港鐵與九鐵合併，成為香港鐵路系統的壟斷者，並佔香港專營公共交通工具市場約半。由於港府的未來發展藍圖將更依靠鐵路，故長遠港鐵的佔有率只會有增無減。

香港各種交通工具市佔率

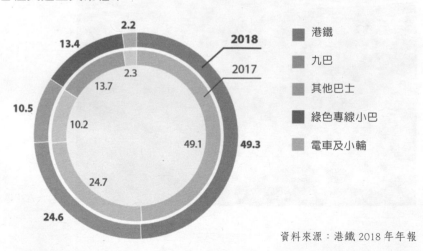

資料來源：港鐵 2018 年年報

209

另外，港鐵在沿線上蓋的物業發展權擁有很大優勢，當然每次都要商談，以及有不同的條款模式，這是由於政府都支持港鐵以鐵路加物業的模式運作。

這源於發展鐵路的資本龐大，政府往往會以不同的方式去「資助」港鐵持續發展，而每次形式都不同，例如西港島線就不涉及沿線物業發展權，這是由於沿線地點是已經發展的地區，政府根本無法給予發展權，而政府最後則以現金$127億給予港鐵，作為另一種形式的財務資助。

而南港島線（東段），政府則向港鐵批出黃竹坑用地的物業發展權，作為項目的財務資助，令港鐵以鐵路加物業的綜合發展模式進行。香港地少人多，在香港發展物業當然有巨大利潤，而在地鐵站上蓋這麼便利的地方發展物業，價值就更為巨大了，故港鐵所獲得的利潤可想而知。

黃竹坑地盤

資料來源：港鐵網站

黃竹坑車站及地盤位置

資料來源：Google 地圖

價值甚高的黃竹坑地

大家請細心看【黃竹坑車站及地盤位置圖】黃竹坑的位置。

在未有鐵路前，位於南區的黃竹坑，方便程度的確一般，但當鐵路通車後，這個地方距離金鐘只是2個地鐵站，距離中環只是3個地鐵站，由於愈近商業區的位置價值就愈高，黃竹坑這地，價值絕對不少。

黃竹坑過往是工業區，有很多工廈，但現時很多工廈已重建，變身成商廈。

另外，一個住宅區的價值，除了近商業區的程度、交通方便的程度外，人口密度亦是其中一個考慮因素，太密集的地區，休憩用地相對較少，樓價自然不會高。但大家細看黃竹坑的地圖，附近有不少球場，有運動場，海洋公園就有旁邊，同時整個區的大廈並不是密密麻麻，而是有一定的山與海，可見樓價一定不差。

大家再看看地圖左下方，會見到有多間國際學校，同時更鄰近「深灣遊艇會」，價值可想而知，從這些資料已能推斷，港鐵在當中得到的利益，絕對不少。

運輸＋物業

分析港鐵的收入部分，港鐵多年來的收入都有不錯增長，而預期往後亦能以平穩增長去形容；雖然客運部分的收入增長有限，但隨著將來有不同的線路落成，這方面相信能平穩向好。

除香港外，港鐵亦有向外發展，當中的中國業務發展快速。港鐵在北京、深圳均有業務，而中國部分所貢獻的收入已佔不少。不過，中國業務在經營利潤的貢獻，所佔比例相對仍未算多，主要由於中國業務的開支頗大，令其賺錢能力受到影響。由於港鐵在中國營運的時間仍少，故仍要一點時間後才能改善。

港鐵的經營利潤數字略為波動，這是由於經營利潤包括物業發展部分，而這部分難免比較波動。由於物業銷售較波動，故不會以一兩年就作推論，所以當港鐵出現某一年賺較多或賺較少，並因此而出現較低或較高的市盈率，也不能就此下定論平或貴，要分析內裡盈利的組成，以及要用長期角度去分析。

若以長期趨勢看，因香港在交通及房屋的發展，將會更依賴鐵路發展及相關物業，故無論是運輸還是物業發展部分，港鐵將來仍是很看好。

而港鐵的盈利並不太穩定，這是因為盈利中包含投資物業重估數字，故必然受牽引及較為波動，當然，若香港的固定資產價值回落，將對此有所影響，不過這部分並沒有產生實質現金流的影響，故不用太著眼。

股息方面，可說是平穩增長，2015年、2016年因鐵路超支而用財技方法派特別股息，令該年股息大增，往後相信難以再出現。順帶一提，在港鐵超支但政府包底的事件中，大家可看到港鐵的盈利保障程度很高，這對小市民未必是好事，但作為投資者，這就是理想的優質股。

港鐵發展的住宅項目，大多以出售為主。而在香港的投資物業組合中，則以商場及寫字樓為主，故當然會產生理想的租金收入。

ROE方面則大致約在10%，只屬一般的水平，這是由於港鐵本身的資產龐大，例如鐵路系統，當中所能創造的回報率不高，鐵路的客運業務賺錢能力有限，而由於當中資產龐大，故必然令ROE受拖累，此部分的再投資回報率必然不高。不過，鐵路系統是重要的一環，因這是創造高利潤的地產項目的先決條件。由於以鐵路加物業綜合發展模式運作，故將來的ROE亦只會是相約水平。

港鐵擁有、發展、管理的物業

公司所擁有/發展/管理的物業

01 德福花園/德福廣場一期及二期
02 環球大廈
03 海富中心
04 旺角中心
05 綠楊新邨/綠楊坊
06 新葵芳花園
07 新葵興花園
08 東昌大廈
09 康怡花園/康山花園
10 康澤花園
11 康威花園/無限極廣場
12 峻峰花園
13 新翠花園
14 修頓花園
15 杏花邨/杏花園/杏花新城
16 柏景臺
17 欣景花園
18 盈翠半島/青衣城1期/青衣城2期
19 東堤灣畔/東薈城/諾富特東薈城酒店/
   海堤灣畔/藍天海岸/映灣園
20 帝柏海灣/維港灣/柏景灣/君滙港/
   中銀中心/滙豐中心/奧海城一期/
   奧海城二期
21 漾日居/擎天半島/君臨天下/凱旋門/
   圓方/天璽/港景滙/香港W酒店/
   環球貿易廣場/香港麗思卡爾頓酒店
22 國際金融中心一期/國際金融中心二期/
   國際金融中心商場/四季酒店/
   Four Seasons Place
23 將軍澳豪庭/君傲灣/天晉/PopCorn 1/PopCorn 2/
   香港九龍東皇冠假日酒店/
   香港九龍東智選假日酒店/星峰薈
24 蔚藍灣畔/連理街
25 清水灣道8號/彩虹泊車轉乘公眾停車場
26 都會駅
27 駿景園/駿景廣場
28 海趣坊
29 新屯門中心/新屯門商場
30 恒福花園/恒福商場

31 連城廣場
32 港鐵紅磡大樓/紅磡站停車場
33 策誠軒
34 首都/領都/緻藍天
35 御龍山
36 銀湖·天峰
37 名城
38 溱岸8號
39 瓏門
42 The Austin/Grand Austin
45 海之戀/柏傲灣/環宇海灣
46 滙豐
47 朗屏8號

發展中/計劃中的物業

34 日出康城物業發展組合
40 大圍站
41 天榮站
43 黃竹坑站物業發展組合
44 何文田站物業發展組合
51 油塘通風樓

西鐵綫物業發展

（作為九廣鐵路公司相關附屬公司代理）

39 瓏門
45 海之戀/海之戀·愛炫美/
   全·城滙/柏傲灣/環宇海灣
46 滙豐
47 朗屏8號/朗城匯
48 元朗站
49 錦上路站物業發展組合
50 八鄉維修中心

（資料來源：港鐵公司2018年年報）

投資策略：分段吸納

綜合而言，由於港鐵有獨有優勢，而且在長遠仍有發展空間，雖不會有太快的增長，但平穩發展絕對沒有問題，故港鐵絕對是優質的企業。

更重要的是，香港的長遠發展必然是向著新市鎮，鐵路系統必不可少，故將來對鐵路的依賴必愈來愈多，政府亦表示這會是發展的重點，故無論是鐵路以及相關的物業，都會保持增長，長遠計必然向好。

雖然港鐵在多方面都甚為理想，但由於再投資的回報率一般，故發展只能平穩，由於城市發展、鐵路與物業都是很長期的項目，故中短期港鐵增長動力只會一般，因此投資必然是長期或超長期的，因為港鐵的長期潛力仍在。

由於與地產有關，故在香港地產市道較不景時，此股的股價都會回落，出現便宜價格，這時絕對是買入時機。而在其他時期，由於此股優質，故分段吸納，不斷儲貨，長線持有，都是可行的策略。

深圳高速公路股份有限公司
SHENZHEN EXPRESSWAY COMPANY LIMITED

路段營運平穩

股票代號：0548

業務類別：運輸業

集團主席：胡偉

主要股東：深圳國際控股有限公司（0152）（Ａ股）（48.90%）

集團網址：http://www.sz-expressway.com

股價圖

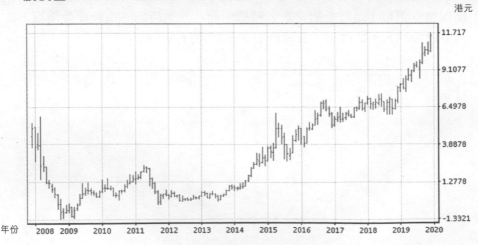

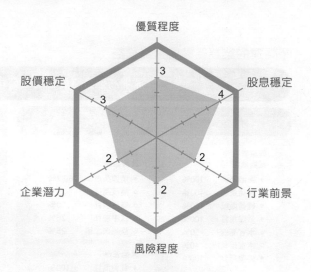

5年業績

年度	2014	2015	2016	2017	2018
收益（億人民幣）	38.9	37.5	48.7	52.1	58.1
路費收入（億人民幣）	32.8	33.4	40.6	46.8	50.7
盈利（億人民幣）	20.2	14.1	10.6	13.8	34.4
每股盈利（港元）	1.25	0.84	0.60	0.76	1.80
每股股息（港元）	0.56	0.40	0.24	0.36	0.81
ROE	20.1	12.9	9.34	10.5	22.2

企業簡介

深圳高速公路（深高速）主要在中國從事收費公路和道路的投資，營運模式並不複雜，就是擁有收路費的公路，而深高速的大股東為深圳國際（0152）。

深高速經營和投資的公路項目共16個，所投資的高等級公路里程數按權益比例折算約546公里，其中66公里正建設中。此外，深高速亦為政府和其他企業提供建造管理和公路營運管理服務，並憑相關管理經驗和資源，開展項目開發和管理、廣告、工程諮詢和聯網收費等業務。

深高速的業務結構與道路權益

深圳高速公路股份有限公司

收費公路業務

廣東省- 深圳地區：		廣東省- 其他地區：	
◆ 梅觀高速	100%	◆ 清連高速	76.37%
◆ 機荷東段	100%	◇ 陽茂高速	25%
◆ 機荷西段	100%	◇ 廣梧項目	30%
◆ 沿江項目	100%	◇ 江中項目	25%
◆ 水官高速	50%	◇ 廣州西二環	25%
◇ 水官延長段	40%		
◆ 外環項目	100%	**其他省份：**	
		◆ 武黃高速	100%
		◆ 長沙環路	51%
		◆ 益常項目	100%
		◇ 南京三橋	25%

委託管理及其他基礎設施開發

項目開發和管理

環保業務

其他業務

- 廣告業務
- 工程諮詢業務
- 聯網收費業務
- 金融業務

圖示：
◆ 納入財務報表合併範圍的項目
◇ 不納入財務報表合併範圍的項目

資料來源：深高速 2018 年年報

深高速於深圳地區道路圖

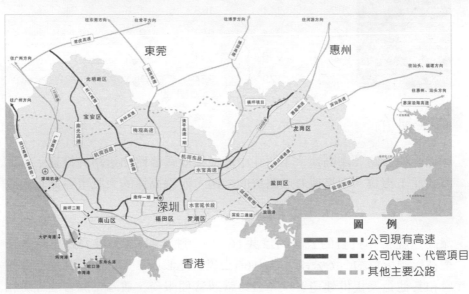

圖 例
━━━ ╍╍╍ 公司現有高速
━━━ ╍╍╍ 公司代建、代管項目
━━━ ╍╍╍ 其他主要公路

資料來源：深高速網站

行業穩定

目前，國內收費公路有不同的營運模式，如代建代管、政府回購、「建設－移交模式」等，而較常採用的是「建設－經營－移交」模式，這是資本較大的行業，回報率雖不高，但收入穩定，因此行業亦有投資價值。

深高速2014年營業以外的收入大幅增加，令盈利大增，這主要由於深高速對梅觀高速免費路段相關資產進行了處置（即是與政府部門進行資產移交），並確認了資產處置收益，即資產處置及獲得政府補償。

處置後將不再擁有及營運該資產免費路段，相關資產的所有權則歸屬於深圳政府所有，而「梅觀資產處置收益」令深高速獲得了11億人民幣的一次性收益。

另外，由於深高速於2017年完成益常公司的收購，因此2017年起將益常公司納入合併報表範圍，到2018年，又完成了沿江項目的收購，因此令近年的財務數據變化較大。

一般來說，公路營運企業都是以收路費作為主要收入，扣除日常營運支出、公路保養、融資成本、其他開支及稅項後，就是盈利部分。公路的車輛流量雖然會變，但當中的變化不會太大，而成本變化亦不會太急速，令這類公路營運的企業，收支方面較易有預算。作為投資者，無論是評估其價值，又或是預計股息回報方面，亦都能有一定的計算。

深高速為收息類

深高速各道路的日均車流量（輛次）

路橋項目	日均車流量(單位：輛次)				
	2018年	2017年	2016年	2015年	2014年
梅觀高速	100,341	92,078	83,211	74,956	84,622
機荷東段	288,506	270,742	249,608	219,169	189,586
機荷西段	222,106	215,315	202,458	175,533	149,921
水官高速	219,407	215,595	227,055	191,354	168,728
水官延長段	80,038	75,241	97,710	75,377	61,655
沿江項目	90,187	81,613	不適用	不適用	不適用
清連高速	43,468	41,190	36,753	33,290	33,026
陽茂高速	50,768	50,142	45,828	40,485	34,935
廣梧項目	39,065	35,479	40,086	34,792	31,935
江中項目	148,624	142,278	120,351	107,246	101,183
廣州西二環	74,100	71,316	58,638	50,007	46,205
武黃高速	53,396	50,736	43,908	40,617	38,891
長沙環路	36,058	32,206	26,279	19,798	16,188
南京三橋	34,394	32,619	27,299	26,777	27,665
益常項目	50,059	47,941	不適用	不適用	不適用

資料來源：深高速 2018 年年報

在深高速的營業收入中，實現路費收入佔大部分，其餘為委託管理服務、廣告及其他業務收入。

收入呈穩定增長之勢，這是由於這類收路費的行業，業務本質穩定，同時價格很少會改變。各主要路段的車輛流量都很穩定，機荷東段、機荷西段、清連高速、陽茂高速及南京三橋都是佔深高速收入較多的路段，這些路段無論在車輛流量以及總收入，多年來都呈平穩增長的格局，令深高速擁有穩定的收入，往後亦是。

由於收入穩定，深高速盈利同樣能平穩增長，處理想的格局。當然，這類公路企業增長有限，但以穩定的角度，深高速可說是不錯。

不過，從股本回報率（ROE）來看，深高速的投資回報率不高，均處於10%以下，而2014年亦只因特殊收益令回報率拉高，故不能作準，2018年亦是由於有新收購項目，因此，要再觀察才有更具體的數據。由於深高速的投資額大，回報期長，所以回報率不高，這亦是這類企業的特性。

另外，由於公路有到期問題，但其實無影響企業價值（會在股票班詳述），因此深高速除了發展公路外，亦開始發展其他業務。深高速逐步擴展投資、環保、運營、建設和廣告等業務平台，以多元化發展，定位為輸出公路運營、保護管理服務及智能交通業務為主的運營發展公司。

綜合來說，深高速有穩定的收入及盈利，而且有不錯的派息，加上路段不錯，因此有一定的優質程度，但卻沒有太大的增長動力，故投資者要評估這類企業是否適合自己。

投資策略：長期持有收息

深高速本質穩定，而且派息穩定，而2014年由於有特殊收益而有較高息，故不應以這年作準，以最新及平均股息為基礎，相信有更大的參考價值。

由於這類企業的本質穩健，加上派息穩定，較適合較低風險、收息類的投資者，而期望有明顯股價增值的投資者，相信就不適合選擇這股票了。故這股是收息為主，股價增值為輔，而投資者當然以長線為策略。

雖然此股是不錯的收息工具，但投資者一定要注意買入價位，息率過低即意味股價過高，要6%、7%的股息率才算有吸引力，投資者可以此作為參考，投資策略宜長期持有收息。

雅居樂雅生活服務
股份有限公司
A-LIVING SERVICES CO., LTD.

背景因素成增長動力

股票代號：3319
業務類別：地產相關
集團主席：黃奉潮、陳卓雄
主要股東：雅居樂集團（3383）（內資股及其他）（54.0%）
集團網址：http://www.agileliving.com.cn

股價圖

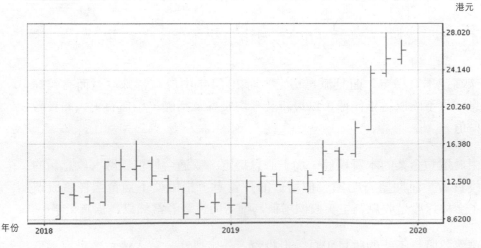

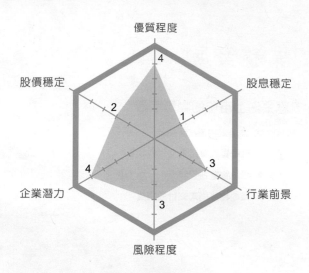

5年業績

年度	2014	2015	2016	2017	2018
收益（億人民幣）	8.26	9.34	12.4	17.6	33.8
毛利（億人民幣）	0.99	1.49	3.11	5.91	12.9
盈利（億人民幣）	0.42	0.65	1.61	2.90	8.01
每股盈利（港元）	0.07	0.11	0.24	0.42	0.71
每股股息（港元）	–	–	–	–	0.34
毛利率	12.0	15.9	25.0	33.5	38.2
ROE	185	118	87.5	33.1	230.2

企業簡介

雅居樂雅生活服務股份有限公司（雅生活）是中國物業管理服務供應商，2018年由雅居樂集團（3383）分拆上市，雅居樂集團及綠地控股是第一及第二大股東。

雅生活行中高端路線，名列中國物業管理企業品牌價值第12名，在中國數十個城市提供物業管理服務，管理物業總面積超過2億平方米，服務業主及住戶超過100萬。近年不斷透過收購擴大業務。

業務發展

雅生活上市前的物管版圖

- ● 雅居樂物業在管物業
- ● 雅居樂物業尚未交付的物業
- ● 綠地物業在管物業
- ● 綠地物業尚未交付的物業

遼寧
Liaoning
瀋陽 Shenyang : 1

北京
Beijing
北京 Beijing : 2

河北
Hebei
石家莊 Shijiazhuang : 1
邯鄲 Handan : 1

山東
Shandong
濟南 Ji'nan : 5

陝西
Shaanxi
西安 Xi'an : 1

四川
Sichuan
成都 Chengdu : 1
資陽 Ziyang : 1

湖北
Hubei
武漢 Wuhan : 5

重慶
Chongqing
重慶 Chongqing : 1

湖南
Hunan
長沙 Changsha : 2

雲南
Yunnan
西雙版納 Xishuangbanna : 2
德宏州 Dehongzhou : 1
保山/騰沖 Baoshan/Tengchong : 1

廣西
Guangxi
南寧 Nanning : 2
桂林 Guilin : 1

海南
Hainan
海口 Haikou : 1
三亞 Sanya : 2
萬寧 Wanning : 1

文昌 Wenchang : 2
陵水 Lingshui : 12

河南
Henan
鄭州 Zhengzhou : 2
駐馬店 Zhumadian : 1
三門峽 Sanmenxia : 1

江蘇
Jiangsu
南京 Nanjing : 8   無錫 Wuxi : 2 · 1
揚州 Yangzhou : 1 昆山 Kunshan : 1
鎮江 Zhenjiang : 1 南通 Nantong : 1
丹陽 Danyang : 4 · 1 鹽城 Yancheng : 1
常州 Changzhou : 1 蘇州 Suzhou : 1

上海
Shanghai
上海 Shanghai : 2 · 4

浙江
Zhejiang
杭州 Hangzhou : 2 · 2
金華 Jinhua : 1

安徽
Anhui
滁州 Chuzhou : 1

廣東
Guangdong
廣州 Guangzhou : 35 · 4 · 2   河源 Heyuan : 2 · 3
中山 Zhongshan : 33 · 1   茂名 Maoming : 1
佛山 Foshan : 16 · 3   陽江 Yangjiang : 1
惠州 Huizhou : 5 · 1   東莞 Dongguan : 1
深圳 Shenzhen : 1   湛江 Zhanjiang : 1

資料來源：雅生活服務招股書

雅生活成立在1990年代，管理雅居樂集團開發的絕大部分物業，並引入香港式的物業管理模式，2015年除管理雅居樂集團的物業外，亦管理獨立第三方的物業。

到2017年，雅生活收購了綠地物業，並引入綠地控股作為戰略股東，依靠雅居樂集團及綠地控股這兩間在中國有一定規模的物業發展商，提供了一定的生意，並以「雅居樂物業」和「綠地物業」兩大品牌經營。

到近年，進一步收購數家區域性龍頭物業管理企業，令業務進一步擴大。

業務3大類別

雅生活主要業務

三大業務線

物業管理服務
物業管理服務是本集團的核心業務板塊，包括安保、清潔、綠化、園藝、維修保養等。

外延增值服務
外延增值服務提供房地產全周期服務，包括案場物業管理服務、其他外延增值服務，如物業營銷代理、房屋檢驗等。

社區增值服務
圍繞人、房、車、公共資源，構建全周期社區經濟生態圈，包括生活及綜合服務，社區資源及家裝宅配服務。社區增值服務主要是提升在管物業業主和住戶的社區生活體驗並實現其物業保值增值。

資料來源：雅生活服務 2018 年年報

雅生活的主要業務，可分為3大類：「物業管理服務」、「外延增值服務」、「社區增值服務」，當中以物業管理服務為最大貢獻部分。

物業管理服務：雅生活為物業開發商、業主、住戶，以及其他物業管理公司，提供一系列物業管理服務，其中包括為中高端住宅物業，以及非住宅物業（包括商用物業、寫字樓、多用途綜合體等），提供保安、清潔、綠化及園藝、維修及保養等服務。亦為地方性物業管理公司，提供顧問諮詢服務。

雅生活主要按照包乾制，收取物業管理服務的管理費，即是收取一個費用，經營盈虧均由物業管理公司負責，與業主無關。

外延增值服務：提供房地產全面的服務，包括銷售場物業管理服務、其他延伸的增值服務，如物業營銷代理、房屋檢驗等。

社區增值服務：向業主及住戶提供增值服務，包括家政、房屋及商舖經紀、智能家居服務、社區旅遊代理，以及運用線下物業管理服務，及線上服務平台的其他服務。

行業分析

在中國，物業管理費收費模式包括兩類：包乾制與酬金制，前者較為普遍，特別是對於住宅物業而言。在非住宅物業類別，逐漸開始採用酬金制，使業主更深入地參與其物業管理，且物業管理服務供應商亦受到更加密切的監督。

近年，隨著中國不斷城市化，以及人均可支配收入增加，物管行業所管理的物業面積，正快速增長。根據調查機構中指院的資料，物管行業的百強企業，管理物業的總面積，每年都以1、2成的速度增長。

當中的住宅物業，仍佔最大比例，但物業管理公司追求管理物業類型的多元化，這是行業的情況。

過往，中國對物業管理的概念並不多，但隨著城市化，同時更多屋苑、大廈類的物業，加上人民對生活質素追求的提高，都令物業管理行業發展快速。

行業的優點是持續性，當物業管理公司取得某大廈的合約時，這生意就會一直持續，除非該公司做得不好，否則居民就會不斷支付費用，對企業來說，絕對是持續而穩定的現金流。另外，若該企業獲取物業的數目，長遠能保持增加，這就是更有利的情況，雅生活的背景因素，正影響這企業長遠的發展。

背景因素

雅生活由雅居樂集團分拆，現時雅居樂集團仍是雅生活的大股東，持股50%以上，過往雅居樂集團不斷提供旗下的物業予雅生活管理，到近年，雅生活則主動開拓其他市場。

這裡簡介一下雅居樂集團，這是一家以中高端房地產開發為主的發展商，除主打住宅物業發展外，亦從事環保、建設及酒店等產業。雅居樂集團本身擁有一定的規模，每年的營業額超過500億人民幣，同時有一定的品牌，由於有這背景因素，令雅生活擁有管理的物業不斷增長，而且憑這背景而增長。

另外，由於雅居樂集團本身行中高端路線，因此雅生活所提供的物業管理質素，都行中高端路線，以中國平均的物業管理收費計，雅生活比平均數高1、2成。隨著近年發展的物業趨向較高端化，市民對物業管理的質素要求都有所提高，相信以較高端定位會較有利。

2017年，雅生活與綠地控股建立了戰略聯盟，其後收購了綠地物業，而綠地控股成為雅生活的第二大股東（綠地控股是一家《財富》世界500強公司，業務有地產、能源、金融、酒店等，每年營業額過千億）。這策略令雅生活擴展了物管的版圖，同時這個背景因素，很大機會令往後有持續性的生意。

競爭優勢

正正由於背靠雅居樂集團，以及綠地控股兩大主要股東，這企業無論在規模上、品牌上、持續的生意上，都有一定的優勢。

由於這兩間企業都有房地產業務，當不斷建成物業時，就需要物業管理，很大機會就會為雅生活提供生意。

雖然這兩間企業，並不是必然提供物管生意給雅生活，但憑著上述所講的背景因素，加上雅生活已建立了品牌，相信這兩間企業都會保持旗下物業在物管上，服務及品牌的統一性，因此，雅生活不斷獲得這兩間企業的生意，都是合理的事。

另外，中國的物業管理行業，企業化發展的時期不算很長，雅生活算是較早期走進行業的企業，因此有一定的經驗及品牌，同時行中高端路線，這都是較有優勢的因素。加上企業有一定的規模、資源，在管理上更能標準化及專業化。

隨著中國人的生活質素提高，要求亦有所提高，雅生活推出更多延伸的服務，例如「管家服務」、「全方位服務」等概念，滿足住戶日常生活中多方面的需求。

財務數據理想

從上述的財務數據可見，雅生活的賺錢能力不錯，同時增長處於高水平，這是由於近年不斷進行收購，令業務不斷擴展，但正常情況下，這企業增長雖不差，但不會如過往般爆炸性增長。

由於上市前後的股權結構不同，因此ROE出現了較大的下跌，而過往的代表性亦不大。ROE慢慢會回到較能反映到企業真實情況的水平。

毛利率處增長水平，這是由於業務的規模效益，令人工佔比的成本有所減少，這亦是雅生活在規模上的優勢，反映賺錢能力比行業較好。

另外，這企業的負債不高，比一般內房股理想得多，因為中國不少房地產商的負債，都處於過高水平，但雅生活就穩健得多，負債水平健康，加上業務十分穩定，都反映這企業擁有投資價值。

現金流強勁是這企業另一優點，業務穩定、收現金能力強、業務持續性，從這企業的經營活動現金流量，就能見到這企業的現金流相當好，保持理想的正數。

發展前景

中國的城鎮化，以及人均可支配收入增長，成為物業管理行業的主要增長原動力，而雅生活近年積極進行併購活動，帶動業務不斷增長，相信管理層仍有野心，這企業仍會保持一定的增長力。

雅生活表示，將進一步擴大業務規模及市場份額，通過尋求戰略投資、收購及聯盟機遇，拓展物業管理服務組合。

另外，中國政府已發佈指導性意見，以加強物業管理服務質量的標準化，相信長遠對較有規模，以及較高端的物管企業有利。種種因素，都反映雅生活發展仍然正面。

投資策略：不宜在熱炒時投資

綜合來說，雅生活無論在業務本質、規模、品牌、財務數據、前景，都是理想的，反映這企業有一定的質素。加上這企業的背景因素，以及行業的發展，相信這企業的前景不差，有長線投資的價值。

這企業的發展快速，可說是有危有機，雖然可帶動業務快速增長，同時會令企業造成風險，投資者要明白這點。

整體來說，相信雅生活長遠能保持中速增長，只要股價不是在熱炒的時期，投資者都可考慮這股。由於盈利變化較大，投資者要以較合理的盈利去計算（股票班有詳細講述），以這個盈利去推算，20-30倍的市盈率會比較合理。由於行業及企業仍處發展階段，因此投資者宜長線持有，慢慢等更佳的收成。

創科實業有限公司
TECHTRONIC INDUSTRIES CO. LTD.

展望上升週期

股票代號：0669
業務類別：家居用品
集團主席：Horst Julius Pudwill
主要股東：Horst Julius Pudwill（20.0%）
集團網址：http://www.ttigroup.com

股價圖

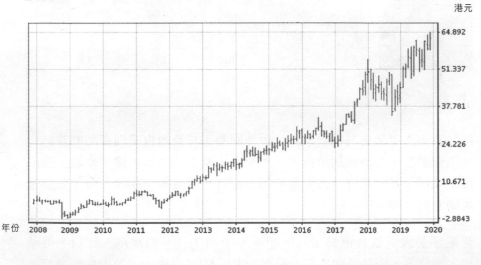

港元
64.892
51.337
37.781
24.226
10.671
-2.8843
年份 2008 2009 2010 2011 2012 2013 2014 2015 2016 2017 2018 2019 2020

家居
用品

0669

231

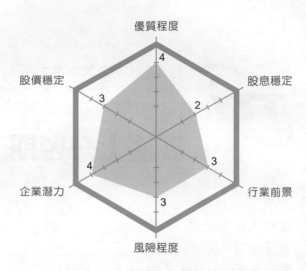

優質程度 4
股息穩定 2
行業前景 3
風險程度 3
企業潛力 4
股價穩定 3

5 年業績

年度	2014	2015	2016	2017	2018
收益（億美元）	47.5	50.4	54.8	60.6	70.2
盈利（億美元）	3.00	3.54	4.09	4.70	5.52
每股盈利（港元）	1.28	1.51	1.73	2.01	2.36
每股股息（港元）	0.32	0.39	0.50	0.68	0.88
毛利率	35.2	35.7	36.2	18.3	19.1
ROE	16.2	17.2	18.0	18.3	19.1

企業簡介

創科實業主要業務為電動工具、戶外園藝工具及地板護理產品的設計、製造與銷售，客戶包括消費者、專業人士及工業用家。簡單來說，產品提供家居裝修、維修、甚至建造類型。旗下擁有多個品牌，而部分為市場的領導品牌。

營業額最大貢獻為電動工具、配件及手動工具，如電鑽、釘槍、剪草機、電鋸等，即是美國家庭一般有的家居DIY設備，以及一些與裝修、建造有關的用具。其餘的營業額則來自地板護理及器具（創科為全球最大的地板護理產品生產商）。

市場分區方面，美國佔7、8成，歐洲佔1、2成。因此，美國經濟的好壞將是影響生意的因素，而產品不少與家居、裝修有關，雖然有部分業務來自工業，但不少終端都與裝修、維修、保養等有關，故美國樓市市道將對公司有影響。

創科擁多個知名品牌

海嘯打擊美國樓

在金融海嘯前，創科的盈利都有1億美元以上，其後受海嘯打擊而跌至1億以下，而近幾年遠超當年水平。值得留意的是，美國樓市在金融海嘯後處數年的不景期，但這企業在不景期時段，已經回復正軌，可見其賺錢能力不差。

創科近年開發不少新產品，成為其增長動力。另一方面，創科近年實行成本控制計劃，於採購、供應鏈、價值工程、製造等去優化，從其每年均有上升的毛利率，看到成效是理想的。

逆境反勝

2009年可說是行業環境困難的一年,而這時最能考驗一間企業的好與壞。翻查2009年年報,發現有幾個創科處理的重點方向:

第一、令創科與眾不同,創新,以維持領先地位;

第二、擴展計劃如期進行;

第三、成本控制,優化基礎。

大部分企業面對不利環境時,都只會做成本控制,但會做到以上幾點的就不多。創科當時在面對不利環境時,都能保持擴展的決心及正確的定位,是造就今天好業績的重要因素。此企業近5年生意有效擴張,生意與盈利保持增長,並能創新高,相信都是源於企業有一定的遠見及面對困難的技巧。

當一間企業面對差的環境時都能採取正確策略,做到生意,又產生實質的盈利,相信環境好的時候更能看高一線,而這亦是優質股的其中一個條件。即是說,一間在冬天都能賣雪糕的企業,才是真正的優質企業。

美國樓市復蘇帶動

美國樓市走出金融海嘯的不景後,已保持增長動力,可見在未來美國經濟向好下,創科的生意將繼續增加,行業有望開展一個不短時間的上升週期。

因為經濟、樓市經歷下挫後,當回復正軌時,必能有一段時間的上升期,而能成功過渡不利環境的企業,必定具有一定實力或獨特性,如不

俗的品牌、開發新產品、成本控制、風險管理等,甚至在當時把握了機會擴大市場佔有率,而創科的部分品牌的確在這段時間增加了市佔率。

從其近年增長的業績看來,可見創科能在逆境中站穩市場,這必能令其市場在行業中鞏固,為企業定下基礎,對將來發展更為有利。另外,在股本回報率(ROE)中,可看出其增長不錯,再投資回報率理想,反映企業屬高質之列,同時賺錢能力十分強。

技術帶領成行業領導

產品技術提升

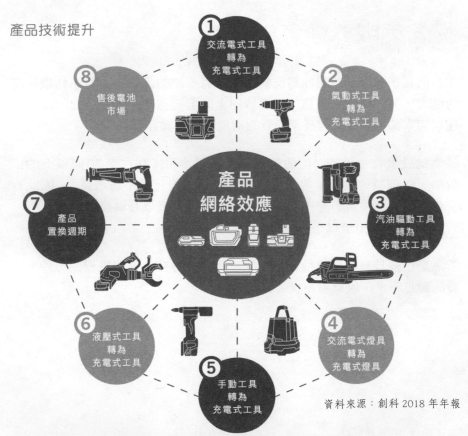

1. 交流電式工具轉為充電式工具
2. 氣動式工具轉為充電式工具
3. 汽油驅動工具轉為充電式工具
4. 交流電式燈具轉為充電式燈具
5. 手動工具轉為充電式工具
6. 液壓式工具轉為充電式工具
7. 產品置換週期
8. 售後電池市場

產品網絡效應

資料來源:創科 2018 年年報

創科近年產品技術的提升，特別在充電技術方面，成為了其中一個重要的增長動力。因為過往的營業額，部分源於收購其他企業帶動，近年則源於內部增長。

創科近年改良了產品的技術，並在充電式技術方面有突破，推出新產品類別，令創科能領先競爭對手。

創科過往不斷投資於電池、馬達及電子技術的研發，在各充電式平台已在行業前列位置，部分技術更有突破性發展，將繼續成為往後的增長動力來源，前景正面。

投資策略：留意估值

綜合而言，此股是一隻理想優質股，擁有不錯的品牌、面對不利環境時的能力、擴展得宜的業務、身處於向上的美國樓市、技術方面的提升，種種因素都令此股具有長期投資的價值，前景向好。

雖然此股優質，但市場的估值經常處不低水平，往往處20倍以上的市盈率，以創科的規模來說，增長不會高速（但可以平穩增長），因此有少少貴，就算投資者想投資，也不能大注，又或以月供模式慢慢進行。若然市盈率在20倍以下，才算有投資值博率。

若然是已經持有的長線投資者，此股可繼續持有作長期投資。另外，此股的股息不多，收息者不宜。

Haier 海尔 海爾電器集團有限公司
HAIER ELECTRONICS GROUP CO., LTD.

新發展樂觀

股票代號：1169

業務類別：家用電器

集團主席：周雲杰

主要股東：Haier Group Co.（55.9%）

集團網址：http://www.haier.hk

股價圖

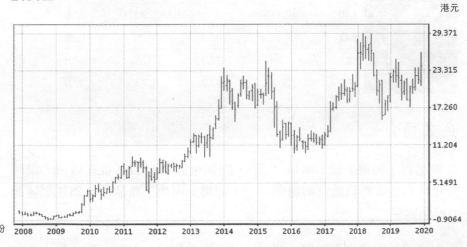

港元

年份

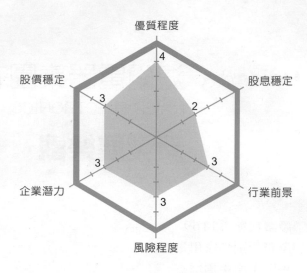

優質程度

股息穩定

行業前景

風險程度

企業潛力

股價穩定

5 年業績

年度	2014	2015	2016	2017	2018
收益（億人民幣）	671	628	639	787	853
毛利（億人民幣）	98.4	99.9	111	138	152
盈利（億人民幣）	24.5	27.0	27.9	33.3	37.9
每股盈利（港元）	1.10	1.17	1.11	1.44	1.55
每股股息（港元）	0.11	0.12	0.17	0.29	0.38
毛利率	14.7	15.9	17.3	17.5	17.8
ROE	25.5	20.8	17.2	17.4	17.0

企業簡介

海爾電器（海爾）於1984年創辦，總部位於中國山東省青島市，現時為全球白色家電製造商的龍頭之一。海爾集團旗下產品目前銷往全球逾100個國家。

海爾主要於中國從事研究、開發、製造及銷售以「海爾」為品牌之洗衣機及熱水器，亦從事「海爾」及「非海爾」品牌之其他家電產品（包括冰箱、電視以及空調），並以「日日順」品牌發展大件物流服務業務，加上專賣點等「銷售渠道業務」，成為近年推動利潤增長的動力。

海爾四大業務

簡單來說，海爾可分為四大業務：洗衣機、熱水器、渠道服務及物業業務；洗衣機及熱水器為傳統業務，渠道與物業業務近年加大發展，增長快速。雖然這四類的收入比例頗為不同，但以盈利計，四個業務都很重要。

海爾業務架構圖

資料來源：海爾 2018 年年報

海爾收入及業績比例

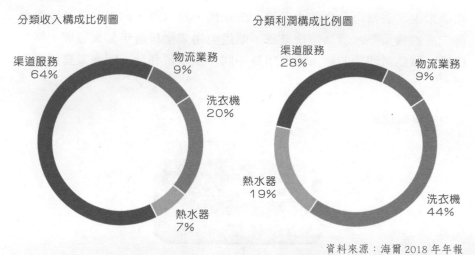

分類收入構成比例圖　　　　　　　　分類利潤構成比例圖

渠道服務 64%　物流業務 9%　洗衣機 20%　熱水器 7%

渠道服務 28%　物流業務 9%　熱水器 19%　洗衣機 44%

資料來源：海爾 2018 年年報

有品牌及市佔率

海爾家電在中國以至全球都有一定市佔率，品牌絕對有一定價值。根據歐睿國際統計顯示，海爾品牌已連續十年蟬聯全球白色家電第一品牌。

海爾洗衣機銷售量在全球的市場佔有率為15%，於中國市佔率有34%。海爾的熱水器同樣有相當品牌及市佔率，於中國市場佔有率12%。

而在上圖可見，熱水器是賺錢能力較高的產品，雖然佔海爾的總收入比例不多，但所貢獻的盈利絕對不少，是海爾重要的業務部分。

新盈利來源

海爾近年積極發展渠道，以及物業業務，雖然這業務毛利不及洗衣機及熱水器，但由於業務龐大，成為海爾重要的盈利來源。

渠道服務即是自有品牌及第三方品牌的家電產品的各類銷售服務，如分銷、物流、售後服務及電子商務，而近年來自第三方品牌的銷售增長為渠道綜合服務業務，成為主要增長來源。

這業務於2010年開始發展，增長快速，於2014年，海爾更與阿里巴巴達成戰略合作，投資近30億人民幣。雙方將基於海爾在點對點大件物流服務的優勢，及阿里巴巴在電子商務的優勢，聯手打造家電及大件商品的物流配送、安裝服務的標準。

這業務近年快速擴張，證明海爾策略正確，亦有利長遠發展，因為網絡銷售的力量愈來愈大，若不好好應對，對傳統品牌將有影響，而網絡發展亦是將來的大趨勢，故與電子商貿巨頭阿里巴巴合作，對海爾的長遠發展必然有利。

業務分析

自金融海嘯後，受政府的家電下鄉、節能環保等政策帶動，家電行業進入了快速增長期，而海爾亦是受惠者。

在過往的業績中，營業額由金融海嘯時只有百多億，至近年快速增長至近千億，過往增長源於政策帶動，而近年增長來自渠道及物流服務。

股本回報率（ROE）方面，均處高回報的水平，是吸引的數字，加上海爾派息不多，大部分盈利都作再投資，令其產生更高的盈利，反映再投資回報率理想。

而ROE下跌的原因，主要是海爾資本愈來愈大、新業務毛利不及原業務、行業週期進入平穩期。由於這些因素持續，預期回報率將下跌，但由於海爾有一定品牌及發展完整的物流，仍有一定吸引力。

品牌發展

近年，這企業發展多元的品牌組合及產品組合，通過全球化的品牌佈局，整個海爾集團擁有海爾、卡薩帝、統帥、美國GE Appliances、新西蘭Fisher & Paykel、日本AQUA、以及意大利Candy，多個家電品牌。

海爾利用收購品牌模式，除了強化品牌及產品組合，並於渠道業務貢獻可觀收入外，技術提升都是有利因素。

例如海爾洗衣機，整合了Fisher & Paykel的直驅電機技術，成為在中國市場上唯一能生產大桶徑直驅變頻滾筒洗衣機的公司。

往後發展

現時中國家電行業的挑戰不少，因行業增長放緩，而且家電行業競爭亦開始加劇，令行業的賺錢能力減弱，而海爾的營業額基數亦大，增長將放緩，洗衣機及熱水器業務只能持平，但渠道綜合服務有可能成為增長點。

另外，在過往的發展中，海爾加強在三四線城市佈局，這些市場亦建立起海爾的品牌，以及海爾利用物流方面去建立網絡，長遠計將成為一股動力。

投資策略：長線優質投資

綜合而言，海爾擁有品牌、完善的銷售網絡，其產品不止有一定的市佔率，而且消費者對其產品的評價不錯，加上海爾一直發展理想，故是一隻不錯的優質股，有長線投資的價值。

雖然渠道及物流業務，賺錢能力不及洗衣機、熱水器業務，但這是整體業務配合的重要部分，而發展亦迅速，貢獻不少盈利，所以往後的增長還要看這部分。雖然預計此股將進入較平穩的增長期，但前景仍是不錯。整體而言，給予正面的評級。

由於行業將由之前的增長期進入平穩期，沒有品牌的企業將較不利，而有實力及品牌的企業，毛利亦可能會受影響，但長遠競爭優勢將不變。在這前題下，海爾的市盈率不會太高，若果以5年盈利的平均數去計，相信10倍至15倍可算是合理水平，同時這股適合長線投資。

恒安國際集團有限公司
HENGAN INTERNATIONAL GROUP CO. LTD.
個人用品品牌佳

股票代號：1044

業務類別：保健護理用品

集團主席：施文博

主要股東：許連捷（20.1%）

集團網址：http://www.hengan.com

股價圖

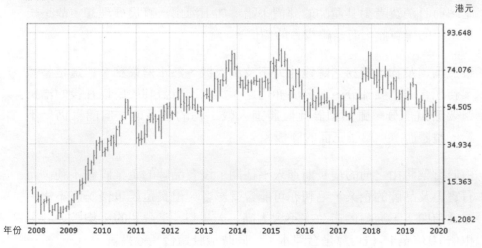

港元

年份

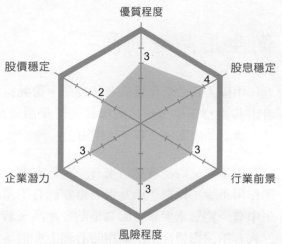

5 年業績

年度	2014	2015	2016	2017	2018
收益（億人民幣）	188	187	193	181	205
毛利（億人民幣）	86.7	89.4	94.0	75.5	78.4
盈利（億人民幣）	30.9	32.6	36.0	37.9	38.0
每股盈利（港元）	3.19	3.31	3.30	3.78	3.59
每股股息（港元）	2.00	2.10	2.17	2.52	2.50
毛利率	46.1	47.9	48.9	41.8	38.2
ROE	23.0	22.8	24.4	24.6	23.1

企業簡介

恒安國際（恒安）主要業務為在中國生產，分銷及銷售個人衛生用品，零食產品及護膚產品。

恒安擁有多個品牌，如「心相印」、「安而康」、「品諾」、「安爾樂」等，而業務大致可分為紙巾產品、衛生巾產品、一次性紙尿褲產品。

衛生用品毛利高

近年中國人民的衛生意識有所提高，帶動行業增長，從恒安業績中，可看出其生意保持著穩定的增長，營業額及盈利都向上，除市場的增長外，旗下品牌定位亦有一定作用。

恒安旗下部分的品牌在市場有一定佔有率，多年來生意能持續增長，品牌作用不少。以衛生巾為例，恒安就有不錯的品牌，現時的女士購買衛生巾有一定質素要求，因為是貼身產品，若然是沒有品牌的產品，可以對人有不少影響，女士使用時心理上亦很不舒服，所以像衛生巾這類產品，品牌就來得重要。只要將品牌加上產品裡，售價就可以提高很多，這就是品牌帶動高毛利的原因，令其賺錢能力強。

至於毛利率，恒安大致於約4成，值得留意的是，除了毛利率不斷上升外，當中衛生巾業務的毛利率大約有7成，比其他業務明顯高，雖然衛生巾業務不是恒安最大的收入來源，但盈利貢獻卻是當中最高的。

恒安按產品類別劃分之收入

其他
10.5%

一次性紙尿褲產品
7.5%

衛生巾產品
32.1%

2018

紙巾產品
49.9%

資料來源：恒安國際 2018 年年報

恒安按產品劃分之收入及業績

	2018年		2017年	
	收入 （人民幣千元）	分部業績 （人民幣千元）	收入 （人民幣千元）	分部業績 （人民幣千元）
個人衛生用品				
衛生巾產品	6,593,710	3,366,111	6,214,820	3,195,717
一次性紙尿褲產品	1,536,304	281,893	1,793,726	326,921
紙巾產品	10,227,313	578,257	8,609,840	545,403
其他	2,156,554	1,751,070	1,461,174	106,993
	20,513,881	4,401,331	18,079,560	4,175,034

資料來源：恒安國際 2018 年年報

雖然紙巾業務為恒安主要的收入來源，佔集團整體收入約近半，但衛生巾業務，才是最大的盈利貢獻部分。另外，近年木漿價格處於較高水平，令生產成本有所增加，對紙巾及衛生巾業務都有影響。

長遠受惠城市化

中國城市化，加上人民生活水平提高，均對市場滲透率有提升作用，而在長遠角度看，此市場仍會不斷增長，有品牌的恒安當然擁有機遇。不過，這亦引來更多競爭對手，近年一些國際級的競爭者亦加入市場，為長期競爭埋下伏線，近年恒安的增長力，已比過往年代有所減慢，正開始反映這情況。

恒安已加強提升中高檔產品銷售比例，而恒安表示未來將加強產品創新、優化現有產品及增加中高檔產品銷售，以滿足消費者的需求。

而在紙巾業務方面，雖然毛利率不及衛生巾，但卻是恒安營業額中的最大部分；中國城市化及消費水平提高，令此市場保持增長。而中國

人的紙巾人均消費量，仍然落後於其他先進發達國家，說明市場潛力仍然存在。不過，恒安在此業務則較為保守，恒安表示雖然市場前景仍然正面，但卻吸引大量競爭，令供應大增，導致行業整體產能過剩，中短期競爭更加劇烈。

恒安的股本回報率（ROE）能保持逾20%的高水平，而且頗為穩定，是一個很高的回報率，反映賺錢能力理想。但過往派息比率過半，反映再投資不算多，不過，這仍是一個理想的財務數據。

前景發展

2017年，這企業踏出國際化的第一步，收購了馬來西亞證交所主板上市公司皇城集團，將銷售網絡拓展至東南亞市場。

到近年，恒安通過皇城集團的銷售網絡，在馬來西亞銷售恒安品牌便利妥、紙尿褲、濕紙巾，是國際化進程中的突破。

另外，集團亦踏出亞洲，在芬蘭投資木漿製造廠，踏足上游產業，減少成本的動作，以及在俄羅斯設立生產基地，準備進軍歐洲市場。雖然上述動作，會增加了企業的風險，不過仍反映企業增長力仍在。

投資策略：待估值較低時買入

綜合而言，恒安具有多個有價值的品牌，部分產品的賺錢能力高，經營活動的現金流處理想水平，加上派息穩定，都反映企業有質素。

不過中國市場增長力減弱，同時競爭加劇，都令企業的賺錢能力受影響。但這企業始終有質素，前景算是不過不失。

恒安本質不差，但優質度比過往年代略有減弱，因此在企業估值方面，不能太高，相信15倍以下的市盈率，才算較穩健的投資。

Tencent 騰訊 騰訊控股有限公司
TENCENT HOLDINGS LTD.

增速放慢

股票代號：0700
業務類別：軟件服務
集團主席：馬化騰
主要股東：MIH TC Holdings Limited（31.1%）
集團網址：http://www.tencent.com

股價圖

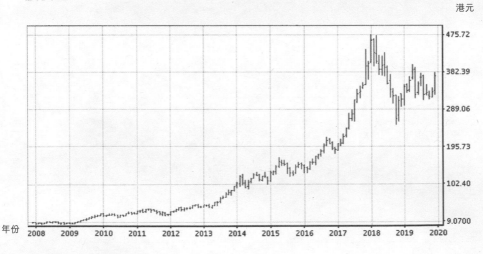

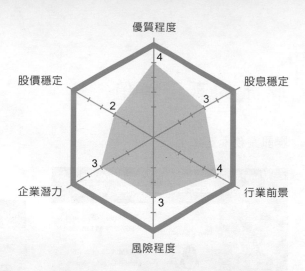

5 年業績

年度	2014	2015	2016	2017	2018
收益（億人民幣）	789	1,030	1,520	2,380	3,130
毛利（億人民幣）	481	612	850	1,170	1,420
盈利（億人民幣）	238	288	414	715	787
每股盈利（港元）	3.22	3.64	4.87	9.11	9.49
每股股息（港元）	0.36	0.47	0.61	0.88	1.00
毛利率	60.9	59.5	55.6	49.2	45.5
ROE	34.5	28.8	27.9	33.2	27.2

企業簡介

騰訊控股（騰訊）主要於中國為用戶提供互聯網增值服務、移動及電訊增值服務、網絡廣告服務以及電子商務交易服務。

騰訊的業務模式是提供平台，如通訊平台、交易平台、入門網站、遊戲平台等，而收入來源則是其延伸的服務，如增值服務、網絡廣告、電子商務交易等。

騰訊的真正價值

騰訊業務模式

資料來源：騰訊投資者檔案

按月活躍賬戶數計算，騰訊的社交通信平台微信及QQ是中國最大的網上社交平台，微信及WeChat的合併月活躍賬戶數約11億，簡單來說，絕大部分中國人都用，即是完全壟斷。

從壟斷角度，騰訊基本上已完成，但從往後的增長力角度，動力就比過往有所減慢，用戶的增長人數，已過了最高速增長的時期。

雖然增長力減，但不代表這企業無投資價值，當一間企業手持極龐大賬戶，就是擁有了巨大的客戶基礎，擁有了大數據，無論發展增值服務或其他服務，也有很強的優勢，而這些延伸的業務，正正是騰訊的價值所在。

近年智能手機的普及，令消費者對電腦及手機的應用習慣完全改變，這亦造就出大量商機，而騰訊亦受惠大環境。騰訊最大的收入貢獻為「增值服務業務」，受惠大環境帶動令收入不斷增長，這部分其中一個主要收入貢獻來源，就是網絡遊戲。

網絡遊戲

騰訊有兩大優勢，第一是壟斷式的用戶人數，第二是建立了一個涵蓋網絡遊戲、文學、視頻、音樂、新聞及漫畫內容的系統圈，而網絡遊戲是最賺錢的。

在網絡遊戲範疇，騰訊按收入及用戶計是全球領先的平台，當中支持多款個人電腦及手機暢銷遊戲的運營，每天數以億計的活躍用戶。

在國際上，騰訊的附屬公司Riot Games經營擁有最高月活躍賬戶數的個人電腦遊戲《英雄聯盟》，騰訊則經營擁有最高月活躍賬戶數的智能手機遊戲《PUBG MOBILE》。

可見，訊騰能有效利用本身的用戶，投資大量資金開發遊戲，同時與優質遊戲企業合作，以遊戲作平台，將這些用戶資產變成現金，而且持續性很強，相信往後仍能為騰訊提供強大的現金流。

支付及延伸

正如之前所講，騰訊如何利用客戶基礎，進行延伸業務，才是這企業的真正價值。

支付是騰訊的關鍵平台之一，有助騰訊及商業夥伴完成線上及線下服務的交易，近年擴大了移動支付市場的領先地位，以活躍用戶及交易量計算，為中國領先的移動支付平台，日均總支付交易量超過10億次。

基於騰訊的支付用戶群基礎，能以方便及低成本的方式，為消費者提供金融科技服務，因此騰訊擁有相當的優勢。在2018年，騰訊的財富管理平台「理財通」，協助管理的客戶資產超過人民幣6,000億元。

騰訊旗下從事互聯網銀行業務的聯營公司微眾銀行，其向消費者提供的小額貸款迅速增長，更將貸款業務延伸到企業。可見，支付業務能延伸更多業務，潛力不能忽視。

騰訊雲

「騰訊雲」是騰訊在長遠計，不能忽視的增長亮點，騰訊雲是智慧產業解決方案的基礎，當中將雲計算技術與AI，以及數據分析功能結合，協助不同行業發展，為零售、金融、交通運輸、醫療保健及教育等不同產業提供定制解決方案。

而騰訊雲在網絡遊戲，以及視頻流媒體等垂直領域，保持市場領先地位。現時，騰訊為超過一半的中國遊戲公司提供服務，並正在拓展海外市場。

騰訊的業務架構

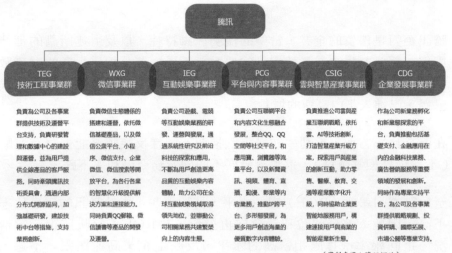

（資料來源：騰訊網站）

獨特優勢的合作

由於騰訊擁有龐大的用戶基礎，掌握了大數據，因此與不同的行業合作，都能創造出盈利。

騰訊投資了超過700間公司，當中有超過100間，各自的估值都達到10億美元，其中包含了60多間上市公司。騰訊亦透過投資上游公司，豐富涵蓋遊戲、視頻、音樂及文學業務。

大家可以想想，若然一間公司有一群客戶，這客戶自然有不同的需要，這間公司本身未必能提供到這些服務，但只要透過合作，就能將客戶的潛在消費力釋放，當中的價值，長遠的發展，絕對不能忽視。

高增長減慢

騰訊絕對是優質的企業，當中的優勢，獨特性，以及上述所講的延伸價值，都成為這企業長遠增長的要點。不過，若分析這企業的財務數據，各方面的數據，特別以近10年分析，的確見到騰訊最高增長時代已過，已進入了中高速的增長。

在財務比率方面，毛利率亦呈下跌情況，同樣反映賺錢能力略有減略（不過仍是相當賺錢），這源於發展不同的業務令毛利率下跌。

至於股本回報率（ROE）處高水平，情況理想，由於騰訊的派息比率不高，因此大部分的盈利都會作再投資，故ROE正反映再投資的情況。這回報率一直處相當高的水平，反映這企業高速擴張，不過，ROE出現了下跌情況，雖然仍處於吸引水平，但這下跌情況卻反映出當中的賺錢能力略為減慢。

種種因素都反映其核心的增長，已過了最高速的時期。而增長的核心由最初的業務，發展至延伸業務。整體來說，騰訊由於已十分龐大，業務將進入中高速增長年代，並慢慢轉為中速。

潛力的風險

騰訊屬於科網類的行業，這類行業多年來都有一個特點，就是行業的變化相當快，行業沒有明顯的限制界線，企業沒有保護壁壘，小企業會快速變成大企業，大企業亦可能倒閉，亦正因為這原因，造就騰訊能升百倍。

雖然騰訊已十分成熟，又是行業領導，但並非沒有潛在風險的。回顧一下科網行業，當年的ICQ、MSN、Nokia，哪個不是王者中的王

者，但到今天已成為集體回憶，當年其市場佔有率極高，是行業中的巨人，找不到一個理由可以將巨人拉倒。有不少投資者更以藍籌股的角度去分析這些股，結果可想而知。

就正如今天的騰訊，同樣想不出任何一個理由可以令其倒下，令其被取代，但要知道，世上最大的風險就是來自無法預知的事。而在科網的世界，快速變化往往令人意想不到，黑天鵝的風險的確存在，所以，以絕對穩健的角度去分析騰訊，是不適合的。

這裡要強調，騰訊是十分優質的企業，倒下來的可能性極低，但這裡想帶出，科網行業是變化較大的行業，往往會有一些難以預期的情況發生，若有一些全新的科技出現，就有可能將騰訊現有的優勢推倒。

另一方面，這企業的業務延伸的價值，的確相當高，但當中都會存有未知數，而最大的問題，就是市場往往會給予很高的評價，盲目認為有很高的增長，但只要最後結果不如預期，股價都會受壓，這點投資者要明白。

投資策略：不宜高追

綜合而言，騰訊是很有實力的企業，過往的業績十分理想，又身處高增長的行業，加上擁有重要的資產，即龐大的客戶群，將來發展各業務都有相當的優勢，這都是騰訊值錢的地方。

不過，由於有上述所講的風險，若大家想投資很穩健的藍籌股，騰訊未必是最適合。如果投資者明白當中的風險，同時在注碼上不過份大注，就可以投資這股。

若然投資者本身已持有此股，基本上可一直持有，因為長線仍有增長力。但若沒有貨而想投資，那就要小心估值，不能在市盈率處於過高時投資，例如40倍以上就是明顯較貴的水平，投資者最好等回落才投資。

新意網集團有限公司
SUNEVISION HOLDINGS LTD.
科網界的收租股

股票代號：1686
業務類別：軟件服務
集團主席：郭炳聯
主要股東：新鴻基地產（0016）（74.0%）
集團網址：http://www.sunevision.com

股價圖

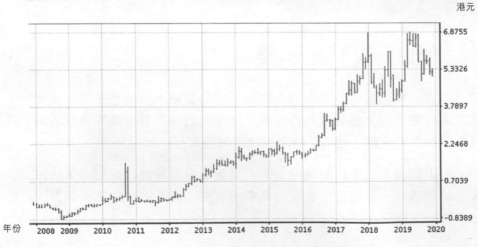

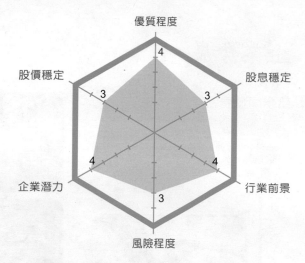

5 年業績

年度	2015	2016	2017	2018	2019
收益（億）	9.18	9.99	11.4	13.6	16.3
盈利（億）	5.69	5.48	6.30	7.76	9.29
每股盈利	0.14	0.14	0.16	0.19	0.21
每股股息	0.12	0.13	0.14	0.15	0.17
ROE	16.5	15.5	17.4	20.4	21.4

截至 30/6 為一個財政年度

企業簡介

新意網集團（新意網）主要從事提供數據中心、設施管理、網上應用及增值服務，系統之安裝及保養服務。

新意網除了租用設施空間存放客戶服務器外，亦提供24小時設施管理、互聯網連接、系統管理及互聯網技術服務。是全港最大的數據中心服務營運者。

企業發展

新意網發展過程

2000 集團於香港聯合交易所創業板市場成功上市

2000 座落於觀塘，集團第一座數據中心, ONE, 開始營運

2001 座落於柴灣，集團第三座數據中心, MEGA-i, 開始營運

1992-1999

Super e-Technology (1992)、互聯優勢 (iAdvantage) (1999) 及 Super e-Network (1999) 分別成立

2000

座落於荃灣，集團第二座數據中心, JUMBO, 開始營運

2007

集團於沙田成立新數據中心 (MEGA Two)

資料來源：新意網 2018 年年報

2018

公司成功轉至香港聯合交易所主板上市(股票代號：1686.HK)

2017

集團以暗光纖建造數據中心設施「MEGA Campus」連接MEGA-i、MEGA Two
和MEGA Plus

2013

MEGA Two繼續擴建

2013

互聯優勢(iAdvantage)獲得
ISO 14000及ISO 27001認證

2017

將軍澳旗艦數據中心MEGA Plus開始營運

2014

互聯優勢 (iAdvantage)
獲得ISO 20000認證

2018

集團贏得荃灣土地投標

2013

集團贏得將軍澳數據中心用地投標，這是第一塊政府指定數據中
心用途土地

261

筆者在1999年初次投資股票，其後很快進入科網股的泡沫，見證著當年的瘋狂。創業板最初成立並上市的：TOM.COM（8001）、新意網（8008）都是當時的產物。經過多年後，前者改名TOM集團，並轉到主板上市，新編號為2383，後者亦轉到主板上市，新編號為1686。

新意網在科網泡沫時上市，泡沫爆破後股價跌9成，行業處於一段長期的低迷狀態，其後在行業數據儲存的需求帶動下，才慢慢向好。到近年，雲端的發展、大數據的應用，進一步帶動新意網的業務增長。

數據中心業務

新意網數據中心

MEGA Plus 香港將軍澳數據中心

MEGA-i 香港柴灣數據中心

MEGA Two 香港沙田數據中心

ONE 香港觀塘數據中心

JUMBO 香港荃灣數據中心

資料來源：新意網網站

過往，新意網有不同的業務，例如網站營運，但現時已集中力量發展數據中心業務，即是有關數據儲存的業務。我記得2000年時期，新意網搞了一個叫「地產街」的網站，用了大量資金宣傳，甚至打造了一首主題曲，但泡沫過後，發現回報遠不如預期。

同時，科網業的特點是行業變化快，因此本質的風險會較大。不過，今時今日的新意網，風險不高，原因是其業務集中在「數據中心業務」。例如近年出現的雲端儲存模式，就是將我們的數據儲存於網上，而網站會將這些數據存儲在某些地方，若果網站本身沒有較多的實體空間，就要租用一個地方，租用數據中心，將這些龐大的數據儲存。

大家可以簡單理解，新意網建立多個數據中心，提供數據儲存業務，不斷收取租金，產生長期而穩定的租金收入。

擁資源發展

新意網將軍澳數據中心

由於大股東是新鴻基地產（0016），令新意網在技術上及資源上都更有優勢，新意網以投地的模式自建數據中心，2017年以$7.3億投得荃灣馬角街工業地，到2018年更以$54.6億，投得將軍澳用地。

這地位於將軍澳第85區環保大道的數據中心用地，由新意網旗下易信發展有限公司投得，地皮可建樓面面積121萬方呎（即是上圖較上箭咀所指的地）。

至於上圖較下箭咀所指的，是新意網的MEGA Plus大型數據中心，兩個數據中心將會發揮協同效應，再加上新意網在香港不同地區的數據中心，能進一步確立這企業在市場的領導地位。

2017年啟用的MEGA Plus，是首個設於香港政府規劃作數據中心專屬用地的數據中心，此中心與將軍澳部分數據中心的模式有所不同，容許營運者分租。

新意網其中一個優勢，就是有較多資源，能不斷更新設施，例如位於沙田的數據中心MEGA Two，近年完成了改造工程，增加了當中的容量。在柴灣的MEGA-i，近年亦有優化項目工程。新意網表示，往後會繼續提升基礎建設、設施及服務，以保持競爭優勢。

財務數據算不差

這企業的生意近年有不錯的增長，主要由於大環境帶動，同時盈利亦有理想的上升，算是上市多年來，見到較合理的盈利，算是初步有點收成。

亦由於近年的大環境向好，令股本回報率達至不差的水平，反映再投資回報有所呈現。由於這企業仍不斷投資，同時大環境仍正面，相信回報率可保持在理想水平。

不過，這企業由於近年不斷進行投資，增加了不少負債，雖然這刻仍處穩健水平，但負債增加的速度有點快，這是令人略為關注的地方。

新意網的業務原理，就是建立數據中心後出租，這必然會帶來長遠而穩定的現金流，同時業務穩定，在現金流量表可見，這企業的現金流相當理想，反映企業有一定的質素。

長遠需求大

雲端、5G、大數據，都是推動行業需求的因素，這些種種正處於增長階段，要求的數據儲存只會有增無減，都令行業前景正面。

例如雲端市場，近年的增長相當快速，不少數據中心都要加快建立容量以追上發展，可見市場很大，而且人們愈來愈願意利用雲端去儲存數據，都令需求有增無減。

另外，香港本身是亞洲區其中一個主要的數據交匯中心，政府亦大力投資創新科技，目的令香港發展為國際級科技創新中心，這自然對數據儲存的需求及要求增加。

另外，5G的發展及大數據的應用，只會更為普及，運用數據只會更多，對數據儲存的需求只會更大。

風險因素

雖然行業前景正面，但同時都存有風險的。由於市場需求大，加上這類「投資並穩定收租」的業務甚為吸引，因此已吸引了不少競爭者加入市場。如果太多競爭者加入，就有可能出現價格戰，最後影響到新意網的賺錢能力。

另外，科技的變化很快，儲存的技術不斷進步，如果日後儲存數據只需要很少空間，同一體積的空間設備能儲存比現時多數倍的數據，這就會令市場需要數據中心的空間減少，自然令行業的賺錢能力有所減少。這些都是新意網面對的潛在風險。

投資策略：不宜高追

綜合來說，新意網有一定的質素，穩定的租金收入，強勁的現金流，加上行業的增長潛力，都令這股有投資的價值。

不過，亦由於上述所講的種種利好因素，市場亦對這股有相當的期望，市盈率經常處於較高水平，25倍、35倍並不是罕見，但如果市盈率在25倍以上，其實已經過了合理區，投資者就算投資，也只能小注。

雖然這股有派息，但並不是投資者的重點，投資者應集中在這企業長遠的發展潛力，因此宜長線投資，慢慢等行業有更大的需求，帶動這企業的增長。

六福集團（國際）有限公司
LUK FOOK HOLDINGS (INTERNATIONAL) LIMITED

品牌價值助競爭

股票代號：0590
業務類別：零售業
集團主席：黃偉常
主要股東：Luk Fook Control（39.9%）
集團網址：http://www.lukfook.com

股價圖

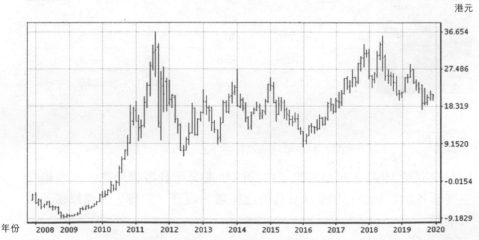

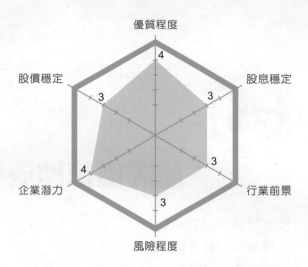

5 年業績

年度	2015	2016	2017	2018	2019
收益（億）	159	140	128	146	159
毛利（億）	38.3	32.5	32.8	37.4	40.3
盈利（億）	16.1	9.59	10.2	13.7	14.9
每股盈利	2.74	1.63	1.73	2.33	2.54
每股股息	1.10	1.10	1.10	1.10	1.15
毛利率	24.1	23.2	25.6	25.7	25.4
ROE	20.0	11.1	11.6	14.5	14.5

截至 31/3 為一個財政年度

企業簡介

六福成立於1991年，是香港及中國內地主要珠寶零售商之一。六福主要從事各類黃鉑金首飾及珠寶首飾之採購、設計、批發、商標授權及零售業務。

六福現時在香港、澳門、中國內地、新加坡、馬來西亞、柬埔寨、美國、加拿大及澳洲共擁有逾1,700間店舖。在中國內地大部分店舖為品牌店，自營店只有約150間，而香港的則為自營店。

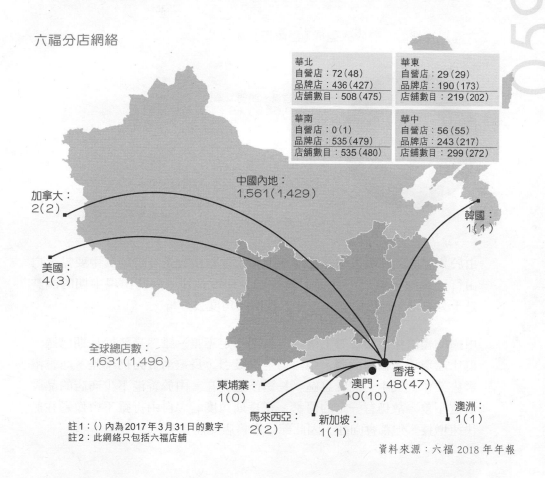

六福分店網絡

華北	華東
自營店：72（48）	自營店：29（29）
品牌店：436（427）	品牌店：190（173）
店舖數目：508（475）	店舖數目：219（202）

華南	華中
自營店：0（1）	自營店：56（55）
品牌店：535（479）	品牌店：243（217）
店舖數目：535（480）	店舖數目：299（272）

加拿大：
2（2）

中國內地：
1,561（1,429）

韓國：
1（1）

美國：
4（3）

全球總店數：
1,631（1,496）

香港：
48（47）

柬埔寨：
1（0）

澳門：
10（10）

馬來西亞：
2（2）

新加坡：
1（1）

澳洲：
1（1）

註1：（）內為2017年3月31日的數字
註2：此網絡只包括六福店舖

資料來源：六福2018年年報

業務分析

六福的香港業務為其主要收入來源，因此香港的零售業、自由行因素都
會對六福的生意有影響。中國業務約佔收入三分一，雖然六福在中國有
過千間店舖，但只有約150間為自營店，其餘千多間則為品牌店。六福
在國內的自營店，不少都分佈在二三線城市，消費力不及香港店，故香
港地區仍是六福收入的主要來源。

六福以市場劃分的收入組成（百萬港元）

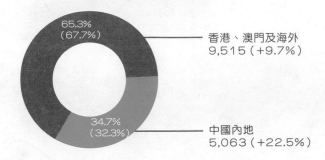

65.3%
(67.7%)

香港、澳門及海外
9,515（+9.7%）

34.7%
(32.3%)

中國內地
5,063（+22.5%）

資料來源：六福 2018 年年報

由於六福的主要收入來源是港澳地區，故自由行是分析的其中要點。自由行已實施超過15年，而且過往增長速度甚快，因此出現中期的調整是十分正常，而投資者一定要以長期的角度去分析。

中國的經濟中短期會有上落，但長期一定不差。雖然高速增長期已過，但比起環球多個經濟體，中國仍是很吸引，長遠消費力仍不差。而香港零售業作為其中一個受惠區，長遠價值仍在。由於香港不少商店的品牌價值不差，故仍有一定的優勢。在長期角度看，自由行雖不會像過往般快速增長，但都會向好，因此部分零售店總能受惠。

擁一定優勢

六福的優勢，包括珠寶零售行業的賺錢能力強、本身擁有強大銷售網絡、理想的股本回報率、財務穩健負債少，而最重要的一點是品牌價值，這亦成就六福成為優質股。

品牌是一個有價值的無形資產，當兩間商店售賣同一產品，一間有品牌一間無品牌，就算有品牌的賣得更貴，仍然有較多消費者購買，這就是品牌價值。而品牌成為內地人對其有信心的因素，因為珠寶黃金這類產品，容易造假但價格卻昂貴，在中國這個假貨不絕的國家，這類產品就十分需要品牌。正因為這原因，當中的品牌就擁有很大價值。

即是說，珠寶零售業擁有品牌者，不止比同業更賺錢，亦往往比其他零售業更賺錢。而六福在當中能佔一席位，同樣擁有很好的賺錢能力。雖然六福不是行業的領導，但在內地及香港都能取得一定的市場份額，使其在行業的增長中受惠。雖然行業間存在著各大小競爭者，但較大型及有品牌的企業，始終有較大優勢。

有一定賺錢能力

在香港的零售市道較弱時期，六福的生意亦有影響。但毛利的減幅比生意的減幅為低，即是行業並沒有因不景氣而出現惡性競爭，例如不理性大減價。毛利率能保持穩定，反映行業應對這場下跌期，仍堅守當中的賺錢原則。同時亦反映六福有一定的資本實力，並不急於減價以求資金快速回籠，而這一點正反映出六福是不錯的優質股。

至於股本回報率（ROE）方面，除了部分年份的零售市道較差時期，大致都能處於12%以上水平。這反映出兩點：第一，珠寶黃金這行業的賺錢能力甚高，只要配合市場增長，不斷利用自身品牌及網絡去擴充，再投資的回報率甚為理想；第二，再投資回報率回落，反映最好景時期已過，但只要零售業不是長期都處弱水平，盈利很快能回復正軌，六福的股本回報不會太差。

發展潛力

六福店舖數目及城市分佈結構

六福店舖		2018年 3月31日	2017年 3月31日	按年變化
香港		48	47	+1
澳門		10	10	-
中國內地	自營店			
	一線城市	30	28	+2
	二線城市	72	54	+18
	三線及四線城市	55	51	+4
	小計	157	133	+24
	品牌店			
	一線城市	225	199	+26
	二線城市	432	402	+30
	三線及四線城市	747	695	+52
	小計	1,404	1,296	+108
	小計	1,561	1,429	+132
其他地區	自營店	10	9	+1
	品牌店	2	1	+1
合共		1,631	1,496	+135
金至尊店舖		2018年 3月31日	2017年 3月31日	按年變化
中國內地	自營店			
	二線城市	6	5	+1
	三線及四線城市	5	4	+1
合共		11	9	+2

資料來源：六福 2018 年年報

中國因素是六福長期的潛力所在，現時中國地區所貢獻的收入及盈利，
都只佔三分一左右。由於中國不少地區長遠仍有發展空間，故人民追求
貴價產品的潛在市場仍在。

六福利用品牌店模式在國內發展多年，十數年間分店升至過千間。當中的品牌管理不差，令其發展迅速同時，亦能提升品牌價值。雖然品牌店所賺的不及自營店，但不失為一個低風險的發展策略，收取服務費又能提升品牌知名度，以及先競爭對手一步以品牌霸佔相關地盤，不止有利長遠發展，同時長遠能貢獻不錯利潤。

在六福的佈局中，無論是自營店還是品牌店，二三線城市仍佔不少。在長遠的品牌建立中，這會漸漸受惠於中國二三線城市的發展。消費力的增強，令長遠發展不差，故中國部分仍是其中潛力所在。當然，這不是中短期會出現的事。

六福品牌連續20年贊助「香港小姐競選」的金鑽后冠及珠寶首飾，令其品牌與「香港小姐」掛鉤，成為品牌定位及提升價值的元素。雖然香港人現時對「香港小姐」的重視程度比以前少，但在國內人心目中，當中的價值仍在。而六福利用其作為銷售，就更易在國內發展。例如六福會邀請「香港小姐」到國內店舖作開張剪彩、拍攝廣告等，使其品牌更易在內地人心目中建立及推廣。

近年六福銳意在中國內地繼續發展電子商務業務，加強與電商如天貓、京東等的合作。另外，集團又跟國內知名手機遊戲合作推廣，希望加強滲透至購買力日漸成熟的千禧世代，為集團培育新增長點。

由於六福的生意中，黃金零售業務佔了不少，故有人會擔心金價下跌會對其營業額有影響。的而且確，金價上升會令六福收入增多，但金價下跌亦會吸引更多人買入，從而令客源增加，使生意得以維持。故金價的上落走勢未必是六福生意的關鍵，而人們對黃金的需求，即他們對黃金背後價值的觀念，反而更有影響。若人們改變對黃金的觀念，認為黃金的價值不高，才會對長遠需求造成真正影響。

另外，人造鑽石市場在2018年冒起，而其價格僅為天然鑽石的兩至三成，從外觀而言，消費者很難用肉眼分辨，只有用鑑定儀器才可檢定出來，這令消費者更易混淆或被欺。六福品牌有一定知名度，故不會影響客戶購買天然鑽石產品的信心。但在消費者眼中，天然鑽石的價值「鑽石恆久遠」的想法，可能會被受挑戰，長遠會對首飾行業造成什麼轉變，還是未知之數。

行業比較

上述分析了六福憑品牌、網絡、行業等因素，成就其理想的賺錢能力，而行業中亦有其他珠寶零售股擁有質素。

在行業中，周生生（0116）、謝瑞麟（0417）、周大福（1929）都具有品牌及規模等優勢，擁有不錯的賺錢能力。其實可以比較一下這幾間企業，從而分析到當中賺錢能力高低。

先比較5年平均的ROE，六福及周大福分別擁約17%和12%之高水平，而周生生及謝瑞麟都少於12%。5年平均的稅前邊際利潤率方面，同樣只有六福保持10%水平以上，而周大福最為接近有約9%，由此可見賺錢能力六福和周大福相對較高。再加上其他指標及特質後，可以判斷到六福和周大福都是較優質。

質素方面，周大福由於品牌價值較高、規模較大，故比六福更優質。但由於周大福已十分龐大，潛力及再投資回報率不及六福，故投資者可選擇適合自己的股票。

投資策略：待零售低潮入市

綜合而言，六福擁有不錯的品牌、有相當的分店遍佈內地及港澳地區，加上有一定市場佔有率，故有一定的質素。加上身處於賺錢的行業，並保持有良好的股本回報率，財務結構亦理想，處於低負債的水平，故整體來說，六福是不錯的優質股。

策略方面，由於六福的質素品牌不會有太大改變，但零售業的行業情況則會有較大的改變，因為零售業有週期，有盛衰，因此在市道十分好景時，反而不是理想的買入時機。

反之，當零售市道處不景期，六福股價必然下跌，但由於本質沒有太大改變，反而是理想的投資時機，並靜待好景期重臨，帶領股價上升，只要長線投資，就有一定的回報。2019年受政治因素，2020年受肺炎事件，都對其有一定的影響。不過細心分析，這只是中短期因素，並不是核心因素，不過就令股價較為波動，投資者要逆向利用市場情緒，理性分析，長線投資。

周大福珠寶集團有限公司
CHOW TAI FOOK JEWELLERY GROUP LIMITED

珠寶龍頭網絡強

股票代號：1929
業務類別：珠寶零售
集團主席：鄭家純
主要股東：周大福（控股）有限公司（89.3%）
集團網址：http://www.chowtaifook.com

股價圖

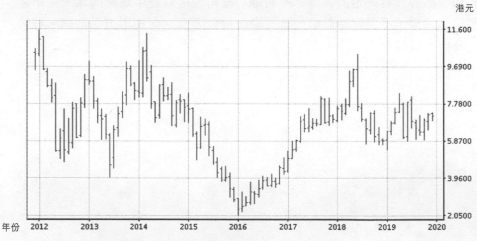

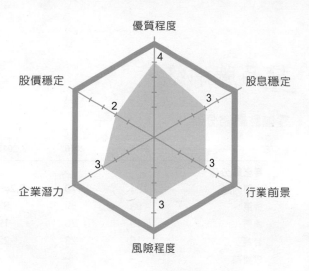

5 年業績

年度	2015	2016	2017	2018	2019
收益（億）	643	566	512	592	667
毛利（億）	191	156	150	162	186
盈利（億）	54.6	29.4	30.6	40.9	45.8
每股盈利	0.55	0.29	0.31	0.41	0.46
每股股息	0.28	0.80	0.51	0.57	0.65
毛利率	29.7	27.6	29.2	27.4	27.9
ROE	14.2	7.91	9.16	12.6	14.3

截至 31/3 為一個財政年度

企業簡介

周大福是香港、澳門及中國內地地區市場佔有率最大珠寶商之一，擁有龐大的零售網絡。於大中華區、新加坡、馬來西亞等地零售點共超過3,000個，遍佈500多個城市。

周大福主要產品為主流珠寶及名貴珠寶產品，包括珠寶鑲嵌首飾、黃金產品、鉑金、K金產品、鐘錶。

擁品牌網絡

零售點網絡分佈

	2015	2016	2017	2018	2019
零售點分佈					
中國內地	2,124	2,179	2,246	2,449	**2,988**
香港	93	89	83	80	**82**
澳門	19	20	19	19	**19**
台灣	16	23	22	22	**22**
柬埔寨	–	–	–	–	**1**
日本	–	–	–	2	**3**
韓國	1	4	5	7	**9**
馬來西亞	1	1	2	2	**4**
新加坡	1	1	1	1	**2**
美國	2	2	3	3	**3**
越南	–	–	–	–	**1**
總計	2,257	2,319	2,381	2,585	**3,134**

註：不包括店中店及店內專櫃　　　　　　　　　資料來源：周大福 2019 年年報

周大福這品牌，相信大家都有所認識，這種廣為人知品牌擁有的優勢，以及對產品賦予的附加值，就是品牌價值。品牌可說是相當有用的賺錢工具，而這亦是周大福最重要的資產。

企業擁有品牌價值，往往比擁有廠房等資產來得更好，因為廠房類等資產必然會老化，要投入資源去提升，故長遠計品牌的賺錢能力必然更高。而周大福這間市值數百億的企業，固定資產只有數十億，但每年所賺到的錢都有數十億，可見其品牌及完善的系統，才是最能創造財富的地方。

周大福生意盈利情況

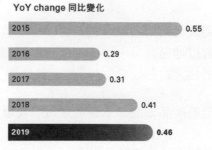

Revenue
營業額
HK$ million 百萬港元

66,661

▲ 12.7%
YoY change 同比變化

2015	64,277
2016	56,592
2017	51,246
2018	59,156
2019	66,661

Earnings per share
每股盈利

HK$ 港元

0.46

▲ 11.8%
YoY change 同比變化

2015	0.55
2016	0.29
2017	0.31
2018	0.41
2019	0.46

資料來源：周大福 2019 年年報

業務模式

除自營店外，周大福亦透過熟悉該區的當地企業，以加盟方式發展內地的三線及較次級城市。這營運方式除可平衡風險外，亦能提升品牌知名度，長遠能提升品牌價值。

周大福品牌擁有相當的價值，令其在中國各地開店有優勢。由於珠寶黃金屬於貴價物品，而在假貨不絕的大陸，零售珠寶黃金這行業自然更需要品牌，故品牌作用很大，亦是信心保證。憑著這保證，周大福無論在定價能力或擴充市場時，都享有更大優勢，令其在長遠競爭中，能享較高的獲利能力。

周大福吸引之處除品牌價值外,就是其市場的領導地位,以及龐大而完善的銷售網絡,令其在行業中佔有優勢。另外,周大福運用垂直整合業務模式,包括原材料採購、設計、生產,以及在龐大的零售網絡進行之市場推廣與銷售活動,令成本控制方面更為有效。

業務分析

周大福的業務以零售為主,約佔營業額八成,而批發部分則約佔二成。若以地區劃分,中國地區貢獻營業額逾六成,而香港、澳門及其他市場則佔大約四成(當中香港貢獻最多)。

至於產品方面,主要可分為四大類:

各類產品佔營業額比例

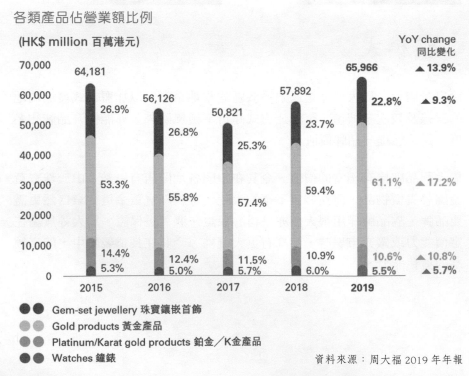

資料來源:周大福 2019 年年報

各類產品佔營業額比例

雖然周大福有珠寶鐘錶等產品，但主要仍是以黃金產品為主。黃金價格由2000年的每盎士300美元，升至2011年高位1,800美元，其後出現較大幅的下跌。外圍金價雖然大上大落，但看周大福的業績，卻沒有因此而受到太大影響，故金價非影響其業績的主因。

營業額由上市前2010年的200多億，升至近年逾600億水平，情況大致理想。雖然早幾年在零售市道較疲弱時期出現中期調整，毛利同樣有類似趨勢，但近年大致回復正常水平。

從周大福的毛利率可見，就算金價升跌、成本上升、生意下跌，周大福的毛利仍保持於27%至30%水平，頗為穩定，反映就算外在環境有變，毛利率都能維持。即是周大福就算面對不利環境，都不會將產品大幅減價或減低檔次，不會影響定位，反映周大福在策略上要維持一定的毛利水平。雖然這策略可能令中短期盈利減少，但長遠能保持品牌質素。

至於盈利方面，已見從低位開始回升。根據管理層的解釋，是因為中國內地消費氣氛有復蘇跡象、客戶對黃金需求強勁和新增零售點所致。另外，近年自由行到訪港澳旅客有所回升，對佔近四成集團收入的港澳業務帶來支持。畢竟周大福所售賣的產品為奢侈品，所以對經濟週期較為敏感。

股本回報率（ROE）方面，整體數字都是理想的，有一定吸引力。盈利已出現止跌回升跡象，反映賺錢能力開始回到正常水平。

往後發展

由於周大福的產品屬較高檔次，故中國消費者的消費能力對其有很大影響。另一影響因素當然是自由行，在逾百個港澳地區零售點中，大部份在遊客區，若自由行的效應持續減退，對其影響不少。有鑑於此，集團近年開始關閉部份遊客區門市，轉移至較多本地顧客群的民生地區，以減低過度依賴自由行消費者的風險。

自2003年開始自由行後，旅客人數不斷增加，至2014年才初次出現回落。持續上升10年後回落是自然的事，但不會永遠持續，其後轉趨平穩。在自由行首10年人數快速增長，但現在高速增長期已過。雖然長遠仍能上升，但只會呈平穩式的增幅。

雖然中國中短期經濟會放緩，但長遠計，中國經濟仍不太差，中國人可支配的收入會平穩上升，對奢侈品的需求只會持續增長，故周大福的長遠發展仍是正面。

另一影響周大福的就是金價走勢。不少人視黃金為終極貨幣，而且更是有限資源，故長遠計金價必然上升。雖然金價上升會令其收入增多，但就算金價下跌亦不一定對其不利，因會吸引更多人買入，從而令整體營業額增加。

因此，與其說關鍵是金價的走勢，不如說是人對黃金價值的觀念，若人們認為黃金有價值，就會有持續的需求，而在可見將來，中國人對黃金的喜愛，以及其作為貨幣的價值，都不會有太大改變。

另外，2018年人造鑽石在首飾市場出現，價格只是天然鑽石的兩至三成，消費者用肉眼根本看不出二者分別。這將推動客戶選擇較有品牌的

商戶購買鑽石，以免出現被騙風險，這將令周大福受惠。但長遠而言，在消費者眼中的天然鑽石價值或出現改變，而這改變會令首飾行業出現什麼樣的衝擊，暫時難以估計。

投資策略：不宜參考上市估值

綜合而言，周大福擁有品牌、完善的銷售網絡，以及一定的市場佔有率，加上行業本身賺錢。雖然近年總負債增多，令風險度略有提高，整體而言，這股算得上是優質股。但由於此企業比較龐大，就算向內地二、三線城市發展，亦不會像過往般快速增長，雖然總體的潛力仍有，但不會太大。往後亦只能平穩發展，對此股的評價為正面。

股價方面，此股2011年尾以高市盈率上市，令股價一直處於偏高水平。上市數年，股價不斷下跌，近年股價只有上市時的一半，估值回落至合理水平。

由於盈利有點波動，投資者宜用平均盈利去分析，以此計算平均市盈率，若處10倍至15倍可說是合理水平。但自由行效應減退因素，以及奢侈品較受經濟週期影響，都對此股造成風險，所以在運用市盈率估值時，要用數年盈利的平均數，能減少集中於某一年的風險。

這股的生意模式較週期性，經歷數年較好時期，然後又會經歷較差時期，之後又會好轉。若然作長線投資，宜在合理至低於合理水平投資，會有較大的長期投資價值。但要注意的是，此股在上市時以30、40倍高市盈率上市，估值不合理，其後市場估值已回復合理水平，就算盈利重拾升軌，市盈率亦不會達至當年的水平，因此只能以較為平穩去形容。

莎莎國際控股有限公司
SA SA INTERNATIONAL HOLDINGS LIMITED

零售

待行業平穩復蘇

股票代號：0178
業務類別：零售業
集團主席：郭少明
主要股東：郭少明（64.2%）
集團網址：http://www.sasa.com

股價圖

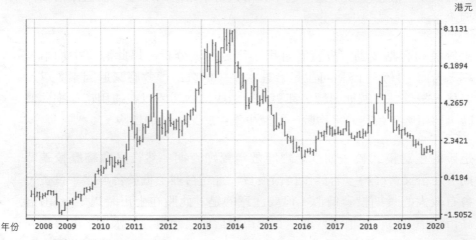

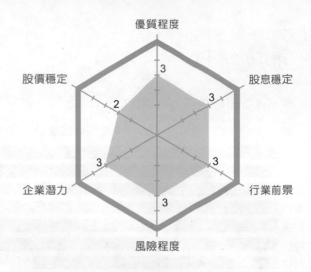

優質程度

股息穩定

股價穩定

3

3

2

3

行業前景

3

企業潛力

3

風險程度

5年業績

年度	2015	2016	2017	2018	2019
收益（億）	89.9	78.5	77.5	80.2	83.8
毛利（億）	40.4	33.5	32.3	33.7	34.2
盈利（億）	8.39	3.83	3.27	4.40	4.71
每股盈利	0.30	0.13	0.11	0.15	0.15
每股股息	0.24	0.24	0.17	0.18	0.16
毛利率	44.9	42.6	41.7	42.1	40.1
ROE	35.0	16.1	14.5	18.7	18.9

截至 31/3 為一個財政年度

企業簡介

莎莎國際（莎莎）為亞洲區內踞領導地位的化妝品零售集團。根據 Retail Asia雜誌及國際調研公司Euromonitor之「亞太區首500家零售商」排名，莎莎現為亞洲領先的化妝品連鎖店，亦為香港十大零售集團之一。

莎莎業務遍及香港及澳門、中國內地、新加坡及馬來西亞，合共聘用逾 5,000名員工。

業務分析

莎莎１０年營業額及地區貢獻

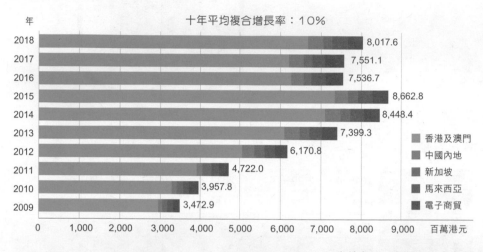

資料來源：莎莎 2018 年年報

莎莎在這書的上一版中，放在「潛力股」類別，但由於大環境改變，令這企業的增長力減，長遠計，只是平穩增長型，並不是潛力型。至於從長遠來說，企業質素仍在，但就比過往略有減少。

從營業額結構圖中，可見香港及澳門是主要的收入來源地區，而2015年可說是大環境改變的分水嶺。

莎莎主要分為零售及品牌管理業務。在零售業務部分，莎莎定位為一站式化妝品專門店，銷售全球多個國際品牌產品，包括從護膚品、香水、化妝品、身體及頭髮護理產品到保健食品等。

而在品牌管理業務方面，莎莎為多個國際化粧品品牌擔任亞洲區獨家代理。莎莎現獨家代理逾100個主要化妝品品牌，所提供服務包括建立品牌形象、推廣及銷售事宜。此項業務佔莎莎總零售營業額四成。

自由行因素

莎莎按銷售金額計算的顧客結構

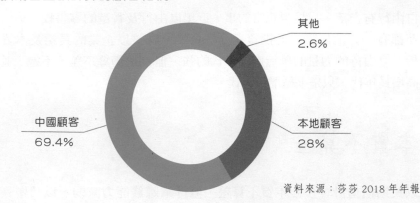

其他
2.6%

中國顧客
69.4%

本地顧客
28%

資料來源：莎莎 2018 年年報

莎莎分店網絡

市場 （持續經營業務）	於2017年 3月31日	開店	關店	於2018年 3月31日
香港及澳門	116	13	11	118
中國內地	56	10	11	55
新加坡	20	1	1	20
馬來西亞	71	6	5	72
總數	263	30	28	265

資料來源：莎莎 2018 年年報

從莎莎過往的業績中，可見在2015年前，營業額與盈利每年均有相當理想的增長，而增長的形式是持續而穩定的，但這理想業績背後，很大程度是建基於自由行。

營業額結構中，大部分來自港澳地區，若再仔細看香港業務，營業額結構裡有六、七成為大陸旅客所佔，可見自由行已成為生意重心。所以過往的理想業績有賴自由行，而當自由行效應減退時，莎莎的生意難免受影響。

自由行有上落，這是很正常的事，近年自由行及香港的零售較一般，對莎莎都有一定的影響，但投資者分析企業，應該以企業的長遠及本質去分析。自由行的力量的確無過往年代的強，但長遠仍算不差，不過，並不是高增長年代，只是平穩增長年代。

本質不算差

以長期價值計，莎莎本質不算差，但行業賺錢能力減弱，以及增長力不及從前，都是負面因素，企業估值略有調低。

同時，就算中國自由行處正常狀態，其消費力都不及從前，人民幣及網購因素影響，莎莎的賺錢能力不及從前。

而莎莎的派息比率較高，即是保留盈餘較少，這意味著一點，就是莎莎的管理層明白增長並不是高速，而是平穩，所以管理層沒有留太多資金去作擴張。

莎莎其中一個財務優點，就是多年來都只有極少的長期負債，這不只代表企業的風險較低，同時在利息支出及相關風險亦會降低。若果該行業真的要面對寒冬，被淘汰的必然是高負債、盈利能力差、無品牌的企業，莎莎不止能捱過香港零售業的不景期，長遠計更有利取得更多市場佔有率。

賺錢能力轉弱

的而且確，莎莎最高速增長的時代已過，而往後就算自由行好轉，也只會平穩，不會高速，所以莎莎往後的業績只會平穩發展。

雖然莎莎有一定的優質程度，但自由行的中期調整，總會對莎莎有所影響，莎莎有投資值博率，其中一個原因，是由於市場在不景期時會將企業估值拉到很低，就算有一定優質的企業也是如此，而當企業的生意好轉時，估值會調到較正常水平，股價亦可有較明顯升幅，而這就是投資這股的潛力所在。當然，這策略是要用耐性去進行，必須長期持有，等待行業復蘇。

莎莎毛利及毛利率

資料來源：莎莎 2018 年年報

雖然莎莎的本質不算差，有品牌及銷售網絡，但不得不承認，賺錢能力不及過往年代。在 2015 年前，自由行的大環境情況，市道較好，都令莎莎處於一個較易賺錢的年代。

但其後人民幣貶值，中國經濟增長過了高增長年代，網購的影響，各因素都令這企業的賺錢能力，不及過往年代，部分因素更是長期性的。

因此，投資者在進行估值時，在比較過往數據及估值時，要合理地調整，才能更具體反映往後的情況。

投資策略：偏平價位投資

莎莎最高速增長的時代已過，而往後就算自由行好轉，也只會平穩，不會高速，所以莎莎往後的業績只會平穩發展。

雖然莎莎都有質素，但零售與自由行不景，加上中國經濟不及從前，總會對莎莎有所影響，而將莎莎列作優質、可考慮投資的股，是由於市場在不景期時會將企業估值拉到很低，這就出現了投資值博率。

當企業的生意好轉時，估值會調到較正常水平，股價亦可有較明顯升幅，而這就是投資這股的潛力所在。當然，這策略是要用耐性去進行，必須長期持有，等待行業復蘇。不過，這股質素始終比過往略減，因此就算投資，也只能小注。

大家要明白，這企業賺錢能力比過往年代有所減弱，因此就算行業復蘇，股價會有理想的上升，但就不會回至過往最高峰的年代。

長江基建集團有限公司
CHEUNG KONG INFRASTRUCTURE HOLDINGS LTD.

業務國際化並質素高

股票代號：1038
業務類別：基建
集團主席：李澤鉅
主要股東：長江和記實業有限公司（0001）（76.9%）
集團網址：http://www.cki.com.hk

股價圖

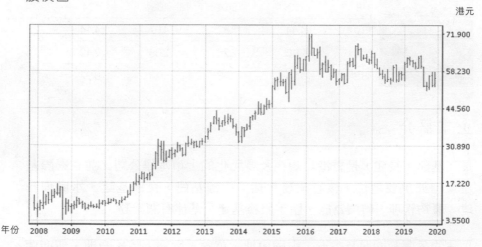

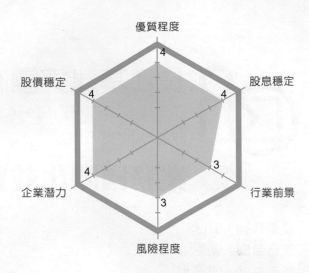

優質程度 4
股息穩定 4
行業前景 3
風險程度 3
企業潛力 4
股價穩定 4

5 年業績

年度	2014	2015	2016	2017	2018
收益（億）	59.7	55.6	53.2	60.1	71.5
攤佔合資企業之營業額（億）	222	230	220	256	308
盈利（億）	318	112	96.4	103	104
每股盈利	13.0	4.44	3.82	4.07	4.14
每股股息	2.00	2.15	2.26	2.38	2.43
ROE	38.8	11.4	9.68	10.3	9.92

企業簡介

長江基建（長建）是香港具規模及多元化的上市基建公司，並在國際基建業穩據重要地位。核心業務包括：能源基建、交通基建、水處理基建、廢物管理、轉廢為能、屋宇服務基建及基建有關業務。

長建的營運範圍遍及香港、中國內地、英國、歐洲大陸、澳洲、新西蘭及加拿大。

企業發展

長建業務簡介

投資於 電能實業	澳洲 基建投資	歐洲大陸 基建投資	香港及中國內地 基建投資
▪ 電能實業	▪ SA Power Networks	▪ Dutch Enviro Energy	▪ 深汕高速公路（東段）
	▪ Victoria Power Networks	▪ Portugal Renewable Energy	▪ 汕頭海灣大橋
	▪ United Energy	▪ ista	▪ 唐山唐樂公路
英國 基建投資	▪ Australia Gas Networks		▪ 長江湘江伍家嶺橋及五一路橋
	▪ Dampier Bunbury Pipeline		▪ 江門潮連橋
▪ UK Power Networks	▪ Multinet Gas		▪ 番禺北斗大橋
▪ Northumbrian Water	▪ Australian Energy Operations	**加拿大** 基建投資	▪ 友盟建議材料
▪ Northern Gas Networks	▪ Energy Developments		▪ 青洲英坭
▪ Wales & West Gas Networks		▪ Canadian Power	▪ 友盟建議材料
▪ Seabank Power	**新西蘭** 基建投資	▪ Park'N Fly	▪ 青洲英坭
▪ Southern Water		▪ Canadian Midstream Assets	▪ 青洲水泥（雲浮）
▪ UK Rails	▪ Wellington Electricity	▪ Reliance Home Comfort	▪ 廣東廣信青洲水泥
	▪ EnviroNZ		▪ 雲浮市祥力水泥

資料來源：長建 2018 年年報

長建持有近四成的電能實業（0006）權益，而電能於2014年1月分拆港燈（2638）獨立上市，為長江基建帶來約190億元的一次性特殊收益，因此2014年的盈利會被拉高，同時亦令長建持有大量現金。此舉變相令長建減持香港的業務，定位更國際化。

長建最初成立時只為一家專注大中華業務的公司，在香港及內地從事水泥生產、電廠及收費道路業務。其後業務不斷擴張至其他範疇及地區，現時可說是具領導地位的環球基建企業之一，擁有多元化的投資組合，包括電力、燃氣、原油輸送、水務、交通、基建材料、廢物管理及屋宇服務基建業務；項目遍佈香港、中國內地、英國、歐洲大陸、澳洲、新西蘭及加拿大。

當中不少項目均透過收購去發展，現時的海外業務表現理想，當中以英國業務的溢利貢獻佔比最大，約佔總溢利逾半。2017年長建進行三項

重大收購，包括當時澳洲最大多元化公用事業上市公司DUET、加拿大最大熱水爐及相關設備租賃公司Reliance Home Comfort，以及德國的輔助計量、水與暖氣能源發單服務供應商ista。收購完成後，長建業務開始拓展至屋宇服務基建範疇。

收購模式可說是長建的發展方向，長建由2010年起計，已花費合共三、四百億於多個收購項目，其中近二百億是透過股權及發行永續債券融資。而長建的現金在分拆港燈後十分充裕，這對於企業發展是甚為有利的。

而2017年亦標誌長江基建收購新里程，這年進行三項重大收購，涉資約港幣560億元。有關收購不但令長江基建的業務更多元化，並進一步擴大集團業務版圖與收入基礎。

以收購合營擴展

長建的收購歷程

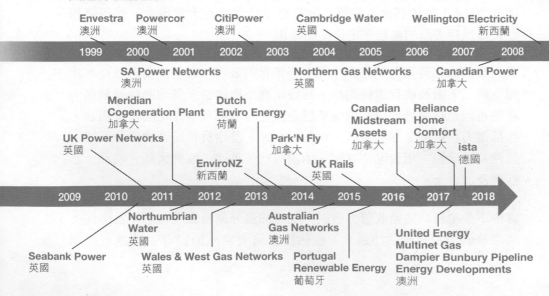

資料來源：長建 2018 年年報

從過往的收益及聯營公司計入的營業額中，可見長建能保持快速增長，表現理想，這是攤佔多間合資企業之營業額壯大的成果，相信當中利用了合作與收購，令企業快速發展。

可見長建利用合營企業帶來主要的增長動力，雖然會計數字沒有反映股權較少的聯營公司，但合作、入股已成為其增長模式，而當中除以不同形式的合作外，就是用了各種收購的方法以壯大長建，令其快速增長。

雖然長建業務涉及多個範疇，但由於不少都與公共事業有關，故往往在收購後都能產生持續穩定的現金流，而對於甚有經驗的長建來說，要推算將來的現金流、當中的風險，以及估算當中的價值，並不是困難事，故往往收購後都有不錯回報。

而長建的盈利亦能保持快速上升，2014年因分拆港燈而有特殊收益，令該年的盈利數字較大。從整體看，盈利數字反映長建的發展情況理想。

擴張中風險平衡

憑過往長建二十多年來的平穩發展，以及擴至不同範疇，足見此企業及當中的團隊有一定質素，在風險與發展間取得平衡，就算在金融海嘯期間，盈利亦保持穩定，沒有大幅下跌。而在將來的發展中，雖然收購不是分析公司的全部，但收購業務仍會是發展方向，故對長期發展總有影響。但投資者難以得知將來收購的項目，因此只能對管理層信賴。

管理層表示長建將採用三個重點策略：(1)持續發掘收購機遇；(2)促進現有業務及新收購業務的內部增長；(3)鞏固雄厚資本實力，以投放資源予內部增長及對外收購。

股本回報率（ROE）方面，大致處於10%水平，以公共及基建類別來說是合理的回報率，而再投資的回報率更不差，企業有一定的價值。股息方面，二十多年來保持上升，股息的回報相當理想，反映企業的價值保持上升，以及不斷創造增長的現金流。

但大家要留意，長建一直以收購已發展國家（如歐洲、澳洲、加拿大）之民生相關企業為主，而近年西方國家都不太希望將一些民生和較敏感事業交給中資公司營運，故收購將會變得困難，有機會令增長力打折扣。

長建多年股息圖

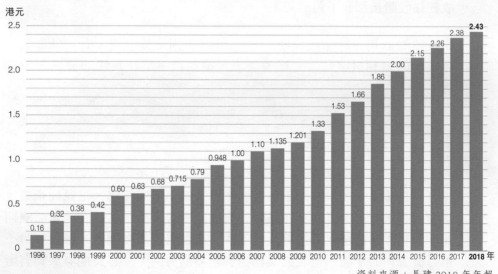

資料來源：長建 2018 年年報

投資策略：著眼長線

綜合而言，長建是不錯的企業，有一定規模，資產亦有一定質素，並擁有相當充足的現金，而過往的發展亦很理想，能平穩發展及再投資的回報亦不算差，而開拓新業務亦能平衡當中的風險回報，整體有相當的質素。不過，規模大，國家保護資產，都令這企業增長力有所減弱。

雖然長建有英國業務，脫歐因素難免對其造成影響，但由於長建本身仍有其他國家的資產，故影響算是中等，未算全面影響。若這問題短期令股價大跌，有可能是投資時機。

另外，由於企業已有一定規模，加上作風穩健，故發展的速度不會太快，但平穩增長則無問題，手持的現金相信會逐漸收購其他海外業務，前景仍在，相信12倍至18倍是合理的市盈率。

若然是追求較平穩回報的投資者，相信此股是適合的選擇，過往無論在股價與股息增值方面都是不錯，但股息不算多，投資者宜著眼於較長線的股價及往後股息。

CONCH 安徽海螺水泥股份有限公司

ANHUI CONCH CEMENT COMPANY LIMITED

本質不差惟波動大

股票代號：0914
業務類別：建築材料
集團主席：高登榜
主要股東：安徽海螺集團有限責任公司（A股）（36.40%）
集團網址：http://www.conch.cn

股價圖

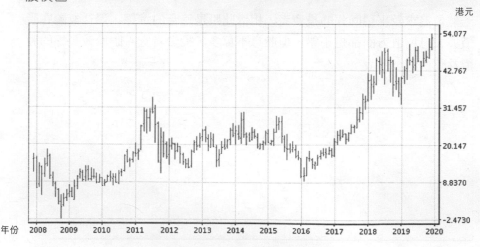

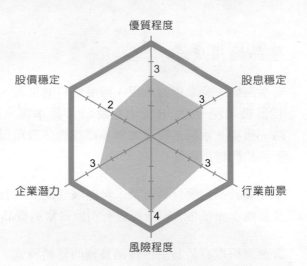

5年業績

年度	2014	2015	2016	2017	2018
收益（億人民幣）	608	510	559	753	1280
毛利（億人民幣）	202	137	175	255	458
盈利（億人民幣）	110	75.4	85.7	159	299
每股盈利（港元）	2.46	1.69	1.80	3.60	6.41
每股股息（港元）	0.77	0.51	0.56	1.44	1.92
毛利率	33.2	26.9	31.4	33.9	35.6
ROE	18.1	11.1	11.7	19.2	29.6

企業簡介

安徽海螺水泥股份（安徽海螺）主要從事生產和銷售熟料和水泥製品，
業務地區包括中國東部、南部、西部、中部及海外。而安徽海螺是水泥
行業中，全球最大的單一品牌供應商。

安徽海螺旗下有100多家子公司，分佈在多個區域，橫跨華東、華南和
西部18個省、市、自治區和印尼等國。

產品應用廣泛

安徽海螺主營業務為水泥、商品熟料的生產、銷售，水泥品種主要包括42.5級水泥、32.5R級水泥及52.5級水泥，產品廣泛應用於鐵路、公路、機場、水利工程等大型基礎設施建設項目，以及城市房地產、水泥製品和農村市場等。

水泥屬於基礎原材料行業，是區域性產品，其銷售半徑受制於運輸方式及當地水泥價格，經營模式有別於日常消費品。

這企業採取直銷為主、經銷為輔的營銷模式，在中國及海外所覆蓋的市場區域設立500多個市場部，建立了較為完善的營銷網絡。

同時，安徽海螺不斷完善發展戰略，在長江中下游及沿海大力建設或租賃中轉庫等水路上岸通道，並逐步推進中心城市區域銷售市場一體化的相關建設。可見這企業在行業有一定的優勢。

行業特性

安徽海螺所處的水泥業，對建築行業有很高的依賴性，同時亦會與經濟增長速度有較高的相關性，特別與固定資產投資相關。即是說，當中國基建及房產市場不景，水泥行業會比一般行業處較大的不利狀態。

另外，水泥企業在生產過程中，燃料成本佔總生產成本中約佔了超過一半。若能源價格出現較大變動，就會對企業成本造成較大影響。因此，當能源價格出現較大上升時，將引致安徽海螺的成本增加，影響其中毛利。

成本組成比例

項目	2018年		2017年		單位成本增減（%）	成本比重增減（百分點）
	單位成本（元／噸）	比重（%）	單位成本（元／噸）	比重（%）		
原材料	36.52	21.09	27.22	17.24	34.17	3.85
燃料及動力	98.97	57.16	97.77	16.92	1.23	-4.76
折舊費用	12.07	6.97	12.39	7.85	-2.58	-0.88
人工成本及其他	25.58	14.78	20.51	12.99	24.72	1.79
合計	173.14	100	157.89	100	9.66	-

資料來源：安徽海螺 2018 年年報

因此，水泥行業難免面對能源價格波動的風險，但較大型如安徽海螺，可說比小型水泥企業有較強的抵抗力。因為安徽海螺與大型煤炭企業的戰略合作，能產生規模採購優勢；另外，安徽海螺和電力公司合作，以直供電的採購方式降低電力成本，盡力做到成本控制。

另一方面，水泥行業的環保標準不斷提高，雖然會令企業成本增加，但會加速落後產能企業的淘汰，減少競爭者，有利安徽海螺這些大型的水泥企業，相信市佔率將有所增加，令生意保持向好，但這不是中短期，而是較長期的事。

雖然近年的燃料及相關成本都有一定的升幅，但由於產品的售價同樣有一定的增加，加上市場需求令銷量增加，都令這企業的營業額有明顯增長，再加上新收購的項目，都帶動盈利有理想增長。

企業發展

安徽海螺經過多年的較快速發展，產能持續增長，技術裝備水平有所提升，而發展區域亦不斷擴大。安徽海螺先後建成了銅陵、英德、池州、樅陽、蕪湖5個千萬噸級特大型熟料基地，並在安徽蕪湖、銅陵興建了全球最先進技術水平的3條12,000噸生產線。

另外，這企業不斷建設及併購，多個項目相繼建成並投產，同時收購了廣英水泥，增加熟料產能、水泥產能。近年由於中國水泥業出現整固，因此安徽海螺在中國進行了多個項目的併購，此外，亦擴大其他相關項目的投資，從而適度延伸上下游產業鏈。

安徽海螺積極推進海外項目建設，柬埔寨、印尼2條熟料生產線，以及4台水泥磨相繼建成投產，老撾項目、緬甸項目等都不斷進行，令這企業更為國際化。

投資策略：看平均整體

綜合而言，安徽海螺擁有相當規模、生產能力，有一定的質素及賺錢能力，而水泥行業長期將因中國城鎮化以及一帶一路的建設，仍然會增長，但不會像過往般快速，而是進入較平穩的時期，在本質上此企業不差。

不過，行業對經濟、基建、房地產都有一定的敏感度，因此行業會造成中短期的波動。加上成本及售價都受市場價格牽引，故盈利有不確定。

其實這類企業本質不差、但由於企業盈利不穩，令股價波動較大，並不適合低風險投資者。

若果以長期及平均來說，這企業多個財務數據都不算差，因此只要以平均、整體的角度去投資，再配合行業的週期，就能達致穩中求勝的效果。

由於盈利較為波動，所以市場估值的變化較大，好景時認為高市盈率是合理，而不景時就認為低市盈率合理，但若然以長線角度，相信看平均及整體是更好的策略。投資者在計算市盈率時，要多利用平均盈利作計算，不能只集中在一年的數據。

舜宇光學科技（集團）有限公司

SUNNY OPTICAL TECHNOLOGY（GROUP）CO., LTD.

技術應用更廣泛

股票代號：2382

業務類別：資訊科技器材

集團主席：葉遼寧

主要股東：王文鑒（38.6%）

集團網址：http://www.sunnyoptical.com

股價圖

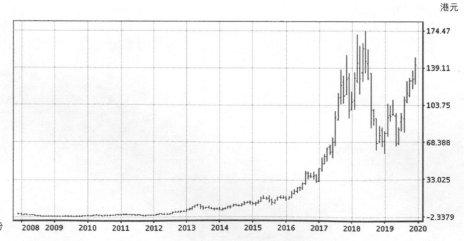

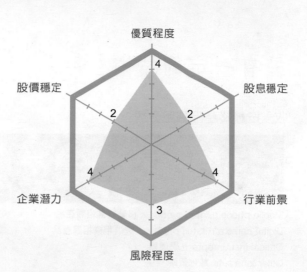

5 年業績

年度	2014	2015	2016	2017	2018
收益（億人民幣）	84.3	107	146	224	259
毛利（億人民幣）	12.9	17.6	26.8	48.0	49.1
盈利（億人民幣）	5.66	7.62	12.7	29.0	24.9
每股盈利（港元）	0.66	0.83	1.31	3.20	2.60
每股股息（港元）	0.19	0.25	0.32	0.79	0.65
毛利率	15.3	16.5	18.3	21.5	19.9
ROE	18.6	21.5	29.1	46.9	29.8

企業簡介

舜宇光學科技（舜宇）為一間中國領先的光學零件及產品生產商。主要從事設計、研發、生產及銷售光學及其相關產品。

產品包括光學零件（例如鏡片、平面產品、手機鏡頭、車載鏡頭）、光電產品（例如手機攝像模組）、光學儀器（如顯微鏡、光學測量儀器）。

擁有一定的技術

收入按最終產品應用分類

	2018 二零一八年 RMB'000 人民幣千元	2017 二零一七年 RMB'000 人民幣千元
Mobile phone related products 移動電話相關產品	21,803,100	19,085,564
Digital camera related products 數碼相機相關產品	921,560	800,660
Optical instruments 光學儀器	202,448	220,038
Other lens sets 其他鏡頭	1,769,948	1,386,944
Digital video lens 數碼視頻鏡頭	89,188	66,699
Other spherical lens and plane products 其他球面鏡片及平面產品	134,276	111,323
Other products 其他產品	1,011,332	695,024
	25,931,852	22,366,252

資料來源：舜宇光學 2018 年年報

舜宇專注於需綜合運用光學、電子、軟件及機械技術的光電相關產品的應用領域：如手機、數碼相機、車載成像系統、安防監控系統、光學測量儀器及自動化工廠等。

舜宇成立於1983年，生產光學相關產品，擁有自己的研發團隊、生產線，以及分銷網絡，不少技術都處全球前列的位置。從上表可見，手機相關的業務是為這企業帶來最大收入貢獻，這亦是近年帶動業務增長的最大動力。

舜宇的客戶都是知名的一線智能手機品牌，如三星、華為、小米、聯想、OPPO、Vivo等。

隨著智能手機不斷升級，造就了舜宇的機遇，令其推出更高的技術應用，例如廣角鏡頭、大光圈、光學防抖、相位檢測自動對焦（PDAF）等，這些功能可以提高成像品質。

現時，很多新手機已配備雙攝像鏡頭功能，這已成為市場趨勢，因為這可以產生3D及更多分析及延伸應用，這必然帶動鏡頭的市場需求，同時要求鏡頭有更高的技術。當人工智能不斷發展，智能手機能透過鏡頭，分析到個人或環境的情況，從而分析到很多有用的資料，隨著不斷發展，這必然對鏡頭有更高的要求。

高端是出路

舜宇產品及應用

6P手机镜头
6p cell phone camera lens sets
超薄 更清晰
进一步了解 》

▌手机镜头
Cell phone camera lens sets
手机镜头出货量居中国大陆地区第一，全球第二位。
具备生产高端6P镜头，16M及以上高像素超薄镜头，
双摄镜头等的实力。

資料來源：舜宇光學網站

正正由於上述所講的因素，行業只會走向高端，要求的技術只會更高，低技術企業會被淘汰，餘下的就只是擁有最高技術的企業。

鏡頭規格不斷升級，是智能手機搶奪市場的不二法門，大光圈、廣角、超小型化、多攝及3D應用等高端複雜的規格，已應用於全球及中國多個智能手機品牌中。同時，愈來愈多手機以外的企業，考慮如何採用機器視覺來實現生產線的自動識別、檢測等功能，以提高效率並降低成本。

近年，舜宇成功完成了多款產品的研發，包括超大光圈（FNo.1.4）7片塑膠非球面鏡片（7P）手機鏡頭。同時，4,800萬像素手機鏡頭，3,200萬像素超小頭部手機鏡頭，以及可變光圈（7P）手機鏡頭已生產，用於3D的准直鏡頭亦已生產。

舜宇的最大收入貢獻，就是智能手機的鏡頭及相關技術，手機的發展將左右舜宇的前景。

往後，智能手機將比以前更多鏡頭，已經是大勢所趨，相信會發展到大部分手機配備3至4個鏡頭，而雙攝像鏡頭模組能改善景深及提供手勢識別、虹膜識別及人臉識別等功能。對舜宇來說，絕對是大環境創造機遇。

應用更廣泛

舜宇產品及應用

▍3D交互镜头

3D interactive lens sets

/ 新型交互技术，最早应用于军用产品，后在民用产品中发展。可提供多种类型的3D交互镜头从而满足客户各种需求，TOF镜头实时测距可获取物体深度信息，双摄大广角方案可实现人机交互，超薄化可实现终端产品小型化。

/ 应用于运动追踪、人机交互。

A 应用领域 Application area ｜ 运动追踪、人机交互

运动追踪
TOF镜头实时测距获取物体
深度信息,实现3D建模功能。

人机交互
双摄广角方案实现人机交互

资料来源：舜宇光學網站

舜宇憑光學領域的技術及經驗，積極推進半導體光學，以及微納米光學產品開發，同時亦開發出多款應用於新興領域的產品，如應用於VR/AR、生物識別、運動追蹤等領域的鏡片和鏡頭。

增強現實（AR）、虛擬實境（VR）、運動相機產品，都是近年興起，三星、HTC、SONY、Oculus等，都推出了VR產品以滿足市場需求。然而，AR的發展預計將會加快，因為通過在網路遊戲、旅遊、傢俱及學習等方面的不同應用，未來幾年的市場需求將會增加。AR和VR的需求，將推高全球光學鏡頭出貨量。

汽車鏡頭

汽車鏡頭產品

資料來源：舜宇光學網站

除了上述所講的種種發展機遇外，汽車鏡頭亦是另一增長亮點，相信長遠有很大的發展空間。

智能化成為了汽車行業的發展趨勢，各種智能化操控系統不再是豪華車的配置，中端車型都已經配備。目前，高級駕駛輔助系統（ADAS）成為汽車電子市場增長最快的領域之一。

另一方面，自2016年起，美國、歐盟、日本等國家陸續將前方碰撞預警系統、車道維持系統、自動緊急制動系統、盲點偵測系統等，列為法規強制裝載。

作為ADAS系統主要用於影像捕捉、物體學人像識別、實時監控等功能的鏡頭，必增長快速。這企業是全球領先的手機鏡頭及手機攝像模組供應商，以及全球最大的車載鏡頭供應商，因此亦會從中受惠。

財務數據不差

智能手機近年的增長減慢，但這企業的生意卻增長理想，比大環境有更好表現，反映舜宇的產品，有更廣泛的應用，同時憑當中的技術優勢，取得更高的市場份額。整體來說，這企業的盈利都是保持向上，只是中間有些年份出現調整，這主要由於智能手機市場出現調整期。

股本回報率處於高水平，雖然波動比較大，但以平均來計，處於很理想的水平，反映企業賺錢能力強，加上這企業派息不高，再投資回報率理想。

若分析這企業的現金流量表，能見到這企業的現金流強勁，企業有相當的優質度，同時，企業持續的投資金額相當大，反映管理層認為行業仍處高增長期，一定要把握機遇發展。簡單來說，這企業有一定的質素，同時潛力仍在。

客戶風險

2018年，中興通訊因違反出口禁令，美國公司高通停止向中興供應核心零件，令中興無法運作。2019年，美國政府因國家安全理由，全面封殺華為，令華為大受打擊。這兩個都是舜宇的客戶，華為更是主要客戶，這企業必定存有客戶風險。

華為佔這企業收入約2成，不過佔盈利的比例相對較低，因舜宇主要向其付運鏡頭模組，當中的毛利率不算高。若華為產量減少，舜宇的收入及盈利都會因此受影響。

表面上對這企業有很大風險，但大家細心分析，當中的風險度只存於中短期。

中短期來說，這些客戶的不利情況，一定會對舜宇的收入與盈利有所影響，但長期計，可能對這企業影響不大。

假設失去華為訂單，那麼，其他手機品牌就會搶去華為的市場，只要舜宇的技術走在行業前列，其他手機品牌都會找舜宇生產手機鏡頭，令舜宇的生意不會有太影響。因此，客戶風險並不是關鍵，舜宇的技術、產品才是最重要的因素。

等待5G帶領市場回勇

智能手機在初推出的幾年，處於一個超高速的增長期，同時消費者很樂意不停更換新款智能手機，但到了2014年、2015年開始，智能手機市場的增長減慢，消費者換機的意慾不如過往，因為手機的功能沒有太大的突破。

到了近年，智能手機每年的出貨量基本上已無增長，進入了平穩甚至略有倒退的狀態。

5G的發展，將會是一個突破點。當5G開始普及，就會重新令消費者出現換機的意慾，加上上述所講產品應用將會愈來愈廣泛，舜宇渡過了平靜期後，業務將再次回勇。

從長遠來說，科技將不斷發展，要求鏡頭的技術只會更高，應用只會更廣，這都令舜宇的前景正面。

投資策略：長線等收成

綜合來說，舜宇有一定的技術，財務數據理想，加上行業正處於機遇當中，反映這企業有一定的質素，而且前景正面。

行業的機遇是這企業最大的吸引之處，當科技不斷進步，這企業的產品應用只會更廣泛，企業仍會有一段長時間的增長期。

唯一的風險是企業估值，這企業由於有質素及前景，過往在手機市場仍不算差的時期，市場對其估值就嚴重高估，令股價處於貴的水平，其後手機市場轉弱，這企業股價明顯下跌，才返回合理區域。

因此，投資者不要在市盈率過高時高追這股，這企業雖有前景，但不是爆炸模式，因此只能以合理估值模式去計算這股，市盈率在25倍以下，才算較合理水平（由於盈利比較波動，計算時不要只運用上年盈利，同時要參考往後盈利去計算，有上過我股票班的同學會懂得相關技巧）。

如果投資者不懂自行計算，就以月供模式投資這股。由於這企業有前景，因此買入後，最好長線或超長線持有，耐心等待更大的收成。

瑞聲科技控股有限公司
AAC TECHNOLOGIES HOLDINGS INC.

擁聲學技術

股票代號：2018
業務類別：資訊科技器材
集團主席：許文輝
主要股東：潘政民（40.7％）
集團網址：http://www.aactechnologies.com

股價圖

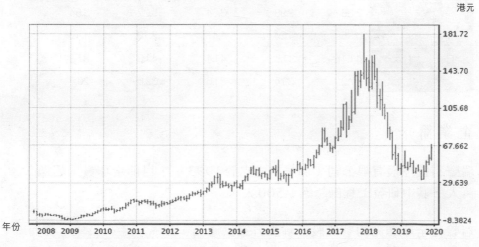

港元

年份

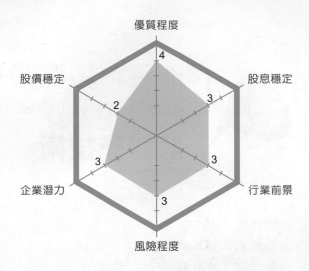

優質程度

股息穩定

行業前景

風險程度

企業潛力

股價穩定

5 年業績

年度	2014	2015	2016	2017	2018
收益（億人民幣）	88.8	117	155	211	181
毛利（億人民幣）	36.8	48.7	64.4	87.2	67.4
盈利（億人民幣）	23.2	31.1	40.3	53.2	38.0
每股盈利（港元）	2.36	2.98	3.64	5.22	3.54
每股股息（港元）	0.96	1.20	1.47	2.10	1.43
毛利率	41.4	41.5	41.4	41.3	37.2
ROE	27.2	30.4	31.6	33.6	20.8

企業簡介

瑞聲科技控股有限公司（瑞聲）成立於 1993 年，目前全球員工超過 5
萬人，其中研發工程師超過 1,500 人。

瑞聲是全球領先的智能設備解決方案供應商，以智能手機為主。擁有
材料研發、仿真、算法、設計、自動化以及工藝開發等高技術，在聲

學、光學、電磁傳動及精密結構件、微機電系統、無線射頻與天線多個領域，提供微型專有技術解決方案。

當中以聲學方面業務佔最大貢獻，同時這方面擁有相當的技術。

業務分析

瑞聲的業務模式

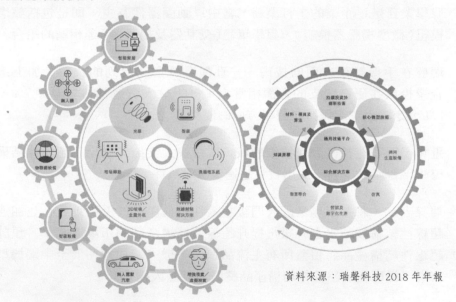

資料來源：瑞聲科技 2018 年年報

瑞聲以「聲學業務」起家，由聲學元件如手機揚聲器及聽筒做起，於手機的聲學業務領域，已有一定的優勢，瑞聲經過多年發展，慢慢擴展至其他業務。

現時,「聲學(動圈器件)」業務仍佔這企業最大收入來源,其次就是「電磁傳動／精密結構件」業務。這兩項業務貢獻了瑞聲約9成收入。

瑞聲表示,現時全球有9成旗艦智能手機的聲學解決方案,都來自瑞聲,可見瑞聲擁有一定的技術及優勢。

聲學業務

聲學業務是這企業的主打業務,當中以動圈器件為主,即是包括聲學模組(微型揚聲器模組)、聲學單體(受話器及揚聲器)等相關的組合。

瑞聲在手機聲學方面的技術,一直都處於全球前列的位置,加上這企業投放在研發開支的金額相當大,每年投入資金都佔營業額7%、8%,令這企業能保持在聲學方面的優勢。

近年,瑞聲在精密聲學技術領域,取得較大突破,推出了超線性結構聲學平台產品,一年的出貨量超過7,500萬件。

瑞聲表示,將在市場鞏固入門級超線性結構產品的優勢地位,並加速超線性結構技術平台升級,提升超線性結構產品的市場滲透率。預計超線性結構產品將覆蓋所有主流品牌旗艦機,並加速拓展至中端機型市場,從而促使超線性結構產品整體出貨量大幅上升。

同時,超線性結構通用的技術平台,將有望幫瑞聲進一步提升聲學市場份額,帶動收入增長及改善毛利率,對這企業的長遠發展有利。

電磁傳動／精密結構件

精密結構件相關技術

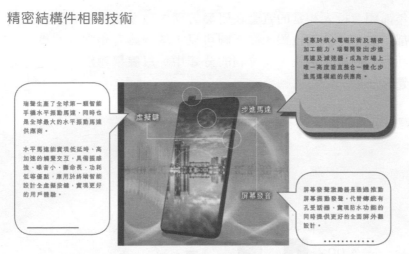

受惠於核心電磁技術及精密加工能力，瑞聲開發出步進馬達及減速器，成為市場上唯一高度垂直整合一體化步進馬達模組的供應商。

瑞聲生產了全球第一顆智能手機水平振動馬達，同時也是全球最大的水平振動馬達供應商。

水平馬達能實現低延時、高加速的觸覺交互，具備振感強、噪音小、靠命長、功耗低等優點，應用於終端智能設計全虛擬按鍵，實現更好的用戶體驗。

虛擬鍵　步進馬達

屏幕發音

屏幕發聲激勵器是通過推動屏幕振動發聲，代替傳統有孔受話器，實現防水功能的同時提供更好的全面屏外觀設計。

資料來源：瑞聲科技 2018 年年報

瑞聲除了在聲學方面的優勢外，同時擁有不少延伸或手機相關技術，瑞聲在「電磁傳動／精密結構件」業務的收入貢獻，亦是相當大，這部分不能忽視。

近年，屏下指紋、一體化 3D 玻璃及大彎折 3D 玻璃後蓋的面世，以及漸漸普及，將繼續推動觸控馬達規格升級。瑞聲在觸控馬達方面擁有一定的技術，這應用於手機震動提示，以及有關於手機震動上的體驗功能，普通的馬達，只能造出強烈的單一震動，但觸控馬達，震動感覺會更加良好。

而智能手機的遊戲功能，則需要更高性能或多顆馬達，以帶來更豐富的觸感體驗，這些都利好馬達業務的發展。

從上圖可見，瑞聲在不少領域，都能走在全球領先的位置，擁有一定的技術，反映企業在研發方面做得不錯，同時過往投入的資金產生成效，令這企業擁有一定的優勢，發展正面。

研發與專利

瑞聲每年都願意投入相當的資金在研發方面，這令瑞聲在聲學及某些技術，都走在全球前列位置。從下圖可見，瑞聲擁有相當多的專利，同時專利數目的增長甚快，在專利的分類中，以聲學類別最多，可見這是瑞聲的強項。

瑞聲擁有的專利分類

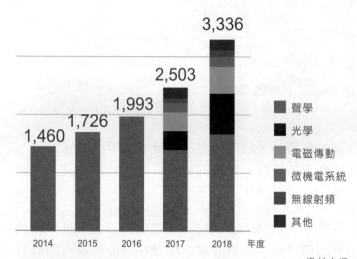

資料來源：瑞聲科技 2018 年年報

瑞聲在全球擁多個研發中心

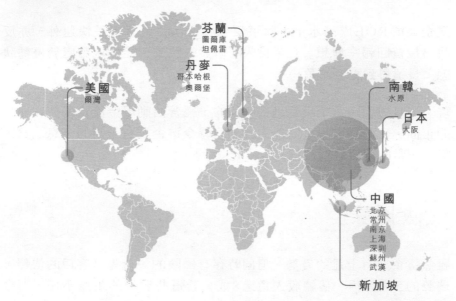

芬蘭
圖爾庫
坦佩雷

丹麥
哥本哈根
奧爾堡

美國
爾灣

南韓
水原

日本
大阪

中國
北京
常州
南京
上海
深圳
蘇州
武漢

新加坡

資料來源：瑞聲科技 2018 年年報

瑞聲在全球擁有9個大型的製造基地（分別位於中國、越南、菲律賓）。另外，亦在中國、美國、芬蘭、丹麥、韓國、日本和新加坡設立的 15 個研發中心，可見在研發上，投入了相同的資源，同時更是持續性的。

財務數據正面

從財務數據可見，瑞聲的生意增長不差，生意與盈利整體都有理想上升，但到了 2018 年，生意出現了下跌的情況，這主要由於智能手機的市場在這年出現了放緩，以及全球經濟較多不明朗因素，加上消費者正等待 5G 時代，令手機市場暫時進入較平靜的狀態。

從毛利率可見，這企業過往的毛利率處於穩定水平，但 2018 年則出現了明顯的下跌，反映企業的賺錢能力，在大環境不利的情況下，受到明顯的影響。這反映瑞聲雖然有一定的技術，但在大環境轉弱的情況下，業務難免受影響。

這企業的 ROE 處高水平，除了受惠於近年的生意增長快速外，亦反映再投資回報率理想，企業投入在研發的開支，能令瑞聲處於優勢狀態，長遠得到更多的盈利。

現金流量方面，這企業都是很正面的，經營活動現金流量保持在理想的正面，反映獲取現金的能力強，同時令這企業有一定的派息之餘，仍有相當的資金進行投資。

風險因素

雖然這企業有上述的優勢，但同時存有風險的，首先是客戶的依賴，瑞聲的 5 大客戶，佔總收入超過 8 成，若這些客戶的生意不佳，都會間接影響瑞聲，2019 年的華為事件就是一例。

另外，這企業在 2018 年的毛利率，出現了較為明顯的下跌，反映這企業雖然有優勢，但當面對大環境不利時，不止生意受影響，企業的賺錢能力同時下跌。這反映瑞聲未能做到價格自主的情況，只能賺取一個合理而不能過多的利潤。

另外，智能手機競爭激烈、日新月異，瑞聲在聲學雖然處領先位置，但每年都要持續地投入大量資金作研發，只要技術稍為落後，都會快速地失去市場佔有率。因此，除了令研發成了「無可避免」的支出外，行業的變化及技術發展，都會對瑞聲造成潛在的風險。

前景發展

隨著 5G 的發展，智能手機將進入新一輪增長週期，瑞聲的技術優勢，將得到進一步釋放。

5G要求的高速數據傳輸應用，將令智能手機規格進一步升級，以配合包括聲學、光學及其他人工智能多媒體功能的新應用。

由於瑞聲在聲學方面有優勢，很多智能手機都採用當中的產品，當手機要求更高，只會要求更高技術的配套，這是一個同時逼整個行業走向高端的過程，而令到擁有技術的企業受惠，因此，瑞聲的前景仍正面。

投資策略：市盈率不能太高

綜合來說，瑞聲擁有一定的優勢、技術，是不錯的企業，就算全球智能手機市場近年轉弱，這企業仍有一定的盈利，不過賺錢能力就略有下跌的情況。

企業都算有質素，但上述所講的風險因素，就令這企業略有扣分，不過長遠而言，仍是正面的。

這企業有長線投資的價值，但股價波動，成為投資者的風險。2017年當市場熱炒手機設備股時，這企業的股價就被嚴重高估，其實手機市場轉弱，以及市場以為正常的角度評價手機設備股，都令這股的股價回到正常。

這企業在手機的聲學擁有技術，但將技術延伸到其他行業的應用，這企業就不算太著重，又或未必能做到有效應用。因此，往後的增長力仍會集中在手機領域，這因素令企業的估值不會過高。

當投資者為這企業進行估值時，不能以太高的市盈率計算，若以平均盈利推算，12倍至18倍是較合理的水平，同時，不能以高增長股去理解這企業。以平穩增長去分析會較好，以穩中求勝的角度分析會較合理，投資後值得長線持有。

金沙中國有限公司
SANDS CHINA LTD.

濠賭股中最佳

股票代號：1928
業務類別：酒店娛樂
集團主席：Sheldon Gary Adelson
主要股東：Sheldon Gary Adelson家族（70.1%）
集團網址：http://www.sandschinaltd.com

股價圖

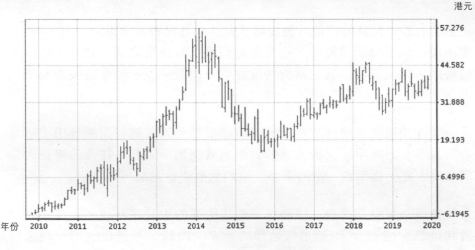

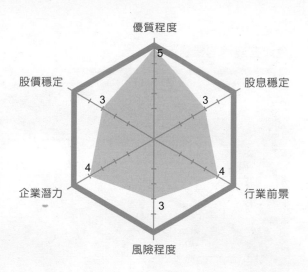

5年業績

年度	2015	2016	2017	2018	2019
收益（億美元）	68.2	66.5	75.9	86.7	88.1
盈利（億美元）	14.7	12.2	16.0	18.9	20.3
每股盈利（港元）	1.41	1.18	1.55	1.82	1.96
每股股息（港元）	1.99	1.99	1.99	1.99	0.99
ROE	23.8	22.6	33.6	41.9	45.9

企業簡介

金沙中國主要業務為在澳門發展及經營綜合度假村，除博彩區，亦有會議場地，進行大型會議及展覽之會堂，以及零售、餐飲地點及文娛場所，員工人數超過28,000人。

金沙擁有約12,000間酒店客房及套房（澳門同業中最多）、150家餐廳、210萬平方呎零售樓面、170萬平方呎會議場地、常設劇院、一個15,000座位的綜藝館，以及多間全球最大的娛樂場。

金沙在澳門的業務版圖

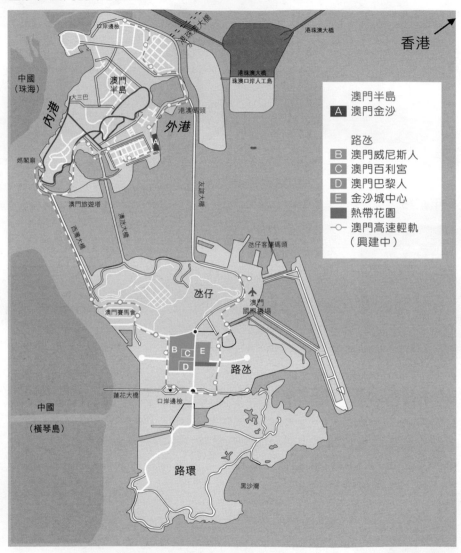

資料來源：金沙中國 2018 年年報

賺錢能力甚高

澳門賭業股可謂各有千秋，而大部分都是不錯的股票，因為營運賭場只要經營得宜，要賺錢基本上並不困難，問題是賺多與賺少。而澳門的博彩行業結構是只有6個賭牌，一個不止是穩賺，而是甚為好賺的行業，加上只有幾間企業壟斷市場，憑這兩個因素已分析到這6間企業都是擁有獨有優勢的優質股，問題是如何選擇較優質的。

金沙將美國拉斯維加斯的營運模式引入澳門，成功在澳門成為數一數二的行業龍頭，而金沙多年來在澳門的投資金額，已超過1,000億港元，而且仍不斷發展中，可見金沙對澳門賭業長遠的信心。若以盈利計算，差不多每年的盈利都有過百億港元，可見其創造現金的能力，就如不斷生金蛋一樣。

由於整個行業在金融海嘯後的幾年快速擴展，故絕大部分澳門博彩企業都取得很好的回報，但近年已進入平穩期，最高增長的年代已過，之後將會平穩增長。另外，賭業對經濟較為敏感，因此股價上落較大，但大家要記往，開賭長遠是必賺的，中短期有上落很正常，因經濟差令股價下跌反而是投資時機，只要是長線投資就無問題。

經營模式

金沙最值錢的不是金蛋，而是生金蛋的能力，金沙有能力吸引人到各種各樣的設施，然後再到其賭場，為自己創造更多客源。

金沙不止擁有賭牌、擁有賭場，更重要的是擁有吸引人去賭場的度假村、酒店、商場、娛樂設施、展覽、旅遊、渡輪服務，甚至是航空（金

沙與LVS訂立共享服務協議，可使用共有18架公司專用飛機的機隊）。所以，金沙整個配套、整個營運模式才是當中最有價值的資產。

雖然娛樂場以外業務的貢獻只佔約一成，但這正是金沙重要的配套，用以協助高利潤的賭場，令真正賺錢的部分創造更多盈利。

行業與業務結構

雖然各博彩企業的生意模式不一，未必能直接比較，但若以6間博彩企業的純利率比較，金沙不止是6間之首，更達至兩成的純利率水平。從金沙的極高純利率中，不止看出其有極佳的賺錢能力，同時能分析到金沙是行業中數一數二的強者。

金沙的股本回報率亦是吸引的，能保持上升，反映再投資後，錢搵錢的能力很強，證明博彩業是賺錢能力很高的行業，種種因素都能將金沙定義為很優質的股票。不過，由於派息比率高，因此未能真正反映再投資的情況。

發展前景

金沙現擁有5個大型綜合項目：澳門金沙、澳門威尼斯人、澳門百利宮、金沙城中心、澳門巴黎人，落成年份分別為2004年、2007年、2008年、2012年、2016年。利用穩步的形式不斷擴展，同時利用之前所賺的資金不斷再投資，獲取理想的再投資回報率，可見整個發展計劃十分完善。

金沙發展項目

資料來源：金沙中國 2018 年年報

接下來，金沙將額外投資 $170 億港幣，以擴展酒店房間、零售及娛樂產品。當中包括於澳門倫敦人的公寓式酒店大樓，以及澳門四季大樓套房增設超過 600 間新豪華套房。此外，亦會將金沙城中心擴建、翻新及重塑為一個新的綜合度假村目的地「澳門倫敦人」。澳門倫敦人將以提供額外的會展、旅遊、零售及娛樂產品為特色。

同時，賭場將受惠於澳門及整個大灣區的建設性基建投資、港珠澳大橋等，因此，前景仍然正面。至於澳門賭牌到期問題，這個我在課堂中，以澳門、澳門政府等的角度作了詳細分析，簡單來說，金沙與銀娛（0027），是 6 間博彩企業中，最大機會成功投得新賭牌的兩間。

投資策略：分注儲貨

若比較各澳門博彩股，金沙擁有較佳的賺錢能力，多年的博彩業營運經驗，風險管理較強，就算面對週期下跌，金沙的穩定性仍較強，加上資產規模及行業領導，金沙是澳門6間博彩企業中最優質的一間。

早幾年澳門賭業面對不景期，但有相當規模及財力的金沙，仍能在2015年（即賭業收入已跌一年多的時期），決定派每股$1.99的全年股息，可見金沙對自己的財力甚有信心，同時認為下跌週期不會對其核心資本造成影響。另外，金沙在行業中擁有最高的純利率，反映行業中賺錢能力數一數二，故就算在下跌期中，亦能為自己創造出不差的生意。

另外，金沙多年的股本回報率都處於高水平，這反映金沙就算身處不景期，賺錢能力仍比不少企業強，而經營賭業的確甚為好賺。

不過，金沙最快速的增長時期已過，往後只能以較平穩增長的模式出現，但長遠增長力仍在，因為就算在早幾年澳門賭業不景期時，金沙所做的不是縮減資本開支，而是保持投資，把握時機不斷發展，可見對未來的信心。

由於這是本質良好的企業，就算行業出現中短期下跌，也不會對企業造成長遠影響，而在不景期，股價往往處於便宜區域，因本質良好，行業是賺錢行業，故金沙必定能渡過低潮期，故在不景時買入，持有至回復好景期，又或永遠持有，都是可取的投資策略。

若果以平均盈利，即是將近5年的盈利取平均數來推算平均市盈率，以金沙質素來說，處15倍-20倍的市盈率，其實已有一定的投資吸引力，就算高於20倍，只要不太過高，以分注投資慢慢儲貨的模式進行，長線投資，無論是收息及平穩增長，這股都合適的。

銀河娛樂集團有限公司
GALAXY ENTERTAINMENT GROUP LTD.

銀娛 GEG **路氹項目持續發展**

股票代號：0027
業務類別：博彩業
集團主席：呂志和
主要股東：呂志和家族（40.8%）
集團網址：http://www.galaxyentertainment.com

股價圖

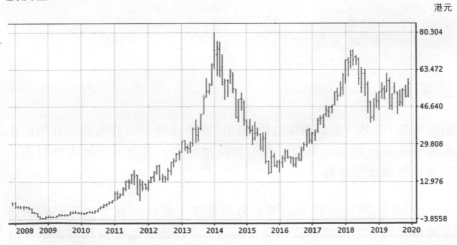

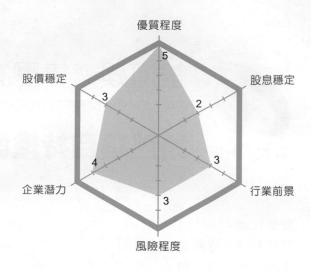

5年業績

年度	2015	2016	2017	2018	2019
收益（億）	385	416	486	552	519
毛利（億）	41.6	62.8	105	135	130
每股盈利	0.98	1.47	2.45	3.13	3.01
每股股息	0.42	0.33	0.59	0.91	0.91
ROE	10.5	14.4	20.6	22.9	19.2

企業簡介

銀河娛樂（銀娛）主要業務為於澳門從事娛樂場、幸運博彩、其他形式的博彩，提供酒店及有關服務，以及在香港、澳門及中國內地製造、銷售及分銷建築材料。

自2002年獲澳門政府批給博彩專營權後，銀娛一直發展澳門的酒店及博彩業務，目前博彩及娛樂業務已佔銀娛營業額及盈利的九成半以上，集團旗艦為「澳門星際酒店」、「澳門銀河」及「澳門百老匯」。

澳門博彩業寡頭壟斷

開賭場可說是必賺的生意，因為賭只是一種數學或然率的計算，只要數額夠大，當中的賺錢毛利就會很易計算得到，只要有一定的營運經驗，規模夠大，就不難做好管理，及將模式複製不斷擴展，只要客源充足，就不愁沒有錢賺。

澳門的賭博行業由政府發牌，銀娛作為其中一個賭牌持有者，必然有一定的生意，由於中國客源佔了多數，故中國的經濟，以至消費力，以及自由行等，都會對銀娛的盈利有影響。

現時澳門的賭牌共有3個主牌加3個副牌，即是合共6個賭牌，持有的企業為：澳博（0880）、銀娛（0027）、金沙（1928）、永利（1128）、美高梅（2282）及新濠博亞，行業結構為寡頭壟斷。

有關澳門賭牌的到期問題，由於解說需時，因此詳細會在股票班分析，分析點站在政府的角度。簡單來說，銀娛及金沙，是最大機會投得賭牌，順利過渡的兩間公司。

由於開賭是高毛利行業，而行業結構為寡頭壟斷，加上自由行人數長遠正面，故很易分析到，澳門博彩企業都有一定的質素，而銀娛作為其中一間，自然有一定的優質度。

業務分析

銀娛的主要業務包括「博彩及娛樂」以及「建築材料」，現時絕大部分的收入來源都來自「博彩及娛樂」部分，旗艦為「澳門星際酒店」、「澳門銀河」及「澳門百老匯」，當中以澳門銀河的貢獻最大，佔總盈利約7成。

澳門銀河於2011年開業；隨著第2期於2015年開業，總面積約佔地100萬平方米。當中包括5間酒店，提供約3,600間客房、套房和別墅，包括：澳門麗思卡爾頓酒店、澳門悅榕庄、澳門JW萬豪酒店、澳門大倉酒店及銀河酒店。

當中提供零售、餐飲、娛樂等設施，零售空間有逾100,000平方米，及擁有面積約75,000平方米的水上樂園設施，以及一間設有10個獨立影院的戲院。

澳門銀河圖片

資料來源：
銀娛網站

這些娛樂設備，為銀娛提高了價值，為其創造了三大收入來源，第一是酒店業務，澳門銀河的5間酒店，入住率達到98%，是一個十分理想的水平，加上這幾間酒店的費用，都比澳門其他酒店貴，但入住率仍處於偏高水平，反映定位正確，亦受旅客歡迎。

第二個收入來源就是相關的設備，當中的商場、餐廳、戲院等，都為銀娛提供一定的收入。

核心賺錢業務

澳門銀河內設施圖片

澳門百老匯內設施圖片

資料來源：
銀河娛樂投資者簡報

至於第三個收入，就是博彩部分，這才是銀娛的核心，因為上述的各種收入，都只能為銀娛提供兩成的盈利貢獻，而最核心的部分，是來自博彩業務。

各種娛樂設施，以及酒店部分，目的都是吸引旅客來到銀娛，最重要是引他們入去賭場，因為這部分才是銀娛最賺錢的業務。

賭業是一個很賺錢的行業，因此回報率一定很高，在銀娛的股本回報率（ROE）中，可見回報率相當吸引，再投資的回報率不斷提高，反映將資金投資於這種博彩娛樂事業，所得的回報比很多行業高。

加上每年有過百億的經營現金流，都反映博彩是一門甚為賺錢的生意，銀娛仍會不斷發展，增加在澳門博彩業的市佔率，可見這股長遠有一定的價值。

將來發展潛力

澳門半島的發展空間已有限，若要持續發展，必然是集中在路氹方面的地區。銀娛擁有澳門最大的土地儲備，加上正在發展中的銀河第三及第四期項目，可見長遠的增長力仍在。港珠澳大橋令整個區受惠，從香港國際機場到澳門只需40分鐘，而澳門的輕軌鐵路，亦有利氹仔的賭場。

更值得留意的，是銀娛在一幅位於中國橫琴島面積達2.7平方公里的土地上發展，預計投資過百億元人民幣以發展渡假勝地，而這是一幅與路氹十分接近的地。銀娛表示，這地將發展世界級渡假勝地，以低層建築物組成。

相信銀娛的策略，就是中國渡假及澳門博彩合併成一體去定位，即是旅客部分時間在澳門賭博，部分時間又在橫琴的設施娛樂，以及在橫

琴酒店住宿。作用是結合澳門博彩,以及橫琴成本較平的優勢,一整體去發展。

基本上銀娛的財務很穩健,長期負債很少,現金充足,但流動比率方面則較弱。有上過我股票班的同學,都會明白銀娛這方面的指標未必合格,但仔細分析,銀娛的現金流強勁,翻錢速度快,就算流動負債方面略高,也不用太擔心,仍處可接受水平。同時,由於銀娛現金流強勁,對將來發展十分有利。

澳門地圖

資料來源:
Google 地圖

投資策略：慢慢儲貨，長線投資

綜合而言，銀娛有一定的質素，絕對是優質股之選。但賭業的收入較為波動，這亦令銀娛過往的股價較為波動，因此投資者要明白這點。

所以在投資策略上，買入時要注意估值，分析會否處較貴的水平，如未能掌握，宜用分注買入或月供的模式進行。

由於這股的亮點是長期發展，因此要長線投資，經濟、自由行人數、賭業的中短期可能會有波動（特別是賭業對經濟較為敏感），但長期計，賭業一定是很賺錢的行業，所以當行業較弱，以及這股較多壞消息時，必定令這股處於較便宜狀態，反而是最好的投資時機。

金界控股有限公司
NAGACORP LTD.

壟斷柬埔寨賭業

股票代號：3918
業務類別：博彩娛樂
集團主席：Timothy Patrick McNally
主要股東：Chen Lip Keong（66.1%）
集團網址：http://www.nagacorp.com

股價圖

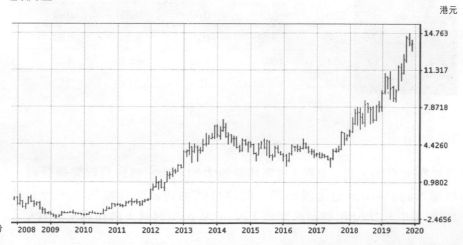

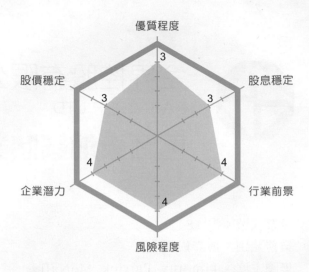

優質程度 3
股息穩定 3
行業前景 4
風險程度 4
企業潛力 4
股價穩定 3

5 年業績

年度	2015	2016	2017	2018	2019
收益（億美元）	5.04	5.32	9.56	14.7	17.6
毛利（億美元）	3.28	3.67	4.73	6.73	8.46
盈利（億美元）	1.73	1.84	2.55	3.91	5.21
每股盈利（港元）	0.59	0.61	0.62	0.70	0.94
每股股息（港元）	0.35	0.29	0.28	0.42	0.66
毛利率	65.1	69.0	49.5	45.7	48.2
ROE	26.3	19.0	19.4	26.7	31.3

企業簡介

金界控股有限公司（金界）是柬埔寨最大的酒店、博彩及娛樂運營商，旗艦NagaWorld是金邊市唯一的綜合式酒店及賭場娛樂城，持有為期達70年至2065年的賭場牌照，NagaWorld僱員人數超過5,500人。

另外，金界亦享有在金邊市方圓200公里範圍（東越邊境地區、Bokor、Kirirom Mountains及Sihanoukville除外）內至2035年屆滿為期的獨家賭場經營權。

金界娛樂城

金界娛樂城相片

資料來源：金界控股網站

金界娛樂城（NagaWorld）內設一家擁有700間客房的酒店、19間餐飲店及娛樂場所，當中包括25,000平方米的會議廳及舞廳、可容納60席的禮堂及展覽廳，金界娛樂城擁有約300張賭桌及1,600台電子博彩機。另外，Naga2已在2017年年尾落成，配合近年中國旅客的增長，帶動這企業近年的生意理想增長。

娛樂城亦有多間高級品牌精品店，包括：卡地亞（Cartier）、伯爵（Piaget）、勞力士（Rolex）、萬寶龍（Mont Blanc）及積家（Jaeger-LeCoultre）等。

金界娛樂城的級數不俗，已達至國際水平，由於是壟斷金邊賭場業務，而金邊是柬埔寨首都，因此當地的旅遊業對娛樂城有相當大的影響。

柬埔寨旅遊業

柬埔寨經濟的四大支柱為：旅遊業、加工業、建築業、農業，柬埔寨仍是新興的發展國家，以前曾受戰爭等因素影響，經濟發展較慢。不過近年政治穩定，並大力推動旅遊業，成功吸引不少遊客，柬埔寨與中國關係特別良好，中國是柬埔寨最大的援助國。

柬埔寨到訪旅客數據

Tourism Highlights
Int'l Tourist Arrivals, Average Length of Stays, Hotel Occupancy & Int'l Tourism Receipts 1993 - 2018

Years	Int'l Tourist Arrivals		Average Length of Stays (Days)	Hotel Occupancy (%)	Int'l Tourism Receipts (Million US$)
	Number	Change (%)			
1993	118,183	-	N/A	N/A	N/A
1994	176,617	49.4	N/A	N/A	N/A
1995	219,680	24.4	8.00	37.0	100
1996	260,489	18.6	7.50	40.0	118
1997	218,843	-16.0	6.40	30.0	103
1998	286,524	30.9	5.20	40.0	166
1999	367,743	28.3	5.50	44.0	190
2000	466,365	26.8	5.50	45.0	228
2001	604,919	29.7	5.50	48.0	304
2002	786,524	30.0	5.80	50.0	379
2003	701,014	-10.9	5.50	50.0	347
2004	1,055,202	50.5	6.30	52.0	578
2005	1,421,615	34.7	6.30	52.0	832
2006	1,700,041	19.6	6.50	54.8	1,049
2007	2,015,128	18.5	6.50	54.8	1,400
2008	2,125,465	5.5	6.65	62.7	1,595
2009	2,161,577	1.7	6.45	63.6	1,561
2010	2,508,289	16.0	6.45	65.7	1,786
2011	2,881,862	14.9	6.50	66.2	1,912
2012	3,584,307	24.4	6.30	68.5	2,210
2013	4,210,165	17.5	6.75	69.5	2,547
2014	4,502,775	7.0	6.50	67.6	2,736
2015	4,775,231	6.1	6.80	70.2	3,012
2016	5,011,712	5.0	6.30	68.9	3,212
2017	5,602,157	11.8	6.60	71.3	3,638
2018	6,201,077	10.7	7.00	72.2	4,375

（資料來源：柬埔寨旅遊部刊發統計報告）

東埔寨旅客結構

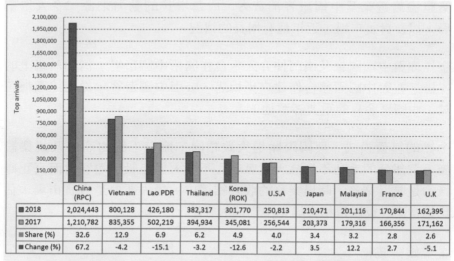

	China (RPC)	Vietnam	Lao PDR	Thailand	Korea (ROK)	U.S.A	Japan	Malaysia	France	U.K
■2018	2,024,443	800,128	426,180	382,317	301,770	250,813	210,471	201,116	170,844	162,395
▤2017	1,210,782	835,355	502,219	394,934	345,081	256,544	203,373	179,316	166,356	171,162
■Share (%)	32.6	12.9	6.9	6.2	4.9	4.0	3.4	3.2	2.8	2.6
■Change (%)	67.2	-4.2	-15.1	-3.2	-12.6	-2.2	3.5	12.2	2.7	-5.1

（資料來源：東埔寨旅遊部刊發統計報告）

國際遊客造訪東埔寨人數有增長勢頭，到訪遊客超過600萬人，與10年前相比，有倍計的升幅。中國、越南、老撾、泰國、南韓是主要旅客來源地區，而中國旅客佔比正不斷上升。

東埔寨是一個有潛力的國家，而旅遊業是其中的動力所在，但這類新興發展中的國家，難免會存有風險，經濟的起落，旅遊業的變數，甚至是潛在政治風險，都存有不確定性，投資者要明白這點。

金界業務分析

金界以酒店、娛樂、博彩混合的模式去營運，博彩業務，貢獻大部份收入，佔9成以上；非博彩業，例如酒店、餐飲及娛樂業務，則佔比不足1成。

金界收入有不錯的上升，帶動毛利與盈利穩步上升，這是受惠於柬埔寨整體旅遊業及中國旅客消費力，成為增長的動力來源，令大眾市場，以及貴賓市場，近年都有增長的情況。

金界亦與中國國旅及澳門仲介人，合作開拓中國市場，例如航班上的安排，亦與中國國旅合作建立免稅店，吸引中國遊客。從上述數據可見，中國是金界的重要客源地。

金界的經營模式，與國際賭場大致相同，擁有不錯的酒店及娛樂設施，這部分的毛利不算高，貢獻收入不多，但能吸引遊客，而真正賺錢的是賭場業務。賭場業務的收入結構中，最大部分是貴賓市場，佔比相當高，反映目標市場是中高端的客戶。

金界娛樂城相片

資料來源：金界控股 2018 年年報

金界娛樂城相片

資料來源：金界控股網站

近年業務不斷增長

近年，整個大環境有利金界的經營，帶動金界業務不斷增長，收入增
長理想。

首先，市場對柬埔寨政治氣候以及社會秩序保持信心，這帶來有利的
經濟環境以及令遊客（特別是中國遊客）人數增加。市場對經濟環境
的信心令經濟活動增加，導致金邊市投資者數目及外籍人口增加，推
動NagaWorld的訪客增加。

加上Naga2期在近年開業,帶動金界整體的收入上升。由於柬埔寨的旅客數字不斷上升,而金界是金邊市唯一賭場娛樂城,處於一個有利位置,當大環境增長時,金界自然得益,近年的擴建能把握當中的機遇。

財務情況不俗

金界的收入增長理想,而毛利及盈利亦不錯,雖然整體的財務數據正面,但仔細分析,賺錢能力有減弱情況。從毛利率可見,金界過往的毛利率甚高,但近年就有減弱情況,但整體來說,金界仍是一間很好賺的企業,只是由過往賺取高利潤,到近年賺取合理利潤水平。

金界的財務情況穩健,負債不高,加上現金流強勁,都反映這企業有一定的質素。

其實金界有不錯的賺錢能力,股本回報率卻不斷下跌,其中一個原因是發行股份的數目有所增加,引致股本擴大,資金不會取得即時的回報,引致回報率下降,不過這刻仍處於高水平。

每股權益攤薄

雖然這企業有一定的優質度,但都有對小股東的不利因素,成為扣分的地方。

首先,過往大股東持有一定數量的「可換股債券」,近年就被悉數行使,令這企業的股份數目增加。這因素令企業每股盈利的上升情況,不及整體盈利的升幅,同時令股本回報率下跌。

因此每股權益略受影響,如果有上過本人股票班的同學,都知損益表中,會有每股盈利的基本及攤薄數字,小心解讀這些數字,才能真正

計算到企業的價值，從而推算出更準確的市盈率數字，而年報中的數字，能更清楚反映這情況。因為這數字會令日後的每股盈利略為減少，以及令之後的市盈率略為增加，投資者要考慮這因素。

另外，金界控股為發展柬埔寨Naga3項目，令資本開支大增，近年要透過發行11億新股去集資支付項目，令每股的股權攤薄。

新興市場潛力

金界近年落成的Naga2期，總建築面積超過12萬平方米，當中包括NagaCity步行街的零售及公共區域，而Naga2將設有約1,000間酒店客房，娛樂設施及賭場，以擴展業務。當中的NagaCity步行街已經開業，包括面積不少的免稅品商店。

同時，金界正發展Naga3項目，獲當地政府批准發展5幢建築面積共逾580萬平方呎的物業，包括提供共4,700個房間的酒店群、娛樂場所及公寓等，總投資高達$270億港元，可見潛力不少。

柬埔寨仍是發展中的國家，當中的潛力不能忽視，中國的旅客不斷增加，預期這情況仍會持續，而金界在金邊的壟斷優勢，再配合新發展項目，是一個不錯的機遇。不過，柬埔寨始終是新興的市場，總會存有不確定性，投資者一定要明白這點。

同時，近年的增長很大程度來自中國，而金界不斷發展項目，若然中國旅客人數大減，將會對這企業造成很大的打擊，投資者不能忽略這風險。

另一方面，金界正投資俄羅斯海參崴市的博彩及度假村發展項目，投資數十億港元金額，發展一個名為「濱海邊疆娛樂渡假城」（PERC）的項目，將帶動金界進一步擴展業務。當然，俄羅斯始終是新興市場，存有潛力的同時，亦存有不確定性，這點投資者都要明白。

金界於俄羅斯的項目的設計圖片

投資策略：要控制注碼

金界本質不錯，賭業本身是高毛利行業，而金界壟斷了金邊的業務，加上業務平穩，財務穩健，負債不高，企業有一定的質素。

但金界於較新興的市場發展，比起澳門的賭業股，金界的增長及潛力較大，但始於業務難免存有不確定性，當中的風險同樣略高，這點投資者要明白，亦因為這原因，若投資者投資此股，在注碼上不能去得太盡。

至於市場估值方面，比起澳門賭業股，可說處較低的估值水平，這由於要反映新興市場的風險，就算簡單地以市盈率分析，金界的市盈率都會比澳門賭業股為低，都是相同原因。因此，這只是合理，不是特別便宜。

這企業近年有股本擴大情況，對每股盈利數字略有影響。市場估值則大多處合理水平，不算特別高估，只要在合理估值範圍，投資者都可分注投資，但新興市場有風險，因此不能太大注。

第 4 章 精選 10 隻潛力股

比亞迪電子（國際）有限公司
BYD ELECTRONIC (INTERNATIONAL) COMPANY LIMITED

新技術潛力待發揮

股票代號：0285
業務類別：電子消費品
集團主席：王傳福
主要股東：比亞迪股份有限公司（1211）（65.8%）
集團網址：http://www.byd-electronic.com

股價圖

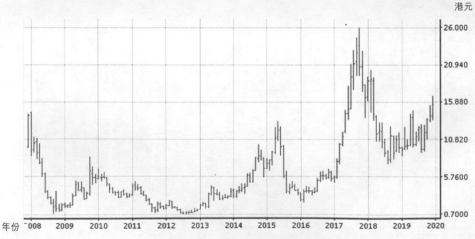

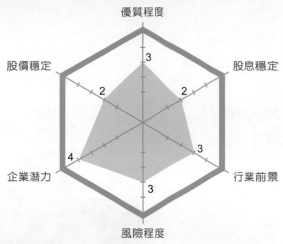

5 年業績

年度	2014	2015	2016	2017	2018
收益（億人民幣）	198	293	367	388	410
毛利（億人民幣）	21.1	19.0	28.0	42.6	41.7
盈利（億人民幣）	9.02	9.08	12.3	25.8	21.9
每股盈利（港元）	0.48	0.48	0.61	1.38	1.10
每股股息（港元）	0	0	0.15	0.28	0.22
毛利率	10.6	6.50	7.62	11.0	10.2
ROE	9.75	8.99	11.1	19.9	14.6

企業簡介

比亞迪電子主要業務為製造手機部件及模組，亦向客戶提供手機設計及組裝服務，是一家垂直整合手機零部件及模組製造、手機設計及組裝服務供應商。公司為知名手機供應商（即原設備製造商或OEM）提供服務。

當中的產品服務包括為手機製造商提供手機部件（包括手機外殼和結構件），配備機械零件如手機外殼、麥克風、連接器和其他組件的手機模塊的製造，以及手機整機的設計及組裝服務，並提供其他電子產品的設計、部件生產及組裝服務。提供一站式、垂直的服務。

企業發展

業務地區分類

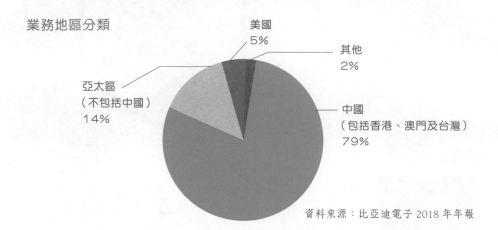

資料來源:比亞迪電子 2018 年年報

比亞迪電子的主要營業地位於中國,手機代工製造為主要業務。早年曾經受主要客戶Nokia的衰退影響,令比亞迪電子業績連番下跌,其後受智能手機、中國手機訂單帶動,令業務有明顯增長。

智能手機經過了多年的增長後,近年進入下跌週期,2018年全球智能手機出貨量按年下跌4%至14億部,據中國信息通信研究院資料,2018年中國市場智慧手機出貨量3.90億部,同比下降15%。往後,相信智能手機市場,將會進入平穩期。

賺錢能力分析

業績可見,比亞迪電子的毛利率不高,始終這類代工模式運作的企業,難以有很大的賺錢能力。至於股本回報率(ROE),同樣只是一般,因為比亞迪電子只是處理中間某些部件及程序,而不少客均為大企業客

戶，可能會有壓價情況，令獲利有限，故此當公司再投入新資源去提升營運及開發新產品時，所得的回報亦只是中等。

種種因素可得出，此企業的賺錢能力不算最強的類別，雖然這企業都有技術方面的因素，令其有質素，但不會是最強之列，因此在企業估值上，不會太高。

這企業在技術方面有優勢，同時，企業亦強化了與國內廠商的關係，配合其推出不同的智能手機，近年取得不少高端項目，中國手機品牌近年在全球表現不差，市佔率不斷上升，亦令此股能在當中受惠，相信往後的業績仍能保持向好。

發展亮點

近年手機市場的增長一般，但這企業的生意額，增長幅度比行業較好，在近年有理想的增長，盈利同樣理想，這反映比亞迪電子擁有某些優勢，在行業競爭中取得了相當的訂單，出現比行業更大增長的情況。

例如在幾年前，比亞迪電子研發出塑膠與金屬的納米混融技術（plastic-metal hybrid，簡稱PMH），並實際應用在機殼及部件上，生意不斷上升。

到近年，比亞迪不斷開發3D玻璃、陶瓷及複合材料等新材料技術，由於市場需求大，得益於相關技術，帶動這企業的業務大幅增長。

這技術在最新的智能手機上，可以提升信號接收水平，及更支援5G技術，同時在無線充電上，不似傳統材料令手機出現過熱的情況，相關技術已令比亞迪電子獲得了多個智能手機廠商的訂單，相信應用將會更廣，往後繼續能帶動生意向上。

比亞迪電子其中一項優勢是研發能力，管理層強調技術的重要，而此企業每年投資不少資金在研發上。同時，企業當中擁有不少工程師，而這些工程師的成本都比外國為低，成為企業優勢。只要擁有研發能力、研發成本較外國企業低，就能在將來產生優勢，成為成長的其中一重點。

投資策略：平價買入，穩中求勝

綜合而言，此企業的評價是正面的，但始終本質只是部件及代工業務，缺乏成本轉嫁、價格自主的能力，縱使賺錢能力有所提升，但長遠計的毛利率及ROE 亦不會太高。

故長遠價值算是中性偏好，合理市盈率亦不會太高，相信8倍至13倍是合理水平。

市場競爭激烈、中國經濟放緩等因素，仍會對業務產生中短期影響。此企業的新技術，以及當中的研發能力是潛力所在，所以只要在較平的價格買入，長期持有，憑這企業的技術，會帶給投資者有理想的回報。

XYG 信義玻璃控股有限公司
XINYI GLASS HOLDINGS LTD
押注研發技術

股票代號：0868
業務類別：工業用品
集團主席：李賢義
主要股東：李賢義及關連人士（22.0%）
集團網址：http://www.xinyiglass.com

股價圖

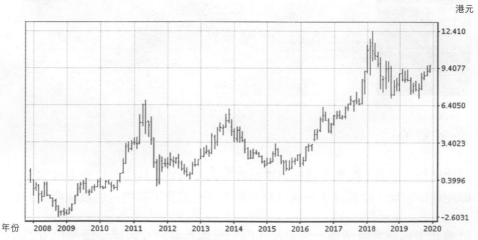

港元

12.410
9.4077
6.4050
3.4023
0.3996
-2.6031

年份 2008 2009 2010 2011 2012 2013 2014 2015 2016 2017 2018 2019 2020

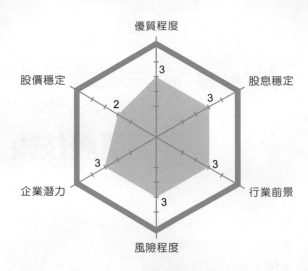

5 年業績

年度	2014	2015	2016	2017	2018
收益（億）	109	115	128	147	160
毛利（億）	27.3	31.3	46.6	54.4	58.8
盈利（億）	13.6	21.1	32.1	40.1	42.4
每股盈利	0.35	0.54	0.83	1.01	1.06
每股股息	0.15	0.27	0.40	0.48	0.52
毛利率	25.0	27.2	36.3	37.0	36.7
ROE	11.1	16.8	24.8	25.6	23.0

企業簡介

信義玻璃（信義）從事多種玻璃產品的製造及銷售，其中包括汽車玻璃、節能建築玻璃、優質浮法玻璃以及其他不同商業及工業用途的玻璃產品。

信義在中國廣東省深圳、東莞及江門、安徽省蕪湖及天津等優越位置的工業園製造產品。此外，亦製造汽車橡膠及塑膠元件，產品出口至140個國家地區。

行業龍頭

信義擁有技術及完善的銷售網絡，在行業中有一定的市場佔有率，部分業務在全球玻璃行業處領導地位。

信義玻璃的主要市場在中國，為其貢獻大部分營業額，另外不少產品亦有向美國、加拿大、澳洲、新西蘭以及中東國家、歐洲、非洲、中美洲及南美洲約140個國家及地區的客戶出售。

信義按地區劃分之銷售

截至12月31日止財政年度

地區	2018年（百萬港元）	%	2017年（百萬港元）	%
大中華（附註a）	11,437.9	71.4	10,774.4	73.2
北美州	1,621.7	10.1	1,489.4	10.1
歐洲	510.4	3.2	434.1	2.9
其他（附註b）	2,444.5	15.3	2,029.6	13.8
	16,014.5	100.0	14,727.5	100.0

註：(a) 中國及香港。
(b) 澳洲新、西蘭、非洲、中東、中美洲、南美洲及其他國家。

資料來源：信義玻璃2018年年報

信義近年把握中國優質浮法玻璃、節能低輻射建築玻璃，以及全球市場汽車玻璃的穩定需求，繼續保持在全球玻璃行業的領先地位。

2013年尾，信義玻璃將太陽能玻璃及相關業務分拆於聯交所主板獨立上市，即「信義光能」（0968）。分拆完成後，信義玻璃持有的信義光能已發行股份，由原本全資擁有到減至約三成，故太陽能玻璃不再是信義玻璃的主要業務。分拆後，信義光能的生意不會在信義玻璃中反映，而信義光能的盈利則會在信義玻璃損益表中、應佔聯營公司溢利中反映。

業務分析

信義各業務的收益與毛利

	浮法玻璃	汽車玻璃	建築玻璃	未分配	合計
分部收益	10,390,576	4,251,854	3,338,242	-	17,980,672
分部間收益	(1,966,182)	-	-	-	(1,966,182)
來自外部客戶之收益	8,424,394	4,251,854	3,338,242	-	16,014,490
銷售成本	(5,693,034)	(2,385,931)	(2,060,173)	-	(10,139,138)
毛利	2,731,360	1,865,923	1,278,069	-	5,875,352
物業、廠房及設備之折舊費用	698,410	115,312	97,720	5,555	916,997
攤銷費用					
－租賃土地及土地使用權	20,830	4,423	2,352	57,079	84,684
－無形資產	-	2,215	-		2,215
虧損撥備淨額（增加）/減少	-	(2,329)	9,714	-	7,385
應佔聯營公司溢利	-	-	-	565,900	565,900

資料來源：信義玻璃 2018 年年報

浮法玻璃、汽車玻璃、建築玻璃為信義三大業務，提供相當的收入與毛利貢獻。浮法玻璃是一種優質及透明度高的平板玻璃，應用廣泛，如家用、車用、建築用，是信義業務的重要部分。

從過往的營業額中，信義保持快速增長，國內對節能低輻射鍍膜玻璃的需求增加，令信義在建築玻璃業務仍能有快速增長，而中國農村地區的城市化及雙層低輻射玻璃的持續需求令其生意近年加快增長。憑藉其技術及銷售網絡的優勢，相信仍能保持領導地位，將來仍有一定優勢。

毛利方面,亦見能保持理想增長,毛利率亦有增長的情況,反映企業不是強行開發一些不賺錢的業務去推高營業額,而是有實際生意的提升。盈利的增長亦理想,不過,信義受汽車、建築、消費等不同範疇的影響,盈利有潛在的不穩。

賺錢能力中等

股本回報率(ROE)方面,近年有上升的情況,整體上處於理想水平。雖然信義為行業領導,擁有一定的市場佔有率,但由於其客戶並非一般的消費者,其領導品牌所產生的優勢相對較弱。

產品銷售對象為不同的企業,企業在採購產品時個人喜好的因素較少,品牌因素不大,往往以其實用性及價格為採購與否的決定因素。這會令價格自主的能力減少,同時要面對其他對手的競爭。

前景分析

前景方面,信義主要市場仍是中國,而隨著城鎮化發展、汽車業的增長、對較高效能玻璃的追求,行業中長期發展仍向好,雖然未必是高速增長,但相信能平穩增長。而當中擁有領導地位的信義玻璃,長遠發展仍看好。

另外,中國政府收緊有關新增浮法玻璃生產線建設之政策,並通過提高排放環保標準,淘汰已過時之生產線,這對於較多資源及本身已有一定相關資產的信義來說,長遠是有利的,因為這有助淘汰較小型的同業。

近年積極發展雙層絕緣及分層絕緣玻璃窗結構的新產品,可更有效保溫及分層,以符合中國建築玻璃行業更高的安全標準。

但投資者要留意，中國玻璃行業的發展，始終受行業、環境、貿易、人民幣貶值等因素影響，因此中短期可能會有波動，但長遠仍處正面，不過未必是高增長類別。

投資策略：長線潛力投資

綜合而言，信義是不錯的企業，擁有不錯的技術及市場佔有率，而行業長遠的發展仍是不俗，因此有一定質素。

不過，銷售對象並非消費者，故品牌力量不會太大，而再投資的回報率不會太高，都令信義略為打折扣。而行業競爭仍在，加上行業中短期的波動，都是風險所在。

整體而言，雖然有一定質素，但優質程度算是中等。

信義不是沒有潛力，市場對信義的估值市盈率一般都在 10 倍以下，即是認為信義只能平穩發展，沒有潛力，所以股價不會太貴。若然信義出現較大增長，回報就會可觀。

關鍵是信義擁有一定的技術，而這些技術仍會不斷進步，新產品的應用層面會更廣，加上市場發展，將帶動增長。當然，這是長期投資中一種較為被動的策略，但信義由 1988 年開始發展，其後發展快速，不斷將產品擴展至不同領域，可見當中有一定的研發能力。

因此只要在估值較低的時候，作長線的潛力投資，就可慢慢等待收成。不過由於此股受建築、汽車等行業週期影響，盈利會較為不穩定，故不宜太大注。

中國生物製藥有限公司
SINO BIOPHARMACEUTICAL LTD.

行業競爭優勢佳

股票代號：1177
業務類別：保健護理用品
集團主席：謝其潤
主要股東：鄭翔玲（22.4%）
集團網址：http://www.sinobiopharm.com

股價圖

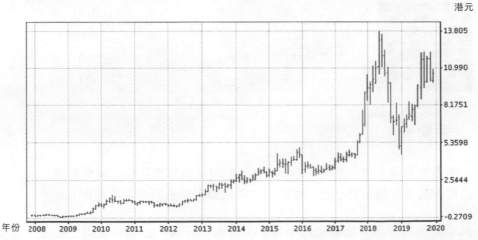

港元

年份

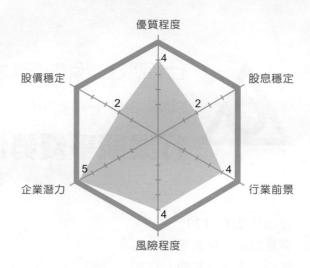

5 年業績

年度	2014	2015	2016	2017	2018
收益（億人民幣）	97.7	122	135	148	209
毛利（億人民幣）	74.6	94.7	107	117	167
盈利（億人民幣）	11.9	14.9	16.4	21.7	90.5
每股盈利（港元）	0.31	0.24	0.26	0.35	0.83
每股股息（港元）	0.06	0.06	0.06	0.08	0.08
毛利率	76.4	77.7	79.2	79.1	79.9
ROE	25.1	25.4	22.7	25.4	47.1

企業簡介

中國生物製藥（中生製藥）是中國領先的創新研究和開發的醫藥集團，業務覆蓋醫藥各種研發平台、智能化生產和強大銷售體系全產業鏈。

其產品包括多種生物藥和化學藥，在腫瘤、肝病、心腦血管病、鎮痛、呼吸系統用藥、骨科疾病等多個極具潛力的治療領域處於優勢地位。

行業風險與特性

2018年由於收購北京泰德股權，在會計上產生特殊收益入賬，因此真正的盈利要有調整，若果調整相關因素，基本的盈利為28.4億人民幣，較2017年增長37%。

中生製藥就是從事研發與銷售各種藥物，而這類研發藥物的企業，都會有一些特性。首先是行業風險，成功的藥物當然可賺到高回報，但研發藥物需要投入大量的資金、人力、時間，最終更可能會失敗收場。若企業未能成功研發出藥物，或該藥物無法市場化，都會對企業造成不利的局面，因此這類研發藥物的企業，都存有一定風險。

另外，這類企業需要大量資金的投入，每年都會消耗大量現金，若果在研發中途已將現金耗盡，就會得不償失。因此，當投資者在選擇這類研發藥物企業投資時，就要有幾個要點。

首先是財務穩健，資金充裕，這可減低投資風險，另外就是宜選擇已有一定業務規模、已擁有現有產品，最好有多隻不同的成功產品，可減少集中風險，並且能持續產生現金流的企業。因為研發所投入的資金是持續性，若企業本身已有成功的業務，能提供持續資金，就能避免資金鏈斷裂。而這就是選擇這類研發藥物企業的基本要點。

由於這類企業著重研發，需要資金，所以一般都派息不多，收息類以及低風險投資者都不適合。

業務基礎不差

中生製藥的業務基礎不差，藥品針對肝病、心腦血管、呼吸系統等較為大路的疾病，藥物有一定市場。而中生製藥不少範疇都取得中國國家食品藥品監督管理局頒佈的生產質量管理（GMP）認證書，並擁有不少專利，當中所出產銷售的藥物有一定質素，加上品牌不差，不少藥物都有穩定的市場，整個業務不錯。

中生製藥的主要產品

資料來源：中生製藥 2018 年年報

按治療領域劃分的營業額

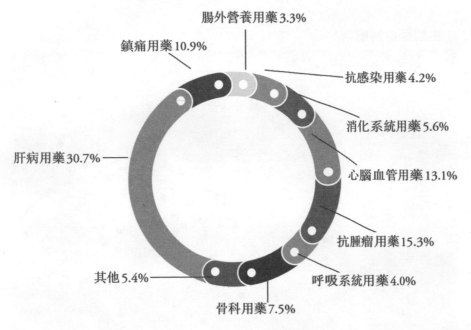

腸外營養用藥 3.3%

鎮痛用藥 10.9%

抗感染用藥 4.2%

消化系統用藥 5.6%

肝病用藥 30.7%

心腦血管用藥 13.1%

抗腫瘤用藥 15.3%

其他 5.4%

呼吸系統用藥 4.0%

骨科用藥 7.5%

資料來源：中生製藥 2018 年年報

若按治療領域劃分，肝病用藥就佔了三成多，是各範疇中最大，當中主要由保肝梅和抗肝炎病毒用藥兩大類構成，而當中藥物的品牌處中國領先水平。

在主要產品的銷售中，各產品都呈穩定增長，情況理想。從上圖可見，中生製藥沒有過度集中在某一產品中，集中風險不大，因為太集中依靠某一隻藥，若果大環境改變，又或其他藥廠研發了其他更有效的藥，對其打擊就會很大，因此，中生製藥擁有多隻藥及多個範疇，是較穩健的模式。

中生製藥處增長期

中生製藥銷售網絡

- 銷售網絡遍佈全國，12,000名銷售人員全國第一。
- 覆蓋全國90%以上醫院，肝病領域市場佔有率約25%。
- 研發開支佔銷售收入10%以上，全國第一。

中生製藥的銷售網絡遍佈全國，覆蓋全國90%以上醫院，專業銷售人員超過11,000人。

過往中生製藥有不錯增長，營業額保持快速上升，多種產品銷售理想，並帶動盈利保持增長。這亦是此類藥物企業的特性，若成功研發出有功效、能市場化的藥物，銷路往往會快速增長，帶動企業有理想回報。而中生製藥每年投放約營業額一成的資金作研發，可說是全中國相關企業最高的，可見這企業十分重視研發，重前景多過這刻的情況。

當然，投資者不是賭該企業的藥物成功與否，而是投資本身營運模式不錯的企業，即是該企業過往的藥物多數能取得市場認同，而這些藥物都能帶給企業盈利，並且有持續的現金流。

而企業會持續做研發，保持發展，但企業的命脈並非依靠這些新藥，亦不會依靠某一隻藥。而中生製藥的業務情況，就是擁多隻已成功藥物，業務保持增長，藥物都有一定質素，加上擁有現金逾$60億，負債不算多，可說是行業中較可取的企業。

中生製藥的賺錢能力不錯，毛利率保持約7、8成的水平，不止穩定，更是處高毛利狀態。而股本回報率（ROE）平均有約20%水平，是一個理想的回報率，反映藥物本身是賺錢的行業，而已建立一套良好營運與研發模式的中生製藥，能平衡相關風險，賺錢能力就不錯。

政策因素危與機

政府醫改旨在促進醫藥供給升級、提升高治療價值產品的普及性，以及淘汰重複落後的產能，這一定會令行業進行整合，雖然有機會令行業的賺錢能力減弱，但大型企業受到的影響相對較少。

未來國家醫保目錄動態，調整以及多項鼓勵創新、加快創新藥審評審批，以及新藥政策，會給中生製藥這類較有優勢的，重研發新藥的企業，創造更大的市場空間和發展機會。

因此，對這企業雖然會有中短期的不利影響，但長遠來說，反而更加有利。

投資策略：小心估值過高

綜合來說，中生製藥有不錯的營運與研發模式，並有一定的賺錢能力，而且旗下藥物有市場與質素，因此可說是不錯的企業，擁一定投資價值。

中生製藥產品已建立一定的市場，因此能帶來持續的生意，不止能減少企業風險，更有利於研發方面的持續發展，令中生製藥處於增長狀態。

不過，藥物行業不是完全向好的，中國藥物行業正處於競爭加劇以及加快整合的情況，加上之前較快的增長，都令行業進入增長放緩的時期。

這是中短期的情況，而在長遠而言，隨著醫改不斷推進、人民生活質素提升、人口老化、人們更關注健康等因素下，將帶動行業的增長，對這類較有優勢的企業，較為有利。

雖然這股有一定的增長潛力，但始終存有風險，所以投資者不宜將過多資金集中投資這股。至於估值方面，此企業本質不錯，擁有一定的潛力，但存有風險，加上近年醫藥股熱炒，故不能過份高追，最好用分注買入或月供的模式投資，會較為穩健。

比亞迪股份有限公司
BYD COMPANY LTD.

聚焦電動車發展

股票代號：1211
業務類別：汽車及零部件
集團主席：王傳福
主要股東：王傳福（A股）（18.8%）
集團網址：http://www.byd.com.cn

股價圖

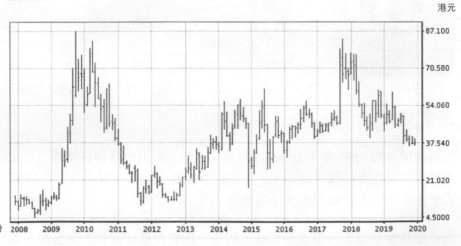

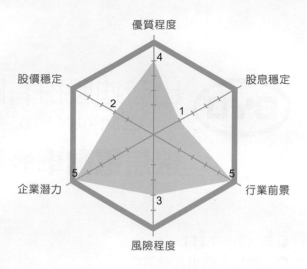

5 年業績

年度	2014	2015	2016	2017	2018
收益（億人民幣）	554	776	1,000	1030	1220
毛利（億人民幣）	76.2	119	190	179	181
盈利（億人民幣）	4.34	28.2	50.5	40.7	27.8
每股盈利（港元）	0.22	1.33	2.09	1.68	1.06
每股股息（港元）	0	0	0.61	0.20	0.23
毛利率	13.8	15.3	19.0	17.5	14.8
ROE	1.71	9.79	12.1	7.65	5.05

企業簡介

比亞迪創立於1995年，主要從事電池、手機，以及包括傳統燃油汽車及新能源汽車在內的汽車產業，以及雲軌等業務。比亞迪現有員工約22萬人，在全球建立了30多個生產基地。

比亞迪為全球領先的電池製造商，利用垂直整合模式運作，為全球手機廠商提供產品設計、製造、測試、裝配及售後等「一站式」服務。主要客戶為三星、華為、蘋果、聯想、vivo、小米等全球品牌。

比亞迪2003年拓展汽車業務，汽車業務實現高速增長，累計產銷超過兩百萬輛轎車，近年積極發展新能源汽車業務，2008年獲巴菲特入股，現時佔總股本約8%。

業務發展佈局

比亞迪不斷將重點放在汽車業務上，現時已佔生意的一半，而傳統汽車仍佔集團汽車銷售的較大比重。

按產品分類的營業額

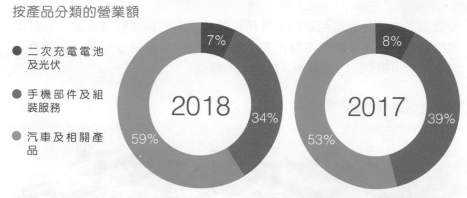

- 二次充電電池及光伏
- 手機部件及組裝服務
- 汽車及相關產品

資料來源：比亞迪 2018 年年報

比亞迪不斷將重點放在汽車業務上，現時已佔生意的一半，而近年新能源汽車開始有較明顯的增長，成為增長的動力，近年比亞迪新能源汽車（純電動車、混能汽車）的銷量，每年都以幾十個百份比的模式去增長，現時銷量已達十多萬架，居全球第一，與另一新能源汽車巨頭Tesla，均成為行業的領導。

現時，中國的汽車市場，近年已進入平穩狀態，甚至有些年份出現下跌，但新能源汽車則保持快速增長。比亞迪插電式混合動力車型佔據市場主導地位，佔插電式混合動力乘用車市場約4成的市場份額。

2003年，比亞迪宣布收購秦川汽車，由電池業進入完全不相關的行業，不過背後其實是將眼光放到一件長遠的產品身上，亦即是電池與汽車的結合，電動車。這項產品的成與敗將會對比亞迪有重大的影響，因為當中的投資已十分巨大，若電動車最終失敗了，比亞迪不止會浪費了多年的時間，更會有相當的損失，但若成功了，比亞迪將成為汽車行業新秩序中，其中一個國際級領導者。故此，分析的焦點將會落在電動車身上。

當2003年比亞迪進入汽車行業後，先發展傳統車市場。其後銷量取得高速增長，2003年由零開始，十年內銷量已有數十萬輛，增長相當快速，近年傳統車的業務放緩，增長動力依靠新能源汽車業務。

從營業額中，見到比亞迪的生意保持增長，而毛利卻較為波動，甚至出現倒退的情況，反映當業務出現不景氣的情況，就會令整體毛利受壓，從毛利率中更反映出這情況，情況並不穩定。

比亞迪各類型汽車

資料來源：比亞迪網站

潛力分析重點不是過去

以過往的業績看來，此企業的質素是一般的，雖然生意保持增長，但盈利波動。

不過若觀察遠一點及仔細一點，在當中亦能看出此企業的一些特質，其中之一是高速發展，比亞迪最初做電池起家，由零開始公司只有20人，其後發展至全球數一數二的電池生產商。而在汽車領域同樣有類似情況，2003年由零開始，十年內已有數十萬輛，在中國自主品牌中數一數二。

這兩個不相關的行業但此企業都能獲得巨大成功，可見比亞迪擁有一些特質，一些企業的獨有優勢，令其在市場上取得相當的地位，無論是眼光、研發能力、將研發成果市場化、以至產品定位、成本控制、市場推廣等。所以，就算此企業這刻不是很優質，但潛力是不可忽視的。

投資者在分析潛力股時，除要分析項目的可行性因素外，該企業能支持這項目的能力亦不容忽視。因為發展這些新項目，需要持續性資金的提供，因為難以估計何時才有真正的正現金流，而在產生之前就會有不斷的現金流支出，無論是產品的研發，以及持續的運作，都需要持續的資金去支持。

現金流供發展

若企業其他業務沒有足夠的現金流提供，企業就只能以融資等方式去為新業務提供資金，有可能在產品成功前已胎死腹中，無以為計。但若然有現有業務的支持，這便能使項目得以持續發展，成功機會大增。

比亞迪有電池、手機、傳統車業務，這些都是有實在的盈利，有正現金流的業務，能夠為電動車業務提供持續的資金，憑這一點，可見比亞迪有能力支持這個新業務的發展。

從現金流量表可見，比亞迪的經營現金流量，保持理想的正數，這提供了一定資金作企業發展。不過，負債不少是這企業扣分的地方，因為比

亞迪這刻仍不斷投資新業務，無論是研發還是建立新的生產基地，都要大量的投資，可見這企業仍處新發展階段。

電動車

其實電動車早在100年前已出現，但因電池性能問題而被燃油車淘汰。而本身已擁有電池技術的比亞迪決心要做電動車的先行者，但在商業模式還未成形的情況下，先行者無疑要受較高的風險，但若成功後就能創造一片新的藍海，回報亦是無法估計。

現時很多人都質疑電動車的可行性，現時很多因素都令車主卻步，例如充電時間長，充電站等各種配套不足，信心不足等，種種問題都有待解決，但我們仔細想想，這些問題是否無法解決呢？並非。憑研發及建立，這些問題最終都解決到，但的確要一段時間，所有的配套都不是一朝一夕可建成，信心亦要時間建立，只要該問題是時間可以解決，就最終能解決。

雖然近年電動車市場有較明顯的增長，但要有更大的突破，甚至較為普及，這可能是3、5、7年後的事，但當引爆點發生時，就會一發不可收拾，但在引爆點發生之前，大家不會看見這些改變，當世界正蘊釀改變時，很多人都沒有察覺，正如在90年代初期，只有極少數人擁有手機，但在幾年之後，手機的普及程度十分驚人，由奢侈品變成了必需品。

電動車終有一天會改變世界，但要真正的普及，的確有一段較長的路，不過只要各種配套都完善，消費者會自動投向電動車。

電動車的優勢

首先電動車有環保的概念，這點令政府會加以幫助，而市民亦會支持，但其實，電動車真正的價值並非在環保，而是慳錢，用電比起用油平得多，若果以現時入油的價錢來比較，電動車充電的電費只是入油的四分之一，因此只要各種配套都完善，車主沒有理由不選擇電動車。

只要有金錢利益推動，人們的習慣將輕易改變，在70年代的石油問題，完全改變了美國人使用汽車的習慣，由一向追求大汽車的習慣，轉變到鍾情於小排量慳油的日本車，令日本車大舉入侵市場，當其他車廠發覺時已經太遲，最終成就日本車霸主的地位。

因此，只要各種配套都完善，電動車的優勢就只會愈來愈明顯，這只會成為一個大趨勢。

比亞迪在日本的電動大巴   比亞迪在歐洲的電動大巴

比亞迪的電動大巴，其實已在中國多國城市，以及全球多個地方行使。在北京、廣州、深圳、天津、杭州、南京、長沙、西安等主要一二線城市大規模投入運營有效推動城市公交電動化進展。

近年在海外市場，比亞迪也陸續接獲來自法國、智利、匈牙利、丹麥、德國、加拿大、日本等全球各地的訂單。目前比亞迪推出的純電動大巴已在全球6大洲、50多個國家和地區的300多個城市運營（這是有利的指標，因歐洲、日本的標準甚高的），雖然只屬起步，但情況不錯。

中國國家戰略

根據中國汽車工業協會發佈的統計數據，中國汽車產銷量超過2,000萬輛，連續多年蟬聯全球第一。可見中國汽車市場龐大，若將其中的部分以新能源汽車代替，市場可想而知。

中國為解決能源短缺和環境污染問題，不斷推進新能源汽車的技術研發和產業化，行業得到中央政府從財政補貼、稅收減免、充電設施建設的政策支持。　雖然補貼有時會有調整，但整個大方向，仍是見到中央支持電動車的發展。

比亞迪在中國發展電動車，可說是佔盡地利因素，因發展電動車必需要有完善的配套，政府的支持十分重要，另外，若政府肯帶頭使用對推廣很有幫助。現時比亞迪的電動巴士已經行走在中國多地的公路上，由公共交通開始發展，可見政府對電動車是正面及支持的，然而，中國政府在支持電動車背後亦有個重要因素，就是石油。

中國並非產油大國，未來的石油供應難以滿足中國的汽車需求，而發展電動車就成為辦法，同時中國在青海擁有不少能生產電池的鋰資源（是全球數一數二的地方），若能用電動車取代傳統燃油車，中國對石油的依賴可減少，對別國的依賴能減少，從整個國家發展的戰略角度分析，中國發展電動車的誘因並不少。加上中國經過中美貿易戰後，會更明白依靠別國的危險，必定會強化自身的資源、技術。

同時，中國是政府主導的國家，要建立配套及支持業界，比資本主義國家更容易（在西方國家，石油業的既得利益者並不希望見到電動車的出現）。

中國政策

投資中國的企業有一個要點，就是順從中央的方向，這不是指個別一兩個政策，而是一個大方向，因這會對企業的長遠發展有重大的影響。

從上述因素可見，中國政策是支持行業發展（特別是資源、技術這兩方面的誘因），不過，中短期一定會有不同的政策作調整。因為胡亂投放資源支持行業，只會令行業胡亂發展、浪費資源、質素參差，所以，中短期一定有策略調整，補貼就是其一。

近年，中國新能源汽車補貼政策進一步提高標準，目的是推進產業長期健康發展。在 2018 年，已分階段調減新能源汽車補貼，這一定會對相關企業的盈利有影響。

不過，新補貼政策通過提升技術因素，鼓勵優質企業的發展，即是達到某些技術的企業，才能取得補貼。目的當然是鼓勵行業的技術提升，逼企業進步，因為中國政府明白，長期發放補貼給企業，只是「養」企業，但卻無法在全球平台立足，要令中國在行業上行在全球前列，就只有用逼企業提升技術這方法進行。

新政策一定會令企業出現汰弱留強的情況，但對於較有優勢及規模的企業，長遠反而有利。

發展持續

比亞迪在全球各地的生產基地

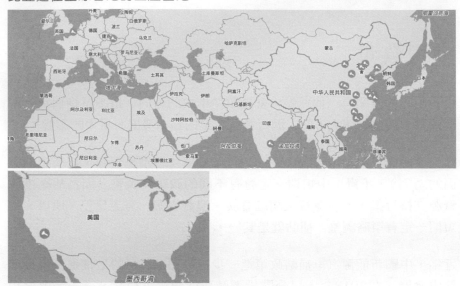

近年比亞迪其中一個投資發展基地,是位於中國青海的比亞迪動力電池工廠,佔地1,500畝,相當於140個標準足球場的面積。

這一巨型電池廠的年產能可達60GWh,將成為全球規模最大的動力電池工廠。若以比亞迪的汽車唐(插電式混動版本)計算,最高可滿足300萬輛唐的電池需求。

可見,比亞迪的野心相當大。而這企業仍處於不斷投資的階段,只要市場進入爆發點狀態,這股的潛力會相當大,當然,這不是短期見到的事,可能要一段較長的時間才見到收成。

投資策略：超長線投資

綜合各種因素，比亞迪的潛力仍要時間才能發揮，所以投資者一定要長線投資，而以上的觀點均以長期角度出發的。

由於潛力及前景這些因素，總存在某些不確定性，而此企業在這刻未算很優質，故承受風險程度較低的投資者，投資此股時不宜太大注，同時要明白股價會甚為波動。買入時最好以分注，又或月供的模式進入，避免一次過在高位買入的風險。

由於是潛力股，因此期望的回報必然是倍計，所以投資者若只為賺10%、20%的回報而投資此股，策略是錯誤的。因此，投資策略最好是長期或超長期，期望回報是倍計甚至多倍計。最好是等待市場開始接受電動車，甚至是普及的一刻才考慮賣出，到時的回報必然是巨大的，這亦是長線投資者收成的時期。

福壽園國際集團有限公司
FU SHOU YUAN INTERNATIONAL GROUP LIMITED

獨特市場的一哥

股票代號：1448
業務類別：殯儀服務
集團主席：白曉江
主要股東：Perfect Score Group Limited（21.9%）
集團網址：http://www.fsygroup.com

股價圖

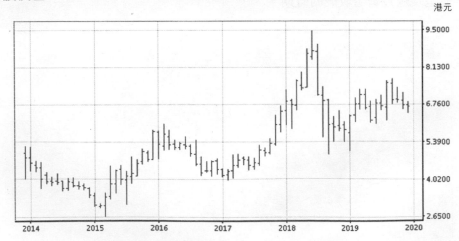

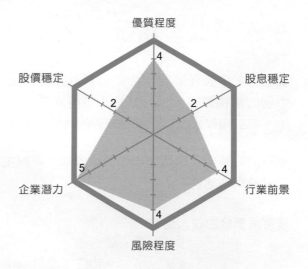

5 年業績

年度	2016	2015	2016	2017	2018
收益（億人民幣）	12.7	11.1	12.7	14.8	16.5
盈利（億人民幣）	3.39	2.84	3.39	4.17	4.88
每股盈利（港元）	0.18	0.16	0.18	0.24	0.25
每股股息（港元）	0.05	0.05	0.05	0.06	0.07
純利率	29.0	25.7	26.7	28.3	29.6
ROE	14.2	13.5	14.2	15.1	15.0

企業簡介

福壽園國際集團（福壽園）主要在中國從事殯儀及相關業務，主要可分為三個疇範：殯儀服務、墓地出售、墓園維護服務。

以收益及地理覆蓋範圍計算，福壽園是中國最大的殯葬服務商。福壽園是首批進入中國殯葬服務業的私營企業，以企業化經營殯儀業務，主要針對較為高端的市場，並有一定的品牌。

中國殯儀業龍頭

福壽園在中國有相當的規模,以收益及佔地計是中國的行業領導。由於中國的殯儀業絕大部分都是小型模式去經營,因此大型的殯儀企業很少,而這類較大及以企業化經營的殯儀企業,都存有一些優勢。

福壽園的墓園及殯儀設施位於中國二十多個主要城市,上海則為營業額貢獻最多的地區。

按區域劃分的收入比例

	二零一八年		二零一七年	
	收益 (人民幣千元)	佔總收益 百分比	收益 (人民幣千元)	佔總收益 百分比
上海	862,165	53.1%	780,296	53.5%
河南	98,171	6.0%	88,265	6.1%
重慶	70,404	4.3%	70,563	4.8%
安徽	158,072	9.7%	137,334	9.4%
山東	69,116	4.3%	59,718	4.1%
遼寧	175,037	10.8%	174,109	11.9%
江西	55,071	3.4%	45,924	3.2%
福建	37,735	2.3%	33,636	2.3%
浙江	17,359	1.1%	8,341	0.6%
江蘇	52,944	3.3%	57,017	3.9%
廣西	11,755	0.7%	2,697	0.2%
內蒙古	9,958	0.6%	—	
貴州	7,024	0.4%	—	
總計	1,624,811	100.0%	1,457,900	100.0%

資料來源:福壽園 2018 年年報

中國的殯儀行業處於高度分散狀態，以企業模式經營的很少，一般都只在當區經營，能在多個城市經營的企業是相當少。

在2013年福壽園上市時，只有8個城市經營，墓園數目6個，現時已在逾30個城市經營，墓園數目20個，不少是近年進行不斷收購而獲取，可見福壽園利用企業化經營成功，不斷擴展業務。

業務模式

福壽園以類似一條龍的模式去運作，先提供殯儀服務，同時會銷售墓地，然後再提供墓園維護服務，當中會同時並存，而其中最賺錢的就是墓地銷售，業務不止毛利高，同時亦是福壽園的主要收入來源。

按分部劃分收入比例

| | 截至12月31日止年度 | | | |
| | 2018年 | | 2017年 | |
	收益 （人民幣千元）	佔總收益	收益 （人民幣千元）	佔總收益
墓園服務	1,427,123	86.4%	1,300,045	88.0%
殯儀服務	197,688	12.0%	157,855	10.7%
其他服務	42,825	2.6%	37,138	2.5%
分部間抵銷	(16,337)	(1.0%)	(17,830)	(1.2%)
總計	1,651,299	100.0%	1,477,208	100.0%

資料來源：福壽園 2018 年年報

出售墓穴數量資料

| | 2018年 | | 2017年 | |
	墓穴數量	收益 （人民幣千元）	墓穴數量	收益 （人民幣千元）
墓穴銷售服務				
經營性墓穴	12,509	1,282,247	12,372	1,180,018
公益性墓穴及村遷	8,403	27,208	10,291	10,493
	20,912	1,309,455	22,663	1,190,511
其他墓園服務		117,668		109,534
墓園服務收益總計	20,912	1,427,123	22,663	1,300,045

資料來源：福壽園 2018 年年報

因此，福壽園的核心部分，其實是建立墓園以出售墓地。福壽園會購買土地，自行興建整個墓園，又或透過併購同業或買墓園等方法，從而建成屬於福壽園的墓園，然後再向客戶進行分銷墓地，之後再提供墓園維護服務。

當中的墓園定位高端，無論在景觀、位置及設計上都有一定的要求，而所出售的墓地，則會給客戶較多的選擇，以及客戶能參與部分設計，給客戶較為個人化的服務。

由於服務高端，因此價格是大眾市場的一倍以上，根據近幾年的資料，福壽園的墓穴價格每年都會向上調整，而且加價幅度不少。現時的平均售價，每座為 10 萬元人民幣以上。

品牌與優勢

由於福壽園以企業化去經營，加上定位高端，因此有不錯的品牌，福壽園曾獲《環球時報》、《中國經濟導報》及亞洲品牌協會選為亞洲十大最具投資價值品牌之一。此外，福壽園亦是中國首間獲准加入國際殯葬協會的公司，可見福壽園有一定的質素與品牌。

殯儀業是較為特別的行業，一般人平日不會主動接觸這產品及資訊，而顧客會傾向選擇身邊人所熟知的殯儀服務商。雖然部分殯儀服務商在網上進行宣傳，但大部人仍是透過熟人或醫院推薦而獲得的。

在這個行業背景下，就會出現一個情況，新加入者試圖建立知名度及網絡，其實並不容易，就算投放資源要成功打進市場，也不是容易及短時間做到的事。因此，有一定規模、網絡、市場、品牌的福壽園，就能在當中保持地位及優勢。

市場限制的護城河

中國的殯儀服務業仍然是高度監管行業，提供殯儀服務仍由政府主導，雖然墓園業務已經商業化，但新競爭者進入行業時，政府審批及註冊程序較之前的複雜得多，而這正正是現有企業的護城河，令現有企業的市場得以保障。

另外，土地供應有限，加上對墓地需求不斷增加，加劇了墓價的上升，由於土地資源有限及分配至墓園的土地稀缺等因素，新入行公司難以參與殯儀業務，若要在一二線城市取得大面積的土地就更難。

中國５大殯儀企業過往數據

排名	公司名稱	市場份額		
		2010年	2011年	2012年
1	福壽園	1.0%	1.0%	1.0%
2	廣州殯儀館	0.7%	0.7%	0.7%
3	上海龍華殯儀館	0.6%	0.6%	0.6%
4	上海松鶴墓園公墓	0.4%	0.4%	0.5%
5	上海海灣寢園有限公司	0.4%	0.4%	0.4%
	其他	96.9%	96.9%	96.8%
	總計	100.0%	100.0%	100.0%

資料來源：福壽園招股書

中國的殯儀業很分散，其中大部分的規模都較小，缺乏品牌及知名度，市場上有規模及品牌的殯儀企業不多。由於較多並非以企業化模式去經營，因此質素參差，所以對於針對高端市場的福壽園，市場本身已有一定程度的保護。上表雖然是數年前的資料，但現時市場結構仍大致如此，福壽園仍是市場領導。

雖然福壽園是行業領導，但根據之前在招股書提供的資料，當時市佔率亦只有1%，反映行業分散，近年福壽園不斷擴展，市佔率正處增長狀態。

福壽園的機遇

福壽園不止擁有規模及品牌，而且有一定的賺錢能力。從營業數據中可見，福壽園的營業額保持上升，盈利亦同樣處持續增長，情況理想。

福壽園的純利率，多年來都能處於兩成以上水平，這是一個很高的純利

率，只有很少行業有這水平的純利率。反映殯儀業本身已是一個賺錢的行業，而在當中擁品牌及質素的福壽園，就更加賺錢了，可見福壽園本身已處於高回報中，企業有相當的質素。

加上這企業負債不多，財務穩健，加上現金流強勁，都反映企業的質素。

福壽園其中一個墓園景觀圖

福壽園墓園內不同園區

崧澤園　　　　　　致瑰園　　　　　　蓮淨園

新四軍廣場　　　　訂制藝術墓

由於中國的城鎮化發展，以及人民的知識及富裕程度不斷提高，殯儀業正處於增長期，而福壽園的角色有點像行業的整合者，這將不斷增加市場佔有率。

2013年福壽園上市集資，大部分資金都會用作發展新墓園之用，購買土地及併購同業是主要的方法，目的是加大版圖。

近幾年，的確見到福壽園積極收購同業資產，令業務擴展。例如近年在重慶市、江蘇省常州購買土地，通過收購洛陽仙鶴陵園80%股權而收購一幅地，又通過收購廣西華祖園60%股權而收購一幅土地。

福壽園最大的收入來源是出售墓地，近年不斷透過購買及收購等方式，增加擁有的墓地面積，現時的總可出售面積已超過220萬平方米，而現時每年出售墓地的面積約3萬至5萬平方米，可見持有相當的土地儲備，足夠提供往後多年營運之用。同時，福壽園出售墓地的收入每年超過10億，憑上述數據，已能推算到這些土地儲備背後的價值相當大。

另外，管理層的野心很大，雖然現時已是中國的行業領導，但仍然想快速增長，利用各種方式去壯大。而管理層表示，長遠想將企業打造為千億市值的企業，遠高於現時的市值。

前景與風險

這企業雖然有質素，有潛力，但有幾個風險不得不注意。首先，殯儀業較為獨特，雖然企業處甚為賺錢的狀況，但當企業出現某些問題時，外人難以發現，投資者未必能完全掌握當中的情況。簡單來說，就是行業存有一些投資者難以發現的風險。

另外，中國政府近年推廣較為環保的殯葬方法，對土葬長遠發展可能有影響，但由於福壽園產品處高端位置，影響相對較少。

說到尾，人始終要死，需求始終存在，而不少中國人的思想，仍是想土葬，如果政府限制供應，反而令價格上升，對定位高端的福壽園，可能有利。

當然，福壽園都明白政府政策因素，近年都有強化火葬業務，例如其中的環保火化機取得國家發明專利，並向一家國營殯儀館開始提供環保火化機，管理層亦表示會加強開發相關業務，因此，大環境可說是有危有機。

行業的另一風險是政策風險，2018年民政部官網公布《殯葬管理條例》徵求意見稿，當中包括完善基本殯葬公共服務、強化公益導向作為修訂重點。內容提及為整治殯葬商品和服務價格虛高亂象，多項殯葬服務內容被確定實施政府指導價和政府定價。

簡單來說，就是政府知道行業的透明度低，企業處於高毛利狀態，想加強對價格的規管。這對行業的確有影響，因為當中的高毛利優勢，很好賺的情況，有可能減弱。

由於福壽園屬高檔次，影響相對較少，因為政府較想規管的對象，必然是較影響大眾的類別，另外，福壽園本身已經是企業化經營，產品本身的透明度高。因此，政策會對整個行業有影響，而對福壽園的影響，雖然有，但不是很大，企業優質度只是少少影響，企業估值上會略為調低。

投資策略：耐心等待收成

綜合來說，福壽園為中國最大的殯儀企業，有一定的規模，而針對的是高端市場，服務有一定的質素，擁品牌及知名度，有相當的賺錢能力，財務穩健負債少，因此企業本質不錯。由於行業處增長的市場，而新競爭者要入行不易，因此對原有企業有利，故福壽園是優質的企業。

憑著本身的優勢，能取得比同業更好的回報，而福壽園管理層表明會持續擴展，策略上會透過併購同業及買墓園去擴充。由於福壽園的模式成功，因此只要投入資金去發展，複製過往的成功，已經能取得理想的再投資回報率，長期來說此股有一定的增長潛力。

不過，由於此股上市年期不是太長，因此業務情況未必能完全反映，雖然數據及資料上都顯示此股有質素，但往往要時間證實，加上有上述所講的風險因素，故投資策略上不宜太大注，而目標是倍計的回報。

至於企業估值方面，市場對此股的評價亦不低，企業經常處略貴水平，投資者要小心估值，不能太過進取，投資不能太大注，以分注小注投資是一個策略。管理層的野心很大，投資者不要升少少就沽，要耐心持有，等長期更大的收成。

北京同仁堂科技發展股份有限公司
TONG REN TANG TECHNOLOGIES CO. LTD.

老字號有一定質素

股票代號：1666
業務類別：保健護理用品
集團主席：顧海鷗
主要股東：同仁堂集團（內資股）（47.6%）
集團網址：http://www.tongrentangkj.com

股價圖

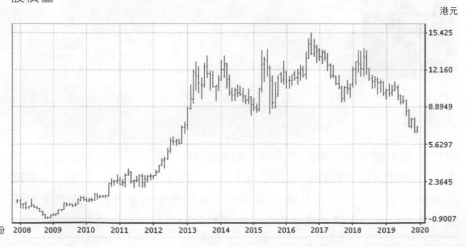

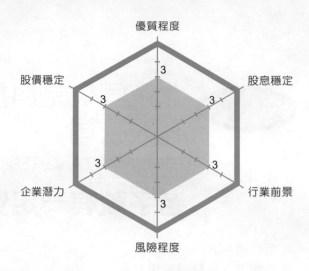

5 年業績

年度	2014	2015	2016	2017	2018
收益（億人民幣）	33.4	39.9	46.7	50.3	50.6
毛利（億人民幣）	16.2	19.9	23.7	25.3	24.3
盈利（億人民幣）	4.62	5.40	5.96	6.67	6.78
每股盈利	0.43	0.50	0.52	0.62	0.60
每股股息	0.17	0.18	0.18	0.20	0.20
毛利率	48.3	49.9	50.7	50.3	48.0
ROE	13.6	14.4	14.2	14.5	13.4

企業簡介

同仁堂是中國中藥行業的老字號，始創於 1669 年，至今已有 300 多年歷史。而北京同仁堂科技是同仁堂旗下公司，成立於 2000 年，是一家中國的製藥公司，主要生產及銷售中成藥，如沖劑、水密丸劑、片劑及軟膠囊劑。主要產品包括六味地黃丸、感冒清熱顆粒及牛黃解毒片。

北京同仁堂科技（下稱「同仁堂」）的產品涉及 20 多個劑型，200 多個品種，並致力於中藥現代化，改進現有中藥並進行天然藥物的開發，逐步實現中藥現代化、國際化，拓展營銷網絡。

中藥現代化

中藥在中國有一定的地位及市場，但隨著時代轉變，以及西藥文化的衝擊，中藥要保持地位，就要進行現代化，而同仁堂正是朝這方向進行。

另外，全球一體化對中藥是危亦是機，中國的傳統中藥市場會被西藥市場影響，但中藥同時能銷往外地，從而創造更多市場。

受惠於中國政策支持，國內的中藥產品製造商積極向海外擴張，政策鼓勵中藥走向世界，因此行業較為大型及有質素的中藥企業，都會在海外設立連鎖店、形象店，用新的營銷模式把中藥保健品帶到世界各地。

同仁堂亦積極向這方面發展，營業額中就有近兩成是銷往中國以外的地區。現代化中藥市場正增長中，而中央政策的支持、中國醫療改革不斷深化，以及海外市場發展，都令行業處增長狀態，相信趨勢仍能持續。

品牌與規模作用

由於藥物是對身體有影響的物品，若買了有問題、質素欠佳的產品，消費者就會得不償失。因此，藥物的品牌很重要，這不止有助銷售，而且更有很大的價格自主能力，令企業有很高的賺錢能力，因此在藥物及保健一類的行業，擁有品牌的企業就有相當價值。

同仁堂有數百年歷史，並且建立了相當的品牌，產品有一定質素，加上同仁堂有一定的市場及銷售網絡，可見這企業有一定質素。

另外，不止人民對藥物質素的要求不斷提高，中國政府對藥物質素、安全問題亦愈來愈重視。由於同仁堂的藥物均有國家認證，而且有相當規模，故在大環境的變化中有一定優勢。

因為中國政府對藥物及保健產品的安全要求正在不斷提高，而且往後只會加強，這雖然令成本增加，這會對企業造成中短期的影響，但對同仁堂一類有品牌的企業，影響相對較少。同時，較大型的企業有足夠能力應付，而小型藥物公司則有可能被淘汰，最終造成強者愈強的環境，擁有相當規模的同仁堂就能受惠。

業務保持增長

同仁堂共生產銷售過百種中成藥產品，主導產品包括牛黃解毒片、感冒清熱顆粒、加味逍遙丸、西黃丸系列、六味地黃丸等，憑著同仁堂的品牌與產品質素，都取得一定市場。

同仁堂加強與大型醫藥流通企業合作，充分利用同仁堂品牌，擴展更多銷售網絡。另外，同仁堂亦加強網絡宣傳及網絡營銷，例如在天貓商城開設「同仁堂食品旗艦店」等，多種銷售模式令生意保持增長。

同仁堂毛利同樣保持增長，毛利率保持在50%水平，保持穩定，至於股本回報率（ＲＯＥ）方面，處於不錯水平，反映再投資回報率不錯，同時擁一定的賺錢能力。這令同仁堂的盈利處長期增長狀況。

中國推進「健康中國戰略」，「堅持中西醫並重，傳承中醫藥事業」的提出，可說為中醫藥的發展指明了方向，長遠來說，中醫藥產業將會在大環境中受益，持續優化升級。

主要財務數據

	2018	2017	2016	2015	2014
Gross profit ratio 毛利率	47.99%	50.26%	50.71%	49.49%	48.00%
Net profit ratio 淨利率	19.88%	19.30%	18.24%	18.26%	18.13%
Current ratio 流動比率	4.95	4.88	4.98	5.13	4.33
Quick ratio 速動比率	3.30	3.17	3.21	2.97	2.53
Liability/Asset ratio 資產負債率	25.52%	27.22%	28.09%	16.77%	19.93%
Equity return ratio 股本回報率	13.82%	15.01%	14.46%	14.38%	13.90%
Assets return ratio 資產回報率	10.30%	10.93%	10.40%	11.97%	11.13%

資料來源：同仁堂 2018 年年報

同仁堂的財務數據不差，而同仁堂每年都投資相當資源在研發方面，令企業保持發展，而同仁堂其中一個發展方向，就是擴展更多疾病預防及保健養生的相關產品，由於本身有不錯品牌，從而產生賺錢能力，相信長遠不會太差。

不過，近年行業有轉弱情況，令企業面對中短期的影響。隨著藥品集中招標採購，藥物監管的力度不斷加大，加上中國經濟過了最高增長年代，中醫藥行業增速亦有所放緩，都對企業中短期發展有所影響。

投資策略：承受中短期波動

同仁堂有長遠的歷史、相當的規模與品牌，而且產品有一定質素，可算是不錯的優質股。加上現金充足，負債少，財務穩健，同時行業仍有增長力，因此有長線投資的價值。

不過，行業的競爭加劇，政策等風險，都對行業造成中短期的不利情況，雖然擁品牌及市場的同仁堂仍有優勢，但將會令賺錢能力減弱。

另外，這類藥物保健企業，每年都要投資一定的資金去研發，難免存有風險。因此，雖然同仁堂有一定的質素與潛力，但同時略有風險，這類企業不是不可投資，而是投資時要控制注碼，並宜用分段的策略。

因此，投資此股的資金不宜大注，因為盈利始終存有不確定性，雖然長期呈增長狀態，但不排除中間出現一兩年的波動，故有可能承受股價中短期波動的風險。

市盈率處10-15倍，可說是較合理的水平，行業中短期的不利，反而會出現投資值博率，只要投資者長線投資，不理股價中短期的波動就可以。

平安健康醫療科技有限公司
PING AN HEALTHCARE AND
TECHNOLOGY COMPANY LIMITED

醫療新模式

股票代號：1833
業務類別：醫療保健
集團主席：王濤
主要股東：中國平安保險（2318）（41.3%）
集團網址：http://www.pahtg.com

股價圖

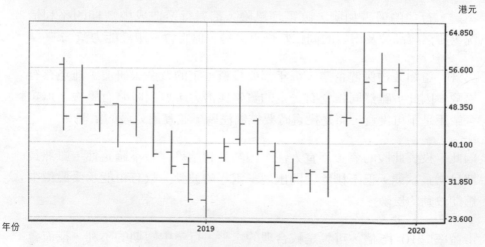

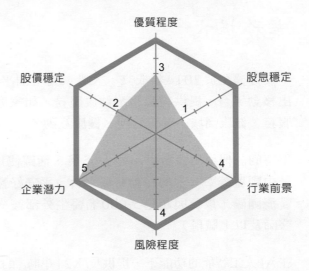

4 年業績

年度	2015	2016	2017	2018	2019
收益（億人民幣）	2.79	6.01	18.7	33.4	50.7
毛利（億人民幣）	1.10	2.54	6.12	9.12	11.7
盈利（億人民幣）	-3.24	-7.58	-10.0	-9.12	-7.34
每股盈利（港元）	-0.92	-1.91	-1.2	-0.97	-0.82
每股股息（港元）	-	-	-	0	0
毛利率	39.7	42.2	32.8	27.3	23.1

企業簡介

平安健康醫療科技有限公司（平安好醫生），是中國領先的一站式醫療健康系統平台，透過「移動醫療+AI」，為每個家庭提供一位家庭醫生，為每個人提供一份電子健康檔案、一個健康管理計劃。

平安好醫生是中國互聯網醫療健康市場的先行者，以平均月活躍客戶，以及在線諮詢量計，是中國最大規模的互聯網醫療健康平台。

業務模式

平安好醫生於2014年成立，大股東為中國平安保險，2015年正式推出移動平台，提供在線醫療健康服務，如家庭醫生服務、消費型醫療服務、健康商城、健康管理、健康互動。

現時的註冊使用者數目超過2.65億，活躍使用者數目超過5,400萬，是中國覆蓋率第一的移動醫療平台。平安好醫生自聘了過千人的自有醫療團隊，以及與超過5,000名醫生外部簽約（均為三甲醫院副主任醫師及以上職稱）。

在AI人工智能的功能下，提供「7X24小時」的線上諮詢，為使用者提供輔助診斷、康復指導及用藥建議，同時，合作線下超過3,000間醫院（包括逾1,200家三甲醫院），完成後續分診轉診、線下首診及覆診服務。

同時，平安好醫生覆蓋約2,000多家包括體檢機構、牙科診所、醫美機構等的健康機構，以及超過15,000家藥店，形成線上諮詢與線上購藥、線上諮詢與線下就醫的服務系統。

平安好醫生業務系統

資料來源：平安好醫生網站

建立醫療新模式

大家可以簡單理解，這企業以網上平台做基礎，利用人工智能、大數據等新科技，建立一套全新的醫療系統，提供一站式醫療相關服務，擁有自身的醫療團隊，以及與多方面合作，提供多元化醫療服務及產品。可以簡單將業務分4大類：

家庭醫生服務。利用人工智能，輔助自有的醫療團隊及外部醫生，透過合作醫院網路提供家庭醫生服務，主要包括線上諮詢、轉診及掛號、住院安排及二次診療意見。

消費型醫療。提供多種醫療健康機構的服務方案，以滿足使用者持續性、預防性及其他健康相關需要，如體檢、基因檢測及醫美。

健康商城。提供多元化產品類別，包括醫療健康產品（如藥品、健康營養品及醫療器械）、健身產品（如健身設備及配件）、個人護理用品，以及其他產品。

健康管理及健康互動。當中會制訂各種健康計劃、工具及活動，並向使用者推薦個人化內容，以協助保持健康的生活方式。

業務分類表現

	2018年 人民幣千元	2017年 人民幣千元
收入：	3,337,849	1,868,021
家庭醫生服務	410,729	242,163
消費型醫療	905,442	655,397
健康商城	1,864,431	896,122
健康管理和互動	157,247	74,339
毛利：	911,938	612,070
家庭醫生服務	164,752	142,525
消費型醫療	418,098	304,148
健康商城	200,928	104,593
健康管理和互動	128,160	60,804
毛利率：	27.3%	32.8%
家庭醫生服務	40.1%	58.9%
消費型醫療	46.2%	46.4%
健康商城	10.8%	11.7%
健康管理和互動	81.5%	81.8%

（資料來源：平安好醫生2018年年報）

獨特優勢

這企業其中一個優勢,就是建立了具有覆蓋全國的醫療健康服務提供商網絡,覆蓋醫院、體檢中心、牙科診所、藥店。

另外,當中的家庭醫生服務、移動平台及服務,成為了吸引客戶的平台,而現時持有的龐大註冊使用者,就成了最重要的資產。

加上中國平安保險是大股東,這企業與平保亦建立了密切的業務關係,而平保是中國數一數二的保險公司,可見這企業在支援、配套、發展上,都有一定的優勢。

從當中的註冊用戶,業務的高速發展,都可以推斷到,市場十分龐大,只是過往的科技未足以支援,但近年科技的發展,智能手機與互聯網的普及,令擁有資源、網絡的平安好醫生,處於甚為有利的位置。

簡單來說,這企業有以下優勢:
- 處於中國迅速的市場
- 處於行業的領先地位
- 獨特的商業模式提供一站式服務
- 自有醫療團隊
- 龐大的註冊用戶
- 完善的網絡
- 大股東為平保
- 擁有及運用大數據

大數據

這企業另一優勢，就是擁有大數據，龐大的臨床數據庫成為重要資產，目前已擁超過2億個在線諮詢記錄，該數據庫不斷以每日40萬個在線諮詢記錄擴充。

基於這龐大的臨床數據庫，平安好醫生就能擴大人工智能助理的能力，並提高其準確性，利用更多識別等技術去改進人工智能助理。

根據調查機構弗若斯特沙利文的資料，全球約有1,000種疾病，可通過互聯網醫療治療，因此，人工智能助理能夠顯著提升現有在線諮詢能力，長遠的應用只會更加廣泛。

行業情況，成為這企業的機遇

現時中國人均醫療健康開支約500美元，至於發達國家的平均數5,000美元，顯示中國的醫療市場潛力仍巨大。現時中國的總醫療健康開支，約人民幣5萬億元，並以每年約10%的速度增長。

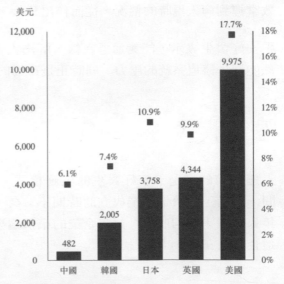

醫療健康開支對比

資料來源：平安好醫生招股書

■ 人均醫療保健開支
■ 國家醫療保健開支佔GDP百分比

目前，醫院是中國最重要的醫療服務提供商，其中，三級醫院在專業知識、醫療團隊、管理及技術水平方面均達到優質水平。中國有約30,000家醫院，當中約2,000家三級醫院，由於優質醫療資源主要集中在三級醫院，病人不論其病情嚴重程度如何，都偏向到三級醫院求醫。

因此，佔中國醫院總數僅8%的三級醫院，承擔了全中國一半的醫療諮詢量，令中國醫療資源錯配的情況嚴重，這種資源錯配的情況，成為平安好醫生有利的缺口，能為行業產生平衡，因為有很多無需醫院處理的個案，這企業都能處理，這是政府亦樂意見到的。

現時行業的資源錯配，除了令醫療資源低效及不合理利用外，求診者的醫療服務體驗亦較差，例如，中國的病人平均花三個小時用於門診就診，而專用於為病人診症的實際時間平均僅佔8分鐘。

因此，平安好醫生對不少病人來說，都是一個很好的平台，例如一些病情較輕的病人，根本不想花長時間到醫院排隊，就可以先利用平安好醫生作諮詢，隨著科技的不斷進步，智能手機、人工智能，能更有效掌握到病人現時的情況，從而作出分析。

平安好醫生表示，能夠通過在線，解決大多數常見病及慢性病，這必然能減少醫療系統的壓力，同時正是市場的缺口。

盈利模式

上述所講的，是平安好醫生的業務模式，長遠的確有一定的發展空間，不過，由於這企業成立的時期不算久，因此生意仍然未足夠，每年只有幾十億的收入，比起企業的市值還要少，更不要說盈利，因為這企業仍在「燒銀紙」狀態。

大家可以了解到，這企業的收入來源，主要可分為：「家庭醫生服務」、「消費型醫療」、「健康商城」、「健康管理和互動」。

家庭醫生服務業務，這企業透過在線諮詢，以及提供增值服務去創造收入，例如提供個人、企業、保險公司的健康會員計劃。消費型醫療業務，透過體檢、醫美服務去創造收入。

至於健康商城業務，主要透過銷售醫療產品、健康產品去創造收入，亦透過平台銷售賺取佣金。而健康管理和互動業務，主要透過向健康相關產品及公司，所提供的廣告業務產生收入。

於網站內銷售產品

安徽金丝皇菊礼盒　　　　健力多氨糖软骨素　　　　宁夏特级头茬枸杞　　　　平安中崀阿胶固元糕

艾丽奥利司他胶囊21粒　　钙尔奇碳酸钙D3片　　　汇仁肾宝片126片　　　同仁堂六味地黄丸

資料來源：平安好醫生網站

發展趨勢

隨著近年中央政策更開放私人醫療市場，私營醫院急速擴張，由於這有利平衡醫療市場，有效分流大型公立三級醫院的病人，因此這仍是政策方向，不過中間一定會有調節政策。

另外，保險在中國的興起，科技的發展，人口老化，政府及人民在醫療支出的增加，都有利這企業。特別是大數據及人工智能，長遠將縮短傳統診症程序，以及減少病人與醫療相關的成本，從而減少中國社會醫療保險的財務負擔。

自2016年「健康中國」戰略推出以來，醫療衛生體制改革逐步深入，國家對「互聯網＋醫療健康」的支持更明確，可說大方向對這企業有利。

風險因素

雖然這企業發展正面，這刻正處於機遇中，但當中都有風險。

首先，這是一個較新的醫療模式，傳統上，人們對醫生都有一種信心，對平安好醫生系統的信任度，是其中一個關鍵，因此當中存有未知數，又或者出現了一些嚴重的誤診，有可能對其信心大受影響。

另外，科技日新月異，無人知將來可以發展成如何，有可能出現了一些競爭對手，運用更高的科技產生更大優勢，就有可能令這企業處於不利局面。

小心估值較貴

另一個較大的風險，就是這企業仍處「燒銀紙」狀態，企業虧損多年，現金不算多，加上長期處於經營活動現金流量負數狀態。如果有上過我股票班的同學，都知這企業的財務數據未達理想水平，在選股過程中並不合格，不過，這企業的業務發展的確有前景，因此，這企業的風險度難免較高，低風險者未必適合。

雖然企業的業務正高速增長，但無人知幾時才能有較正式的盈利，當中存有一定的未知數，成為投資者的風險。

至於企業估值，同樣是另一大問題，市場及投資者只能以「前景」去推算，這必然出現很大的不確定性。這企業市值有幾百億，大部分只是「前景」推斷出來，如果最終企業的發展不如預期，企業估值將會大跌，投資者一定要明白這點。

投資策略：追求倍計回報

綜合來說，這企業的業務有潛力，本身有優勢，大環境的配合，都成了這企業的機遇，前景正面，不過財務數據未達理想水平，加上上述的風險因素，都是扣分的地方。

雖然長遠的企業價值向上，但股價在中短期，可以十分波動，因為市場以「前景」作估值，故此變化必然很大。

因此，低風險者未必適合投資，若投資者考慮這股，亦不能大注投資，買入後就耐心長線持有，等待這企業改變整個行業的情況，所追求的一定是倍計或多倍計的回報。

小米集團
XIAOMI CORPORATION

回歸合理價，存有值博率

股票代號：1810

業務類別：資訊科技器材

集團主席：雷軍

主要股東：雷軍（A 類＋B 類股份）（29.1%）

集團網址：http://www.mi.com

股價圖

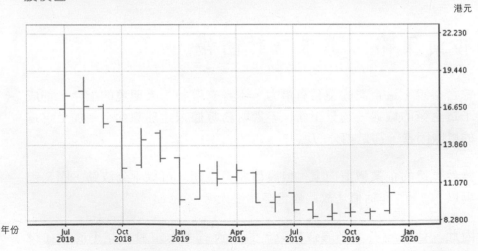

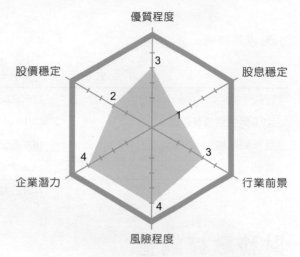

4 年業績

年度	2015	2016	2017	2018
收益（億人民幣）	668	684	1,150	1,750
毛利（億人民幣）	27.0	72.5	152	222
盈利（億人民幣）	-75.8	5.53	-438	135
經調整淨利潤	-3.04	19.0	53.6	85.5
每股盈利（港元）	-0.78	0.06	-4.49	0.84
每股股息（港元）	-	-	-	0
毛利率	4.04	10.6	13.2	12.7

企業簡介

小米集團（小米）以手機、智能硬件，以及物聯網（IoT）為平台的公司，小米專注於互聯網直接銷售產品，其硬件產品包括智能手機、筆記本電腦、智能電視、人工智能音響等。而小米以「同股不同權」作公司的股權結構。

小米強調，自己是「一家以手機、智能硬件和IoT平台為核心的互聯網公司」。

小米收入結構

	2018年（人民幣千元）	2017年（人民幣千元）
智能手機	113,800,386	80,563,594
IOT與生活消費產品	43,816,885	23,447,823
互聯網服務	15,955,558	9,896,389
其他	1,342,596	716,936
	174,915,425	114,624,742

資料來源：小米集團 2018 年年報

財務數據調整

就上述的財務數據，可見盈利甚為波動，2017年由於有「可轉換可贖回優先股公允價值變動」，產生了會計上的大額減值，因而令這年度出現了大額虧損（2015年、2016年都有類似情況）。2018年由於有特殊的大額開支「以股份為基礎的薪酬」，以及「可轉換可贖回優先股公允價值變動」的增值反映，令這幾年的盈利數字，無法反映真實情況，投資者要小心分析並自行調整。

這是由於互聯網公司，在過往高速發展過程中，需要持續地進行融資，並發行了可轉換可贖回優先股，在港交所的國際會計準則下，這類優先股會視為負債科目，其公允價值上升，就會對公司賬面產生虧損，但實際並不是正式的虧損。到上市後，優先股轉為普通股，這部分虧損就不再計入報表內。

至於上述的財務數據，其中一項為「經調整淨利潤」，這是小米自行提供的數據，方便投資者更有效分析企業，大家要留意，這項數據並非國際財務報告準則計量，只是小米自行提供。

同股不同權

小米以同股不同權的模式上市，即是將股票分成兩類，「A類股票」及「B類股票」。

A類股份持有人每股可投10票，而B類股份持有人則每股可投1票，這企業在港交所上市時，所發行的只是「B類股票」，而原有股東等人持有的，則是包括A類及B類股票。

這種分類的股權結構，令持有A類股票股東，擁有絕對的話事權，因此無法保障小股東的權益，所以投資者要明白這點，自己衡量是否投資這股。另外，由於這種同股不同權因素，投資者在計算估值時，都要略為調低每股價值。

高估值上市

小米業務增長快速，其產品亦有一定的市場，但為何在上市後，股價下跌了較長時間？

其實，最大的問題是上市時估值過高。這股在2018年中以$17上市，如果大家有印象，小米在上市前的半年至一年，多次試探市場對上市價的接受程度，最初想以$30招股上市的，只是2018年頭股市走勢逆轉，而手機市場明顯轉弱，令這股其後以$17上市。

雖然每間公司都有其合理價值，但一般的小股民並沒有這概念，只要公司表面做得好，有所謂「專家」推介，加上當時市況氣氛不錯，就算以較貴估值上市也無問題。

有上過本人股票班的同學，都知我不建議投資新股、半新股，首先，企業只要提供3年財務數據就能上市，而這些數據一定經過「修飾」，要上市後一段時間，才能見到企業的真實面。另外，企業一定想將價格盡量定得較高，因此會盡力在市況較旺時上市，投資者很易買貴貨。

至於小米，由於一直未有較正式的盈利，過往的估值，市場只能憑「前景」去推算，但這因素的變化根本很大，只要市場略有改變，這種缺乏基礎的估值模式，就會令股價大幅波動。

因此，小米在上市時，雖然不是以$30的超貴價上市，但仍用了$17這個貴的價位上市，當市場對其前景的憧憬正常化後，股價就會回歸合理區，令這股在上市後股價下跌了較長時間。

發展歷史

小米的超高速增長，的確是亮點，若然與全球收入超過人民幣一千億的上市公司相比，小米在過往的收入增速在互聯網公司中排第一。以下總結了小米在2010年成立後，如何在幾年間超高速發展。

2010年：小米成立
2012年：小米年收入突破10億美元
2014年：成為中國市場出貨量排第一的智能手機公司
2014年：小米年收入突破100億美元
2015年：MIUI系統使用者超過1億
2017年：小米成為全球最大的消費級IoT平台
2017年：小米成為印度市場出貨量第一的智能手機公司
2017年，小米收入超過人民幣1,000億元

手機行業

現時全球的智能手機有超過40億部,如果以全球人口計算,智能手機的滲透率約半。中國則擁有超過9億部智能手機,滲透率約7成。

不過,智能手機最高速增長的年代已過,每年的出貨量已進入平穩階段,現時每年出貨約14億部。

小米過往的手機銷售,可說以超高速增長,現時在中國已居第一位,這是由於小米手機的性價比高,成功在中國市場立足,就算中國智能手機市場最高增長時期已過,小米在往後仍憑當中的優勢,保持一定的增長。

小米業務特點

小米手機外的各種產品

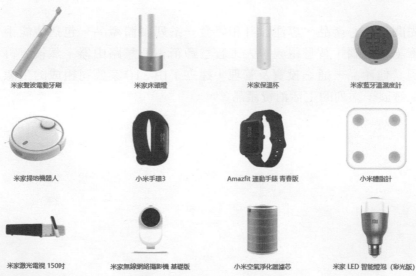

米家聲波電動牙刷	米家床頭燈	米家保溫杯	米家藍牙溫濕度計
米家掃地機器人	小米手環3	Amazfit 運動手錶 青春版	小米體脂計
米家激光電視 150吋	米家無線網絡攝影機 基礎版	小米空氣淨化器濾芯	米家 LED 智能燈泡 (彩光版)

資料來源:小米集團網站

小米的「鐵人三項」策略

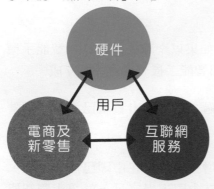

資料來源：小米集團招股書

小米強調，這間不是手機公司，因為手機只是其中一項產品，而小米
發展稱為「鐵人三項」策略的商業模式：「硬件」、「互聯網服務」和「電
商及新零售」，這才是一個整體。令產品間可以互相配合發展，提升
總利潤。

小米稱自己為互聯網公司，以手機作為一個平台，先建立龐大的客戶
群，然後再進一步銷售各產品。

小米先開發核心產品，專注設計和研發一系列硬體產品，包括智能手
機、筆記本電腦、智慧電視、人工智慧音箱和智慧路由器。然後，再
擴展到其他產品，通過投資及管理，建立了由210家公司組成的生態
系統，發展一系列的生活消費產品。

小米優勢

小米的商業模式

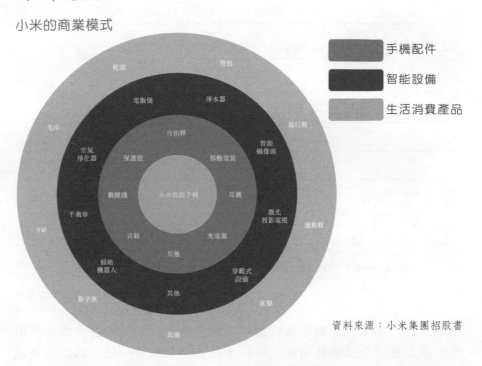

資料來源：小米集團招股書

小米的發展方向，是建立一個小米產品的生態圈，令客戶在生活上，廣泛使用當中的產品，而且各產品能配合使用。

例如小米手機可控制小米平台的多項產品，如智能燈具、小米電視、小米家空氣淨化器等，小米手環可感應到用戶入睡後自動關閉小米智能燈具，產生產品配合的作用。

現時小米MIUI（小米基於Android所開發的平台）擁有大約2億活躍使用者，MIUI生態構成了一個開放的平台，提供一系列廣泛的互聯網服務，包括內容、娛樂、金融服務和效能工具，可見，小米就是憑手機作為平台，不斷開發延伸產品，創造「真正的收入」。

小米產品與競爭對手比較

	智能電視	人工智能音箱	路由器	滑板車	穿戴式設備	空氣淨化器	感應加熱電飯煲	掃地機器人	智能相機	淨水器	成本總額
小米型號	小米電視	小米AI音箱	小米路由器	米家電動滑板車	小米手環	小米米家空氣淨化器	米家壓力IH電飯煲	米家掃地機器人	米家智能攝像機	小米淨水器	1,185美元至2,990美元
價格	138美元至1,492美元	26美元至46美元	15美元至107美元	308美元	23美元	108美元至231美元	62美元至154美元	260美元	15美元至62美元	230美元至307美元	
系統	統一由米家app控制										
競爭對手型號	Samsung UA Series	Sonos One	TP-Link DR Series	INMOTION V Series	Apple Watch	Honeywell KJ Series	Panasonic SR Series	iRobot Roomba® Series	Ezviz Smart Camera	Philips WP4170	3,200美元至7,864美元
價格	446美元至3,333美元	279美元	13美元至230美元	508美元	249美元	325美元至833美元	156美元至586美元	741美元至1,304美元	22美元至81美元	461美元	
系統	Samsung Smarthings	Amazon Alexa	TP-Link Mobile APP	INMOTION Mobile APP	Watch OS 4	JD Smart	Panasonic Smart	iRobot	Ezviz Cloud	Ali Smart Cloud	

資料來源：小米集團招股書

簡單來說，小米將手機定為售價不高的產品，目的是先打入消費者市場，盡力去爭取市場佔有率。由於手機在小米角度，最大的目的是建立平台，因此就算賺錢能力不算高亦無問題。

至於小米的產品，由於小米希望以高性價比模式定位，因此產品的定價並不高，不少都低於競爭對手，令產品存有優勢。

無法創造高淨利率

高性價比的商業模式，的確能較易打入市場，令消費者認識品牌，但亦有缺點的，就是無法賺取高利潤。

消費者對品牌會產生印象，全部都是價格不會太高的產品，若然日後產品想定價較高亦難以進行，往後企業都只能保持原有的賺錢能力，而不會創造到很高的賺錢能力。同時，若日後成本增加，亦難以轉嫁給消費者。

小米更承諾過，硬件業務部分，包括智能手機、IoT、生活消費產品，綜合淨利率不會超過5%，若如過了這水平，多出的部分將會回饋給客戶。

因此，大家可以預計到，小米日後只能憑增加生意去創造更多的盈利，而無法提高產品售價而創造更高的淨利率，這個因素限制了小米的賺錢能力。因此，投資者在考慮企業價值時，會分析生意的長遠增長能力，而企業只能賺取「合理」而不過多的利潤。

風險因素

2018年，中興通訊因違反出口禁令，美國公司高通停止向中興供應核心零件，令中興無法運作。2019年，美國政府因國家安全理由，全面封殺華為，令華為大受打擊。種種情況，都反映中國企業仍缺乏自主技術，當供應層面出現斷裂情況，就會對企業營運造成很大打擊。

小米亦面對供應方面的風險，現時在小米的採購部分，5大供應商的採購額佔約4成，最大供應商則佔約1成，雖然小米已與供應商訂立協議，以獲取若干原材料、組件、產品，但當面對極端環境，情況可能有變，同時無法確保這些協議必定能延續。

另外，小米的手機產品依靠美國芯片供應商高通，高通是小米最大的系統芯片供應商，由於無人能保證，美國政府會否如過往般限制企業，令高通無法供貨予小米，因此，這無可避免為小米帶來風險，投資者要明白這點。

投資策略：限制注碼，長線投資

綜合來說，小米都算是有質素的企業，但這刻的盈利未算明顯，財務數據仍未算很理想，整體質素屬中等。不過，企業的產品的確有理想增長，而且受消費者歡迎，加上小米的商業模式、前景，都成為這企業的亮點。

另外，企業估值亦是困難的，由於這企業上市年期不算長，加上最大的亮點在於前景，因此在估值上，存有較大不確定性，這會令股價較為波動。過往以貴的價位上市，其後回落至較合理的水平，開始出現投資值博率，投資者可以利用預測盈利為基礎，推算20倍以上的市盈率，可視為貴的水平，要回落至15倍以下，才算有吸引力。

另外，由於企業在發展中，「前景」因素必定存在不確定性，加上上述所提及的風險因素，故投資注碼不能太多。若果投資後，就要長線或超長線持有，這企業仍有一定的發展，投資者要耐心等收成。

中國鐵塔股份有限公司
CHINA TOWER CORPORATION LIMITED
進入 5G 時代

股票代號：0788
業務類別：資訊科技器材
集團主席：佟吉祿
主要股東：中國移動有限公司（0941）（內資股及其他）（27.9%）
集團網址：http://www.china-tower.com

股價圖

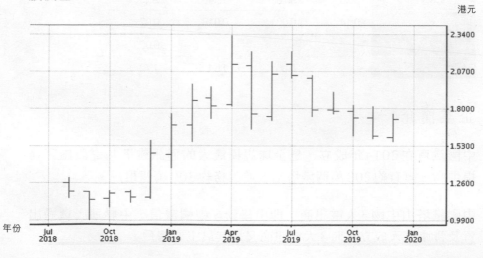

415

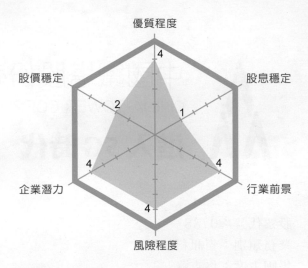

4年業績

年度	2015	2016	2017	2018
收益（億人民幣）	88.0	560	687	718
營業利潤（億人民幣）	-41.6	50.7	77.2	90.8
盈利（億人民幣）	-36.0	0.76	19.4	26.5
每股盈利（港元）	-0.14	0.001	0.018	0.02
每股股息（港元）	-	-	-	0.003
ROE	-	0.06	1.54	1.72

企業簡介

中國鐵塔在2014年成立，是全球規模最大的通訊鐵塔基礎設施服務提供商，擁有約200萬個鐵塔站，並服務約300萬個租戶。

中國鐵塔由中國3大電訊商，即中移動、中國電信、中聯通，透過出資及資產注入成立，而3大電訊商又是其最主要客戶。

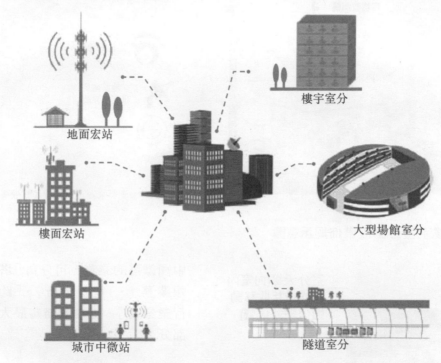

業務簡介

塔類與室內分佈業務示意圖

地面宏站

樓宇室分

樓面宏站

大型場館室分

城市中微站

隧道室分

資料來源：中國鐵塔招股書

以鐵塔資源開展跨行業應用示意圖

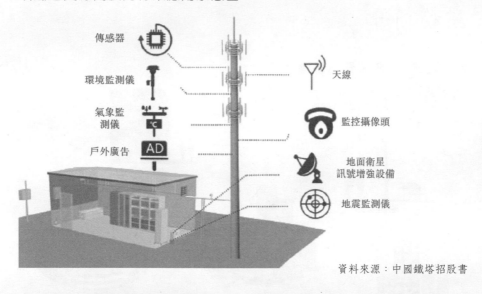

傳感器

環境監測儀

氣象監
測儀

戶外廣告

天線

監控攝像頭

地面衛星
訊號增強設備

地震監測儀

資料來源：中國鐵塔招股書

樓宇室分站設備佈局示意圖

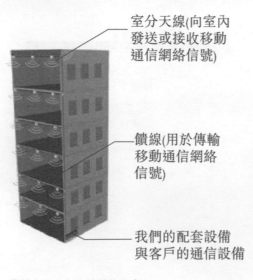

室分天線(向室內
發送或接收移動
通信網絡信號)

饋線(用於傳輸
移動通信網絡
信號)

我們的配套設備
與客戶的通信設備

資料來源：中國鐵塔招股書

中國鐵塔的業務，可分為「塔類業務」、「室內業務」、「跨行業業務」，塔類業務為最大部分。

塔類業務，基於鐵塔資源，中國鐵塔與電訊商開展宏站及微站業務。宏站業務就是向電訊商，提供包括鐵塔及機房在內的鐵塔空間，並裝載其天線及設備，通過宏站業務，協助電訊商實現移動網絡在中國的廣泛覆蓋。

至於微站業務，中國鐵塔向電訊商提供包括杆塔、其他基礎設施資源，並裝載其微站設備。通過微站業務，協助電訊商，特別在人流與建築物密集的城市區，對其宏站建立的移動通訊網絡，進行深度覆蓋。

室分業務，中國鐵塔向電訊商，提供室內分佈式天線系統並連接其通訊設備。通過室分業務，協助電訊商實現樓宇與隧道內，室內區域的深度覆蓋。

跨行業業務，這是基於中國鐵塔遍佈全國的鐵塔，與不同行業的客戶提供包括基礎設施、維護服務、電力服務等，以協助其建立全國性或地方性網絡。此外，中國鐵塔同時會提供數據採集、數據傳輸、數據分析、數據應用等，基於鐵塔的訊息服務。

簡單來說，中國鐵塔以鐵塔設施為基礎，向3大電訊商提供租賃服務，同時拓展跨行業應用作為新增長點。

營運模式

中國鐵塔的主要業務，是通過收購或自建鐵塔，向多個移動電訊商提供鐵塔的租賃服務，並同時承擔鐵塔的運營。

鐵塔同時出租予電訊商

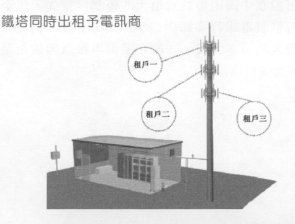

資料來源：中國鐵塔招股書

419

中國鐵塔通過鐵塔共享，利用單一鐵塔安裝多個租戶的設備，並向其提供服務，從而提升這企業單一鐵塔的利潤率。

中國的3大電訊商成立這公司的目的，是節省自建鐵塔的投入成本，同時，可減少基礎重複建設的資源浪費。而中國鐵塔的特點，就是資本開支龐大，現金流強，但股本回報率則處於低水平。

壟斷市場優勢
中國的鐵塔行業5大公司市佔率

公司	站址數量	2017全年 收入 （人民幣百萬元）	按收入計的 市場份額
1 本公司	1,872,154	68,665	97.25%
2 公司A	17,260	545	0.77%
3 公司B	4,200	72	0.10%
4 公司C	4,300	57	0.08%
5 公司D	1,900	27	0.04%

資料來源：中國鐵塔招股書

以鐵塔數量計，這企業在中國通訊鐵塔基礎設施行業中，市佔率超過9成半，可說是中國實施「網絡強國」不可或缺的推動者。

中國鐵塔的鐵塔資源，可說在中國市場具有很大的優勢，首先，這企業由3大電訊商成立，而整個電訊行業都由這3間公司主導，另外，投資這類鐵塔，需要有龐大的資本開支，一般企業根本難以與這企業競爭，因此，中國鐵塔可說處於壟斷地位。

與3大電訊商合作

中國鐵塔由3大中國的電訊商成立,3大電訊商是這企業的大股東。

中國鐵塔的客戶均來自中國,3大電訊商為最大的客戶,同時,涉及跨行業業務,則來自不同行業的客戶,例如有環保、廣播、衛星定位、能源、海事與農業等多個行業。

中國鐵塔與3大電訊商之間的長期合作是互利互補的,中國鐵塔統籌電訊商的移動覆蓋需求,並將有關需求與這企業本身的鐵塔資源進行匹配,根據匹配結果可篩選已有鐵塔進行共享改造,或選址並建設新鐵塔以滿足其需求。

行業發展

中國鐵塔擁有約200萬個鐵塔站,高於世界上其他任何主要國家,而鐵塔目前是通訊的基礎設施。

全球若干鐵塔公司的數據(擁有3萬座以上)

	本公司	美國鐵塔公司	冠城國際公司	印度巴帝電信
站址數(千)	1,872	150	90	162
總收入(百萬美元)	10,264	6,664	4,356	3,760
通信運營商租戶數(千)	2,669	285	88	381
站均通信運營商租戶數	1.43	1.90	2.20	2.35
EBITDA 利潤率	58.8%	61.4%	57.0%	43.3%

資料來源:中國鐵塔招股書

以美國、印度及印尼鐵塔產業為例，與中國的情況有所不同，首先，外國鐵塔公司較為分散，營運商客戶數較多，較大型的鐵塔公司數量，美國有8家、印度為7家，印尼9家，單一鐵塔公司最高市佔率只有36%。而中國則集中在中國鐵塔這企業上。

另一點外國公司與中國公司不同的，就是塔均收入，外國公司的收入遠超中國，按總鐵塔計算，中國鐵塔塔均收入不足4萬人民幣。相對地，美國鐵塔、冠城（美國）鐵塔，印度塔均收入分別約為30萬、33萬、16萬人民幣，都高於中國鐵塔的塔均收入水準。

當中反映兩點，第一，中國的鐵塔資源運用較佳，行業則處於壟斷狀態，第二，中國鐵塔的賺錢能力不及外國公司，回報率較低。這兩點都反映中國政府，希望將資訊流通的成本減低，令中國更有競爭。由於這是政府的長遠大方向，因此，中國鐵塔的資產回報率及股本回報率，在長遠計，雖然仍有增長空間，但不會很高。

5G 時代

多種鐵塔類別

單管塔　　　三管塔　　　角鋼塔　　　普通景觀塔　　　仿生樹

資料來源：中國鐵塔招股書

5G網絡於2020年在中國市場投入商業應用，這會令電訊商產生新一輪的組網需求，同時更是大規模性。在5G網絡投入商用應用初期，4G網絡將與5G網絡並存，電訊商會優先利用已裝載宏站的鐵塔來裝載5G基站，以提供5G網絡的基本覆蓋。

由於速率及頻率的提高，5G訊號的傳輸距離相較4G訊號有所降低。相同環境下，相同功率的5G基站單站覆蓋半徑，將遠低於4G基站。因此，電訊商將需要增加5G基站部署。

除了提高5G宏站密度外，電訊商亦會利用微站及室分進行補回覆蓋不到的位置。根據調查機構沙利文報告，預計中國在5至10年內共計投入人民幣1.2萬億元用於5G網絡建設，預計到2023年，中國市場上5G基站數量將達到約240萬台，4G基站數量將達到約450萬台。

發展前景

中國政府推行「網絡強國」、「數字中國」、「智慧社會」的戰略，移動通訊行業將會有更快速的發展，對中國鐵塔來說，必然是一個機遇。

在提供鐵塔空間和配套服務的基礎上，中國鐵塔可進一步整合採集設備、傳輸網絡及數據平台等資源，向需要進行環境數據採集的客戶，提供基於鐵塔的訊息服務，如數據採集、數據分析及應用等。

另一方面，物聯網、大數據和人工智能等技術在中國的快速發展，帶動了訊息化建設需求的增長。在此背景下，中國鐵塔原本的電訊客戶，以及跨行業業務的新客戶增加，將成為增長動力。

投資策略：小注月供

進入 5G 時代，電訊行業將會有更大的發展空間，而中國鐵塔將會擁有機遇，因此，這企業的業務有一定的增長力，加上壟斷行業，而中國的 3 大電訊商，都是其主要客戶及大股東，因此，企業優質度方面不用懷疑。

不過，這企業都有風險的，第一，資本開支大，雖然能擁有持續而穩定的現金流，但首先要作出龐大的投資，第二，回報率低，比起外國的鐵塔公司，這企業的賺錢能力明顯較低。

第三，5G 的發展雖然強，但如果市場增長不如預期，這企業的投資回報將會減少，企業價值會減，而股價亦會受壓。第四，美國曾提出利用太空技術，發展 6G 或更高的技術，雖然只是很初步研究階段，但如果有一日全面應用，有可能將中國鐵塔擁有的優勢推倒。

綜合而言，這企業優質，有增長力，不過就略有風險。另外，由於市場認為這企業有很大的潛力，因此估值常處略貴或貴水平，市盈率有時高得很誇張，投資者不要在熱炒時盲目投資，反而應等回落時，慢慢分注投資，然後長線持有，如果不懂分析的投資者，就以小注長期月供的模式進行投資。

必瘦站醫學美容有限公司
PERFECT SHAPE MEDICAL LIMITED
女性消費市場強勁

股票代號：1830

業務類別：醫療保健

集團主席：歐陽江

主要股東：歐陽江及關連人士（66.5%）

集團網址：http://www.perfectshape.com.hk

股價圖

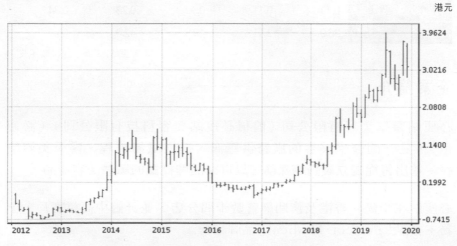

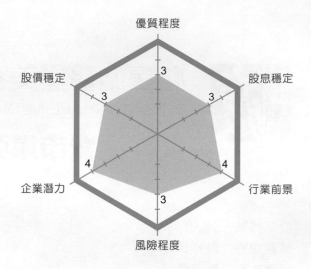

優質程度

股息穩定

行業前景

風險程度

企業潛力

股價穩定

5 年業績

年度	2015	2016	2017	2018	2019
收益（億）	7.29	8.79	7.57	9.06	12.0
盈利（億）	1.34	1.30	0.91	1.94	3.19
每股盈利	0.12	0.12	0.08	0.18	0.29
每股股息	0.11	0.11	0.13	0.23	0.34
ROE	36.9	27.1	19.8	42.0	61.9

（截至 31/3 為一個財政年度）

企業簡介

必瘦站醫學美容有限公司（前稱必瘦站美容科技有限公司）（必瘦站），是一間醫學美容的服務供應商，提供纖體療程、醫學美容療程。並出售從獨立製造商採購，以自家品牌標籤的纖體美容產品。

必瘦站在中國、香港及澳門經營數十間分店，並針對中高檔客戶，業務主要以「Perfect Medical」品牌經營。

業務模式

必瘦站提供纖體服務、美容服務及相關產品，會為顧客提供度身訂造的纖體服務，依據顧客的目標，以及身體狀況，推薦最適合的纖體療程。

當中的纖體顧問及營養師會參予其中，跟進每位客戶整個纖體計劃的進展，連醫學美容療程，提供針對身體不同部位的療程，例如面部、頸部、眼部、手部、胸部等的療程，亦會加上水療及按摩服務，配合客戶各項需要。

必瘦站亦應用超聲波、電流、射頻、熱力等各種方法與理論，實現不同目標成效。同時，於旗下服務中心會出售多種纖體美容產品，先從獨立製造商採購相關產品，並以自家品牌標籤後出售製成品。

必瘦站產品與服務

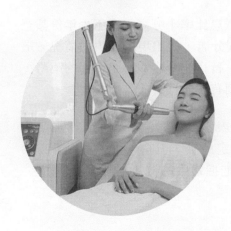

資料來源：必瘦站網站

發展正面

必瘦站在中國、香港、澳門合共有數十間分店，中國的分店均處於大城市，例如北京、上海、廣州、深圳。

以收入貢獻及盈利計算，香港部分仍是最大的地區，貢獻了6、7成。

這企業成立於2003年，是香港由醫生創辦的醫學美容集團，發展快速，在香港及中國多個地區均有分店，但近年轉趨穩定，分店數目只是平穩。不過，產品的提升加上顧客消費力提高，帶動收入有理想的增長。

近年香港業務保持增長，成為增長動力，當中的無創醫學美容服務成為動力來源（無創醫學美容，即是不需要動手術，單靠儀器，達至美容的效果）。必瘦站表示，未來亦會在中國引入相關業務，複製香港的模式，吸引纖體客戶使用其無創醫美服務。

大家可從財務數據上見到，這企業的派息比率十分高，有不少年份甚至高過100%，另外，這企業過往的中國分店，曾出現了減少的情況。這反映市場雖然巨大，但行業競爭激烈，盲目開分店並不是理想的策略，而管理層亦以平穩發展作為前題，見到有市場機會才會進行投資。

不過，管理層近年的表態略有改變，表示可能會減少派息，增加發展方面的資金，雖然令股息增加了不確定風險，但企業潛力度提升，始終行業處於一個增長期，如果企業能把握當中的機遇，發展將不錯。

香港市場仍有發展

必瘦站表示，香港市場仍有增長動力，未來仍會投放資源發展，受惠客戶到店頻率提升，帶動近年的同店銷售增長理想，現時香港及內地

會員人數分別有20萬人,而香港市場人均消費超過$10萬,同時每次推新服務亦可帶動客戶消費提升。

例如近年在元朗及太古城開設了兩家概念店,引入較受歡迎的美容儀器,相關店舖當時只需六星期便達收支平衡,可見賺錢能力理想。管理層表示未來仍會在香港再開這類概念店,而每間概念店的資本開支約$500萬、$600萬,因此這企業就算派息比率高,但由於本身現金流強,因此能足夠應付。

由於不少較新的產品與服務,都要求有一定的儀器,以及員工要有一定的培訓,因此,並不是中小型的行業競爭者能跟得上,擁有較多資源,以及較強客戶基礎的必瘦站,就擁有了一定的優勢。

預繳收入

這企業其中一項做得不錯的地方,就是預繳收入模式,令必瘦站的現金流相當強勁,同時加強客戶忠誠度,建立長期關係。

這類預繳收入在不少行業都存在,是一種對企業甚為有利的營運模式,利用折扣價向客戶出售預繳套票,藉此推廣纖體美容服務,而必瘦站每年出售的預繳套票達數億元,可見這方面做得不錯。

女性市場龐大

這企業的生意不斷增長,其中一個原因是針對女性市場,在香港,女性可支配的收入不斷增加,同時追求更高質素的產品服務,纖體、美容是女性其中一個很願意花錢的範疇,只要資金方面充足,不少女性都願意在這方面花較多的金錢。

這類纖體、美容行業，可說是必然有需求，隨著往後香港女性可支配的收入不斷增加，這市場只會更大，這已經可推斷出，行業的長遠發展正面，這企業的發展亦不錯。

風險因素

就上述的種種因素，都可見這企業有一定的質素，以及往後仍有增長力，但這企業同時存有一些風險，令優質度略有下跌。

第一個風險就是市場改變快，女性花錢在纖體、美容這些項目，相信永遠都會存在，需求不用擔心，但當中的模式及喜好，卻會不斷改變。市場變化成為企業不確定性的風險，雖然這企業近年生意理想，但不能視為必然向上，同時不能視為必然穩定的業務。

另一風險就是品牌風險，雖然這企業生意不差，保持增長，但過往亦出現一些投訴，顧客對這公司的服務都有不同的評價。

我找到了一位過往曾經在必瘦站工作的員工傾談，她表示，工作的薪金理想，但壓力大，而公司的銷售手法會比較進取，雖然公司能賺取不錯的利潤，但不同顧客有不同的感受。

由於顧客的意見會影響企業的品牌，品牌就會影響企業長遠的收入，因此，投資者要自行評估這方面的風險。

年報的表達風格

> 本集團在管理層的英明領導下，全面發揮基本優勢，取得豐碩成果。本集團的純利由去年同期的91,000,000港元增加113%至回顧期間的194,000,000港元，為本集團

資料來源：必瘦站 2018 年年報

圖中是必瘦站年報中，「管理層討論及分析」的其中一部分，在字裡行間，相信大家都會見到這企業的風格，這些風格往往可能會呈現在企業的上下中層，由管理到銷售產品，故投資者要自己延伸思考，對企業的影響。

投資策略：較低市盈率才出手

整體來說，這企業有質素，但由於上述所說的風險，因此優質度有所扣減。由於這企業擁有完整的分店網絡，以及有較多的資源，能不斷更新儀器，因此在行業中，能處於較有優勢的位置。

不過，當行業處於中短期不景時，這些分店及儀器成本就會對其造成一定的打擊，但投資者緊記，如果只是中短期因素，就不用理會，甚至是難得的入貨時機。

這企業前景正面，雖然過往派息比率高，但往後有可能改變，提高了增長潛力。而女性消費市場不斷增大，加上這企業引入更多較高消費的產品，都令這企業保持生意增長，同時，管理層表示仍會把握市場機會擴充業務，因此，這企業可視為有潛力的類別。

這股票可以作長線投資，但由於有上述所講的風險，因此，以平均的盈利計，市盈率去到10倍，才算有投資吸引力。而投資時期一定是長線，等企業有真正的成長。

Wealth 112

50 優質潛力股
2020-2021年度增訂版

作者	龔成
出版經理	呂雪玲
責任編輯	Acid Luk
書籍設計	Marco Wong, Stephen Chan
相片提供	Getty Images
出版	天窗出版社有限公司 Enrich Publishing Ltd.
發行	天窗出版社有限公司 Enrich Publishing Ltd.
	香港九龍觀塘鴻圖道78號17樓A室
電話	(852) 2793 5678
傳真	(852) 2793 5030
網址	www.enrichculture.com
電郵	info@enrichculture.com
出版日期	2020年3月初版
承印	嘉昱有限公司
	九龍新蒲崗大有街26-28號天虹大廈7字樓
紙品供應	興泰行洋紙有限公司
定價	港幣 $228　新台幣 $920
國際書號	978-988-8599-36-3
圖書分類	(1)工商管理　(2)投資理財

支持環保　此書紙張經無氯漂白及以北歐再生林木纖維製造，並採用環保油墨。